Plaidoyer pour les animaux

Matthieu Ricard

Plaidoyer pour les animaux

Vers une bienveillance pour tous

Æ
Allary Éditions

Un livre édité par Nicole Lattès.

À Pema Wangyal Rinpotché et Jigmé Khyentsé Rinpotché, inlassables défenseurs de la cause animale, qui ont déjà sauvé la vie de plusieurs millions d'animaux destinés à la consommation humaine.

À Jane Goodall et à tous ceux qui, individuellement ou en groupe, se dévouent avec courage pour parler au nom des animaux et les protéger.

«Les animaux sont mes amis…
et je ne mange pas mes amis.»

George Bernard Shaw

«On n'a pas deux cœurs,
un pour les animaux et un pour les humains.
On a un cœur ou on n'en a pas.»

Alphonse de Lamartine

Introduction

Certains naissent avec des tendances naturelles à la compassion. Dès leur plus jeune âge, ils font preuve d'une bienveillance spontanée à l'égard de ceux qui les entourent, y compris les animaux. Tel ne fut pas mon cas. De famille bretonne, je suis allé à la pêche jusqu'à l'âge de 14 ans. Je me souviens aussi, dans mon tout jeune âge, d'avoir, avec des camarades de l'école communale, fait griller des fourmis en concentrant les rayons du soleil à l'aide d'une loupe. Rétrospectivement, j'en ai honte mais, plus encore, je suis déconcerté à l'idée que ce comportement me soit apparu normal. Quand j'avais 5 ans, au Mexique, mon père m'a emmené voir des corridas. C'était la fête, la musique était exaltante… Tout le monde semblait trouver cela très bien. Pourquoi ne suis-je pas parti en pleurant ? Était-ce un manque de compassion, d'éducation, d'imagination ? Il ne m'était pas venu à l'esprit d'essayer de me mettre à la place du poisson, de la fourmi, du taureau. Avais-je simplement le cœur dur ? Ou n'avais-je simplement pas réfléchi, pas ouvert les yeux ?

Il a fallu du temps pour que s'opère en moi une prise de conscience. J'ai vécu plusieurs années avec l'une de mes grands-mères qui avait toutes les qualités qu'on peut attendre d'une grand-mère. Comme beaucoup de gens, par ailleurs bons parents ou bons enfants, elle était férue de pêche à la ligne. Lorsque nous étions en vacances, elle passait souvent ses après-midi à pêcher au bord d'un lac ou sur les quais du Croisic, en compagnie de vieilles Bretonnes qui portaient encore la coiffe en dentelle blanche des Bigoudens. Comment ces braves gens auraient-ils pu vouloir faire du mal à qui que ce soit ? Au bout de l'hameçon, les petits poissons frétillants qui sortaient de l'eau scintillaient dans la lumière. Certes, il y avait ce moment pénible, lorsqu'ils étouffaient dans le panier d'osier et que leurs yeux devenaient vitreux, mais je détournais vite le regard.

Quelques années plus tard, alors que j'avais 14 ans, une amie me fit remarquer à brûle-pourpoint : « Comment ? Tu pêches ! » Le ton de sa voix et son regard à la fois étonné et réprobateur étaient suffisamment éloquents.

« Tu pêches ?... » Soudain, la scène m'apparut très différemment : le poisson tiré de son élément vital par un crochet de fer qui lui transperce la bouche, étouffant dans l'air comme nous nous noyons dans l'eau. Pour attirer le poisson vers l'hameçon, n'avais-je pas aussi transpercé un asticot pour en faire un appât vivant, sacrifiant ainsi une vie pour en détruire plus facilement une autre ? Comment avais-je pu si longtemps détourner ma pensée de cette réalité, de ces souffrances ? Le cœur serré, je renonçai immédiatement à la pêche.

Certes, en comparaison des drames qui dévastent la vie de tant d'êtres humains dans le monde, ma préoccupation pour de petits poissons peut sembler dérisoire. Mais ce fut pour moi un premier déclic.

À l'âge de 20 ans, j'eus la grande chance de rencontrer des maîtres spirituels tibétains qui ont, depuis, inspiré chaque instant de mon existence. Leur enseignement était centré sur la voie royale de l'amour et de la compassion universels.

Alors que, longtemps, je n'avais pas su me mettre à la place d'autrui, à l'école de ces maîtres j'ai peu à peu appris l'amour altruiste en ouvrant, du mieux que je le pouvais, mon esprit et mon cœur au sort des autres. Je me suis entraîné à la compassion et j'ai réfléchi à la condition humaine et à celle des animaux. Il me reste certainement un long chemin à parcourir, et je continue à faire de mon mieux pour avancer dans ma compréhension des enseignements que j'ai reçus.

Loin de moi, vous l'avez compris, l'idée de jeter la pierre à ceux qui, d'une manière ou d'une autre, font souffrir les animaux de façon souvent irréfléchie, comme je le faisais moi-même. Il est, en effet, bien difficile d'associer les objets et les produits de consommation les plus courants, y compris la nourriture et les remèdes qui nous sauvent parfois la vie, aux souffrances animales que leur production entraîne la plupart du temps. Les traditions culturelles jouent également un rôle prépondérant dans notre perception des animaux, nos compagnons sur cette planète. Certaines sociétés ont développé des schémas de pensée collectifs qui les incitent à estimer que tous les animaux sont là pour servir les humains, tandis que d'autres traditions considèrent depuis longtemps que chaque être, humain ou non-humain, doit être respecté.

Ce livre est une suite logique et nécessaire à *Plaidoyer pour l'altruisme*[1]. Il a pour but de mettre en évidence les raisons et l'impératif moral qui justifient d'étendre l'altruisme à tous les êtres sensibles, sans limitation d'ordre quantitatif ni qualitatif. Nul doute qu'il y a tant de souffrances parmi les êtres humains de par le monde que l'on pourrait passer une vie entière à n'en soulager qu'une partie infime. Toutefois, se préoccuper du sort des quelque 1,6 million d'autres espèces qui peuplent la planète n'est ni irréaliste ni déplacé, car, la plupart du temps, il n'est pas nécessaire de choisir entre le bien-être des humains et celui des animaux. Nous vivons dans un monde essentiellement interdépendant, où le sort de chaque être, quel qu'il soit, est intimement lié à celui des autres. Il ne s'agit donc pas de ne s'occuper *que* des animaux, mais de s'occuper *aussi* des animaux.

Il ne s'agit pas non plus d'humaniser les animaux ou d'animaliser l'homme, mais d'étendre aux deux notre bienveillance. Cette extension est davantage une question d'attitude responsable envers ce qui nous entoure que d'allocation des ressources limitées dont nous disposons pour agir sur le monde.

Ce livre est aussi une invitation à une prise de conscience : en dépit de notre émerveillement devant le monde animal, nous perpétrons un massacre d'animaux à une échelle inégalée dans l'histoire de l'humanité. Tous les ans, 60 milliards d'animaux terrestres et 1 000 milliards d'animaux marins sont tués pour notre consommation.

Qui plus est, ces tueries de masse et leur corollaire — la surconsommation de viande dans les pays riches — sont, nous le montrerons, une folie globale : elles entretiennent la faim dans le monde, accroissent les déséquilibres écologiques et sont nocives pour la santé humaine.

La production industrielle de viande et la surpêche des océans sont incontestablement le problème majeur, mais le non-respect des animaux en général conduit également à tuer et à faire souffrir un grand nombre d'entre eux utilisés pour les expérimentations animales, le trafic d'animaux sauvages, la chasse et la pêche sportives, la corrida, le cirque et autres formes d'instrumentalisation. Par ailleurs, l'impact de notre style de vie sur la biosphère est considérable : au rythme actuel, 30 % de *toutes* les espèces animales auront disparu de la planète d'ici à 2050[2].

Nous vivons dans la méconnaissance de ce que nous infligeons aux animaux (bien peu d'entre nous ont visité un élevage industriel ou un abattoir) et nous entretenons une forme de schizophrénie morale qui nous fait prendre grand soin de nos animaux de compagnie tout en plantant nos fourchettes dans des porcs que l'on envoie à l'abattoir par millions, alors qu'ils ne sont pas moins conscients, sensibles à la douleur et intelligents que nos chiens et nos chats.

Ce plaidoyer est une exhortation à changer notre rapport aux animaux. Une exhortation qui n'est pas une simple admonestation morale, mais qui se fonde sur les travaux d'évolutionnistes, d'éthologues et de philosophes mondialement respectés. Les études que nous mentionnons dans ce livre mettent en lumière la richesse des capacités intellectuelles et émotionnelles, trop souvent ignorées, dont sont dotées une grande partie des espèces animales. Elles montrent également le continuum qui relie l'ensemble des espèces animales et permet de retracer l'histoire évolutive des espèces qui peuplent aujourd'hui la planète. Depuis l'époque où nous avions des ancêtres communs avec d'autres espèces animales, nous sommes ainsi arrivés à l'*Homo sapiens*, par une longue série d'étapes et de changements minimes. Au sein de cette lente évolution, nul « moment magique » qui permettrait de nous conférer une nature fondamentalement différente des nombreuses espèces d'hominidés qui nous ont précédés. Rien qui ne justifie un droit de totale suprématie sur les animaux.

Le point commun le plus frappant entre l'homme et l'animal est la capacité de ressentir la souffrance. Pourquoi nous aveuglons-nous encore, en ce début du XXIe siècle, sur les douleurs incommensurables que nous leur faisons subir, sachant qu'une grande part des souffrances que nous leur infligeons ne sont ni nécessaires ni inévitables ? En outre, il n'y a aucune justification morale au fait d'imposer sans nécessité la souffrance et la mort à qui que ce soit.

Chapitre 1

Brève histoire des rapports entre les humains et les animaux

L'évolution du vivant s'accompagne de la recherche d'un équilibre, sans cesse remis en question, entre la coopération, la compétition et l'indifférence. La biosphère dans son ensemble est régie par le principe de l'interdépendance : ayant évolué de concert, les espèces végétales et animales dépendent étroitement les unes des autres pour survivre. Cette interdépendance peut se traduire, selon les cas, par la coopération ou par la compétition entre les membres d'une même espèce ou d'espèces différentes. La prédation permet de survivre aux dépens d'autres espèces. Mais un très grand nombre d'entre elles ne font que s'ignorer ou s'éviter, n'ayant pas d'avantages à coopérer et ne se trouvant pas en compétition directe pour survivre.

L'apparition de comportements de complexité croissante s'est exprimée notamment par la territorialité, la synchronisation des rythmes d'activités, le commensalisme (une association d'individus d'espèces différentes qui est profitable pour l'un d'eux et sans danger pour l'autre), le parasitisme, la vie grégaire, la vie en colonies (au sein desquelles les femelles se réunissent dans un site d'élevage tout en ne s'occupant que de leurs propres petits), la vie en communautés (dans lesquelles les adultes coopèrent pour donner des soins aux jeunes) et, finalement, l'eusocialité, l'organisation sociale la plus élaborée.

Celle-ci se caractérise par des structures hiérarchiques, par la collaboration et l'échange d'informations, une division et une spécialisation des rôles entre les membres (reine, ouvriers, guerriers), l'existence d'une caste reproductrice et d'autres qui sont stériles, et la cohabitation de différentes générations dans un « nid » où les adultes prennent soin collectivement des jeunes. Parmi les espèces eusociales figurent les abeilles, les fourmis, les termites, les rats-taupes et certaines espèces de crevettes.

La complexification des sociétés animales a conduit à l'apparition de cultures qui ont atteint un haut niveau de sophistication dans l'espèce humaine grâce à la transmission cumulative du savoir et des coutumes d'une génération à l'autre. À mesure que l'intelligence s'est développée, tout particulièrement dans l'espèce humaine, la faculté de se représenter la situation et les états mentaux de l'autre a engendré l'empathie affective (qui permet d'entrer en résonance avec les sentiments de l'autre), et l'empathie cognitive (qui permet de se représenter les états mentaux de l'autre). Les individus ont également pu établir des relations à long terme fondées sur l'appréciation de la valeur de l'autre et la réciprocité.

Au cours des 99 % de son histoire, l'homme a vécu de cueillette et de chasse, se déplaçant constamment, évoluant avec très peu de possessions au sein d'un système social fondé sur la coopération et fort peu hiérarchisé. Les premières sociétés humaines vivaient en petits groupes épars, éloignés les uns des autres, et n'avaient guère de raison de se faire la guerre. Pendant cette phase de chasseurs-cueilleurs, le manque de preuves archéologiques de la guerre suggère qu'elle a été rare ou absente durant la plus grande partie de la préhistoire humaine[1]. Contrairement à l'image qu'en donnent parfois les livres d'histoire et les médias qui insistent plus sur les drames et les conflits que sur la réalité de la vie quotidienne, la nature n'est pas que « griffes et crocs ensanglantés », comme l'écrivait Alfred Tennyson[2]. La majeure partie des espèces vivantes vit de façon relativement paisible, bien que les manifestations épisodiques de violence puissent être spectaculaires. Même chez les fauves, la chasse n'occupe qu'une petite fraction du temps. L'éthologue Shirley Strum affirme : « L'agression n'a pas une influence aussi omniprésente et importante dans l'évolution qu'on a pu le penser[3]. »

Durant la dernière période glaciaire, une grande partie de l'hémisphère nord était recouverte de glaciers de plusieurs kilomètres d'épaisseur, interdisant la formation d'importantes sociétés humaines et la pratique de l'agriculture. Pourtant, la température moyenne n'était que de 4 à 5 °C plus basse que celle d'aujourd'hui, ce qui montre à quel point des écarts de température qui peuvent sembler a priori minimes sont susceptibles d'engendrer des conditions de vie radicalement différentes.

Il y a environ 12 000 ans, au début de l'Holocène, une période caractérisée par une remarquable stabilité climatique, l'homme a pu cultiver la terre et a commencé à engranger des biens et des provisions et à domestiquer les animaux. À cette même époque, le loup domestique, puis le chien, suivis des moutons et des chèvres, firent eux aussi leur apparition auprès des hommes. Il y a 9 000 ans, ce fut le tour des bovins et des cochons d'être domestiqués dans certaines régions d'Asie. Vinrent ensuite les chevaux, les chameaux et les volailles et, finalement, il y a 3 000 ou 4 000 ans, les chats en Égypte. Dans le Nouveau Monde, ce furent les lamas, les alpagas, les dindons et les cochons d'Inde qui devinrent les animaux familiers de l'homme. Les plantes, elles aussi, furent domestiquées et de nombreuses variétés, issues de plantes sauvages, virent le jour : le blé et l'orge en Europe, le riz en Asie, le maïs, les pommes de terre et les haricots dans le Nouveau Monde[4].

Les sociétés se sont hiérarchisées, des chefs sont apparus, l'agriculture, l'abattage des animaux, le troc puis le commerce se sont répandus sur la terre entière. À mesure que différentes civilisations voyaient le jour, les hommes ont appris à vivre en sociétés composées de personnes qui ne se connaissent pas toutes. Ils ont alors établi des règles et des contrats sociaux pour se défendre contre les abus et faciliter les interactions entre membres des sociétés. Les disputes et les vengeances personnelles ont évolué en guerres organisées entre groupes de personnes qui n'entretenaient pas de relations personnelles, et des conventions ont été établies pour rétablir la paix et la maintenir[5].

Il y a 10 000 ans à peine, juste avant la sédentarisation des chasseurs-cueilleurs et l'essor de l'agriculture, la population de la planète comptait entre 1 et 10 millions d'humains[6]. Ce qui n'était à l'origine que la recherche de moyens pour prospérer et mieux vivre a conduit, avec l'explosion démographique et l'expansion des moyens technologiques, à une surexploitation des terres par les monocultures, à une déforestation sans précédent[7] et, enfin, à la transformation de l'élevage en production industrielle qui coûte la vie à des centaines de milliards d'animaux chaque année. Vers les années 1950, nous avons été pris par surprise dans la « grande accélération » qui a marqué notre entrée dans l'Anthropocène, l'« ère des humains », celle où les activités de l'homme ont un impact majeur sur l'ensemble de la planète. Depuis 1950 en effet, la population mondiale (qui est passée de 2,5 milliards en 1950 à 7 milliards aujourd'hui), les émissions de CO_2 et de méthane, la déforestation, l'usage de pesticides et de fertilisants chimiques, et la consommation d'eau douce, pour ne citer que ces variables, ont non seulement augmenté, mais leur taux de croissance s'est considérablement accéléré. La transgression des limites de la résilience planétaire a fait entrer la biosphère dans une zone dangereuse[8]. La perte de la biodiversité est particulièrement lourde. À l'allure où vont les choses, jusqu'à 30 % de tous les mammifères, oiseaux et amphibiens sont menacés d'extinction avant la fin du XXIe siècle[9]. Le taux d'extinction des espèces a été accéléré de cent à mille fois par les activités humaines au XXe siècle, comparé au taux moyen en l'absence de catastrophes majeures (du type de celle qui a conduit à la disparition des dinosaures). Au XXIe siècle, on s'attend à ce que ce niveau soit encore multiplié par dix. De telles disparitions sont irréversibles.

La transformation de nos attitudes vis-à-vis des animaux

En se sédentarisant, les êtres humains ont pu domestiquer les animaux de façon systématique. Parmi ceux qu'ils élevaient, ils ont aussi commencé à en tuer un certain nombre, ce qui impliquait un rapport à l'animal tout autre que celui du chasseur, pour qui l'animal n'est pas un familier, mais une proie inconnue, même s'il connaît bien ses comportements. James Serpell, professeur d'éthique animale à l'université de Pennsylvanie, observe que seules les cultures ayant domestiqué des animaux défendent la thèse de leur infériorité par rapport à l'homme. Ce qui à la fois témoigne d'un malaise par rapport à l'acte de tuer un animal et implique une justification arbitraire qui permet d'accomplir cet acte. Les peuples de chasseurs-cueilleurs ne considèrent pas les animaux comme des êtres inférieurs, mais comme des égaux, voire des supérieurs, différents de nous, mais capables de pensées et de sentiments analogues aux nôtres[10]. Les Chewong de Malaisie, rapporte l'éthologue Dominique Lestel, ne divisent pas le monde en humains et en non-humains. Ils considèrent que les représentants de chaque espèce ont un regard sur le monde qui leur est propre. Ainsi, leur perception du monde s'organise selon une

« voie du tigre », une « voie de l'ours » et une « voie de l'homme ». Ce que perçoit chaque espèce est, pour elle, aussi vrai que ce que perçoit l'être humain. C'est grâce à l'imagination et à l'empathie que l'homme peut se représenter la réalité vécue de l'animal[11].

Nombreux sont les cas où la parenté perçue avec les animaux est formalisée en un système de croyances, dans lequel la famille, le clan ou la tribu fait remonter son origine à un animal mythique considéré comme un ancêtre. Cette perception anthropomorphique des animaux fournit aux peuples chasseurs un cadre conceptuel pour comprendre leur proie, pour s'identifier à elle et anticiper son comportement. En revanche, elle engendre le conflit moral suivant : si l'animal est considéré comme un semblable, le tuer constitue un meurtre.

Les chasseurs de Sibérie, par exemple, reconnaissent aux rennes la faculté de raisonner et leur attribuent même celle de la parole. C'est le cas de nombreuses tribus de chasseurs, en particulier dans les régions où les conditions de vie sont dures et les ressources rares[12]. Ils attribuent parfois à un grand Esprit la faculté de régler l'approvisionnement du gibier. Ainsi que le souligne l'anthropologue britannique Tim Ingold, bien que les rennes soient considérés comme des victimes consentantes, leur mise à mort est l'objet d'une préparation élaborée afin d'éviter d'offenser l'esprit du renne ou de mettre en péril l'approvisionnement futur. Le chasseur reçoit la substance physique de l'animal — sa viande, sa peau et ses os — mais son esprit est immortel et poursuit un cycle éternel entre morts et renaissances[13]. Chez ces peuples, le sentiment de culpabilité et la nécessité d'expier l'abattage des animaux sont fréquents. Dans certaines tribus africaines, les chasseurs doivent effectuer des rites destinés à purifier le meurtre qui souille leur conscience. Dans d'autres, le chasseur supplie l'animal de lui pardonner et de ne pas lui garder rancune[14].

Le problème éthique est plus grave pour l'éleveur traditionnel que pour le chasseur, parce que la relation avec l'animal est différente. Le chasseur possède une connaissance remarquable des mœurs et du caractère de ses proies, mais il n'a jamais l'occasion d'interagir avec celles-ci socialement. Il a donc peu de chances d'éprouver de l'attachement envers des individus particuliers. En revanche, dans les sociétés traditionnelles, l'éleveur vit au contact de ses animaux et s'y attache personnellement. L'abattage, ou le fait de faire souffrir l'animal, engendre inévitablement des sentiments de culpabilité et de remords, puisqu'il constitue une trahison grave de la confiance préalablement établie.

Une fois domestiqués, les animaux deviennent les serviteurs et les esclaves de l'homme et sont à sa merci. Selon l'historien Keith Thomas, rabaisser les animaux domestiques que nous exploitons nous permet de justifier à nos yeux le traitement que nous leur infligeons[15]. C'était aussi l'opinion de Darwin qui notait : « Les animaux, dont nous avons fait nos esclaves, nous n'aimons pas les considérer comme nos égaux[16]. » L'homme démontre ainsi sa capacité à activer et à désactiver sélectivement ses normes morales selon ce qui convient à ses intérêts. Un chien n'a pas besoin de justifier son acte quand il tue un lapin ; un chat ne montre aucun signe de remords quand il joue avec une souris à moitié morte. Ces comportements et les souffrances qu'ils engendrent sont inhérents à la relation entre un prédateur et sa proie. Pour l'homme, ces questions ne sont pas aussi simples[17]. Bien qu'il existe des exceptions, en général, les hommes ont du mal à tuer des animaux ou à leur nuire avec une totale indifférence. Paradoxalement, cette inhibition semble provenir de notre difficulté à distinguer clairement entre les animaux et nous-mêmes. De nombreuses études ont en effet montré que la plupart des êtres humains ont tendance à percevoir et à traiter leurs animaux domestiques et les animaux de compagnie comme des enfants : ils les prennent en charge, les nourrissent, les protègent du danger et des éléments, font leur toilette, les choient et les soignent quand ils sont malades[18].

Dans la production industrielle d'animaux, des dizaines de milliers de volailles ou des milliers de porcs sont parqués dans d'immenses hangars. La répugnance à tuer un animal est alors diluée dans la désindividualisation et la rapidité anonyme de la tuerie. Elle est toutefois remplacée par l'horreur du nombre. Un saigneur de cochons confiait à Jocelyne Porcher : «Le cochon, vite fait dans le camion, le transporter vite fait et le tuer vite fait, puis le bouffer vite fait, quoi. C'est ça, en fait[19].» Elle a calculé que ce saigneur avait, en vingt-quatre ans de carrière, égorgé à lui seul entre 6 et 9 millions de porcs. Comme en témoignait un employé d'une grande chaîne de poulets américaine : «Vous êtes en train d'assassiner des oiseaux sans défense par milliers — 75 000 à 90 000 par nuit. Vous êtes un tueur[20].»

Tout cela n'est évidemment pas sans conséquences sur les valeurs morales. De l'opinion du philosophe américain Charles Patterson : «En les gardant et en les nourrissant, les humains ont d'abord noué avec les animaux des liens d'amitié, puis ils les ont tués. Pour en arriver là, ils ont dû tuer en eux une partie de leur sensibilité. [...] L'asservissement des animaux semble avoir servi de modèle à celui des êtres humains, en particulier l'exploitation à grande échelle des femmes captives pour la procréation et le travail[21].» Il cite également l'exemple des Sumériens (quatre siècles avant J.-C.) qui castraient les esclaves mâles et les mettaient au travail comme des animaux domestiques[22].

Les justifications de l'exploitation des animaux : le christianisme et la philosophie occidentale

Il est généralement inconfortable de vivre avec un sentiment persistant de mauvaise conscience. Ayant entrepris d'utiliser d'autres espèces vivantes à son profit, l'homme a donc dû trouver des justifications morales à cette exploitation. Certaines religions fondent leur anthropocentrisme sur la volonté divine. Selon la vision dominante de la chrétienté, les animaux n'ont pas d'« âme » et ne sont sur terre que pour l'usage de l'homme. Dieu fit l'homme à son image et « choisit qu'il domine sur les poissons de la mer, sur toute la terre, et sur tous les reptiles qui rampent sur la terre[23] ». Comme le remarque l'écrivain Milan Kundera : « Bien entendu, la Genèse a été composée par un homme, pas par un cheval[24]. »

À peu près à la même époque, Aristote allait dans le même sens en affirmant que les animaux existaient pour servir les êtres humains, et défendait par ailleurs l'esclavage. Selon lui, « les plantes existent pour le bien des animaux, et les bêtes sauvages pour le bien de l'homme. [...] Comme la nature ne fait jamais rien inutilement ou en vain, il est indéniablement vrai qu'elle a fait tous les animaux pour le bien de l'homme[25] ».

Dans le monde romain, l'anthropocentrisme était roi. Pour Cicéron, « les troupeaux d'animaux, de toute évidence, ont été créés pour les besoins de l'homme, les uns pour son usage, les autres pour sa nourriture[26] ». Il est curieux de voir la manière dont de grands esprits énoncent avec tant de facilité des points de vue aussi catégoriques (« de toute évidence... ») sans se soucier de fournir la moindre preuve, même empirique, à leurs affirmations. Fortement asséné, le dogme prend valeur de preuve.

Les penseurs chrétiens ont, dans leur grande majorité, entériné cette position. Pour saint Augustin, « c'est par une très juste ordonnance du Créateur que leur vie et mort sont subordonnées à notre usage[27] ». Saint Thomas d'Aquin, quant à lui, considérait que « la vie des animaux [...] est préservée non pour eux, mais pour l'homme ». D'après lui, la seule objection possible à la cruauté envers les animaux résidait dans le fait qu'elle risquait d'encourager la cruauté envers les humains, mais qu'il n'y a rien de répréhensible en soi à faire souffrir les animaux. C'est devenu la position officielle de l'Église catholique romaine. Le pape Pie XII, par exemple, refusa de donner sa permission à la fondation d'une société pour la prévention de la cruauté envers les animaux, parce que cette permission aurait impliqué que les êtres humains ont des devoirs envers les créatures inférieures[28]. Pendant longtemps, il a été interdit de soigner les animaux parce que la médecine était réservée à l'homme et, ce faisant, il était honteux de l'appliquer à des êtres inférieurs[29]. La première école vétérinaire du monde occidental fut installée à Lyon sous Louis XV. Son but n'était pas de protéger les animaux en tant que tels mais de les préserver, entre autres, de la peste bovine qui ruinait alors les paysans. Le premier rôle des vétérinaires fut donc d'améliorer l'économie rurale en prenant soin de la santé des bêtes[30].

Anomalie dans le monde chrétien, les cathares prêchaient une doctrine plus proche du bouddhisme que du christianisme. Ils croyaient en la réincarnation et soutenaient que toutes les créatures à sang chaud avaient une âme à l'égal des humains. Ils s'abstenaient de manger de la viande et tout autre produit d'origine animale (produits laitiers, œufs, miel), et faisaient vœu de ne jamais tuer une créature à sang chaud. Ils furent l'objet d'une persécution longue et sanglante.

Le statut des animaux connaît l'une de ses périodes les plus noires avec la théorie des « animaux-machines » de Descartes. Non seulement les animaux n'existent que pour le bien de l'homme mais, de plus, ils ne ressentent rien :

> Les animaux ne sont que de simples machines, des automates. Ils ne ressentent ni plaisir, ni douleur, ni quoi que ce soit d'autre. Bien qu'ils puissent pousser des cris quand on les coupe avec un couteau, ou se contorsionner dans leurs efforts pour échapper au contact d'un fer-chaud, cela ne signifie pas qu'ils ressentent de la douleur dans ces situations. Ils sont gouvernés par les mêmes principes qu'une horloge, et si leurs actions sont plus complexes que celles d'une horloge, c'est

parce que celle-ci est une machine construite par les humains, alors que les animaux sont des machines infiniment plus complexes, faites par Dieu[31].

Cette vision mécaniste a permis aux savants de l'époque d'ignorer la douleur des animaux qu'ils utilisaient pour leurs expérimentations. Ainsi, au séminaire janséniste de Port-Royal :

> Ils battaient des chiens avec une parfaite indifférence, et se gaussaient de ceux qui plaignaient ces créatures comme si elles ressentaient la douleur. [...] Ils clouèrent de pauvres animaux sur des planches par les quatre pattes pour les vivisectionner et observer la circulation du sang qui était un grand sujet de conversation[32].

Voltaire s'insurgea contre de telles pratiques :

> Des barbares saisissent ce chien, qui l'emporte si prodigieusement sur l'homme en amitié ; ils le clouent sur une table, et ils le dissèquent vivant pour te montrer les veines mézaraïques. Tu découvres dans lui *tous les mêmes organes de sentiment qui sont dans toi.* Réponds-moi, machiniste ; la nature a-t-elle arrangé tous les ressorts du sentiment dans cet animal *afin qu'il ne sente pas* ? A-t-il des nerfs pour être impassible ? Ne suppose point cette impertinente contradiction dans la nature[33].

Kant, dans ses *Leçons d'éthique,* s'aligne sur Thomas d'Aquin en affirmant :

> Les animaux n'ont pas conscience d'eux-mêmes et ne sont par conséquent que des moyens en vue d'une fin. Cette fin est l'homme. Aussi celui-ci n'a-t-il aucun devoir immédiat envers eux. [...] Les devoirs que nous avons envers les animaux n'en sont que des devoirs indirects envers l'humanité[34].

Comme nous le verrons au chapitre 6, intitulé « Le continuum du vivant », la science a maintenant montré que nombre d'animaux ont conscience d'eux-mêmes. Par ailleurs, à moins d'adopter des vues créationnistes, il n'y a aucune raison de penser que leur fin est l'homme.

Spinoza soutient, lui aussi, une vision instrumentaliste des animaux. Il écrit dans son *Éthique* :

> La loi qui défend de tuer les animaux est fondée bien plus sur une vaine superstition et une pitié de femme que sur la saine raison ; [...] il n'y a pas là de raison pour ne pas chercher ce qui nous est utile, et par conséquent pour ne pas en user avec les animaux comme il convient à nos intérêts[35]...

Par essence, comme l'écrit James Serpell : « Depuis plus de 2000 ans, la religion et la philosophie européennes ont été dominées par la croyance que quelque être surnaturel et omnipotent avait placé l'humanité sur un piédestal moral, très au-dessus du reste de la création. De ce point de vue, nous avons exercé une maîtrise absolue sur les autres êtres vivants, et nous avons même cru que leur seule raison d'être était de servir nos propres intérêts égoïstes. [...] Le point de vue des premiers chrétiens selon lequel les animaux ont été créés pour le seul bénéfice de l'humanité, et l'idée cartésienne qu'ils étaient incapables de souffrir ne sont que des variations mutuellement compatibles sur le même thème. Toutes deux ont fourni aux êtres humains un permis de tuer ; un permis d'user ou d'abuser des autres formes de vie en toute impunité[36]. »

Des voix dissidentes

Depuis l'Antiquité et tout au long des siècles, des voix se sont élevées en Occident pour attirer l'attention sur le caractère arrogant et cruel de nos relations avec les animaux, et pour manifester une profonde répulsion envers leur utilisation à nos propres fins. Dans son ouvrage intitulé *Sur l'usage des viandes*, Plutarque se fait leur ardent défenseur et déplore la perte de sensibilité qui accompagne le fait de se nourrir de la chair d'un animal :

> Vous me demandez pour quelle raison Pythagore s'abstenait de manger de la chair de bête ; mais moi, je vous demande avec étonnement quel motif ou plutôt quel courage eut celui qui le premier approcha de sa bouche une chair meurtrie, qui toucha de ses lèvres les membres sanglants d'une bête expirante, qui fit servir sur sa table des corps morts et des cadavres, et dévora des membres qui, le moment d'auparavant, bêlaient, mugissaient, marchaient et voyaient ? Comment ses yeux purent-ils soutenir l'aspect d'un meurtre ? Comment put-il voir égorger, écorcher, déchirer un faible animal[37] ? [...]
>
> Nous ne sommes sensibles ni aux belles couleurs qui parent quelques-uns de ces animaux, ni à l'harmonie de leurs chants, ni à la simplicité et à la frugalité de leur vie, ni à leur adresse et à leur intelligence ; et, par une sensualité cruelle, nous égorgeons ces bêtes malheureuses, nous les privons de la lumière des cieux, nous leur arrachons cette faible portion de vie que la nature leur avait destinée. Croyons-nous d'ailleurs que les cris qu'ils font entendre ne soient que des sons inarticulés, et non pas des prières et de justes réclamations de leur part[38] ?

Ovide transmettait ce même message dans ses *Métamorphoses* :

> Vous avez le blé, les pommes qui pèsent
> Sur les branches souples ; vous avez le raisin qui gonfle
> Dans les vignes vertes, et les herbes plaisantes, les légumes
> Que la cuisson fait doux et tendres ; vous avez le lait
> Et le miel de trèfle. La Terre est prodigue
> De provisions et ses nourritures
> Sont aimables ; elle dépose sur vos tables
> Des choses qui ne réclament ni le sang ni la mort.
> Hélas, quelle méchanceté que de faire avaler de la chair par notre propre chair,
> Que d'engraisser nos corps avides en y enfournant d'autres corps,
> Que de nourrir une créature vivante de la mort d'une autre[39].

Pour les adeptes de l'Église orthodoxe, il y a de nombreuses et longues périodes pendant lesquelles s'alimenter en produits issus du règne animal est strictement interdit (végétalisme), de même que se vêtir ou utiliser une quelconque matière d'origine animale (véganisme). Les Pères du désert et tous les ordres monastiques du christianisme orthodoxe encouragent le végétarisme. Ainsi, saint Jean Chrysostome (345-407) estimait que l'alimentation carnée relevait d'une coutume cruelle ; il incita les chrétiens à s'abstenir de viande en termes virulents : « Nous imitons les mœurs des loups, des léopards, ou plutôt, nous faisons pire qu'eux. La nature les a faits pour qu'ils se nourrissent ainsi, mais Dieu nous a dotés de la parole et du sentiment de l'équité, et nous voilà devenus pires que les bêtes sauvages. »

Parmi les penseurs catholiques, quelques-uns font figure d'exception. Saint François d'Assise, connu pour sa compassion envers les animaux, demandait « à tous les frères du monde qu'ils respectent, qu'ils vénèrent et qu'ils honorent tout ce qui vit ; plutôt, tout ce qui existe ». De même, le prêtre et philosophe Jean Meslier s'insurgeait contre la cruauté envers les animaux :

> C'est une cruauté et une barbarie de tuer, d'assommer, et d'égorger, comme on fait, des animaux qui ne font point de mal, car ils sont sensibles au mal et à la douleur aussi bien que nous, malgré ce qu'en disent vainement, faussement, et ridiculement nos nouveaux cartésiens, qui les regardent comme des pures machines sans âmes et sans sentiments aucuns […]. Ridicule opinion, pernicieuse maxime, et détestable doctrine puisqu'elle tend manifestement à étouffer dans le cœur des hommes tous sentiments de bonté, de douceur et d'humanité qu'ils pourraient avoir pour ces pauvres animaux. […] Bénies soient les nations qui les traitent bénignement et favorablement, et qui compatissent à leurs misères, et à leurs douleurs, mais maudites soient les nations qui les traitent cruellement, qui les tyrannisent, qui aiment à répandre leur sang, et qui sont avides de manger leurs chairs[40].

L'ordre de la Trappe, fondé au XVIe siècle, obligeait ses moines à un strict végétarisme. Ce ne fut qu'en 1965 que cette règle fut abolie par le concile Vatican II, bien que nombre de moines continuent de s'y tenir.

En Angleterre, le premier sermon connu en faveur de la protection animale fut prononcé en 1773 par le pasteur anglican James Granger, provoquant une controverse au niveau national. Le pasteur raconte que plusieurs de ses ouailles pensaient qu'il était devenu fou[41]. Le pasteur Humphrey Primatt fit, quant à lui, le lien entre la dévalorisation de certains êtres humains et celle des animaux :

> L'homme blanc [...] ne peut avoir aucun droit, en vertu de sa couleur, à réduire en esclavage et à tyranniser l'homme noir. [...] Pour la même raison, un homme ne peut avoir de droit naturel à maltraiter ou tourmenter une bête[42]. [...] Que nous marchions sur deux jambes ou quatre pattes, que notre tête soit tournée vers la terre ou redressée, que nous soyons nu ou couvert de poils, que nous ayons une queue ou non, des cornes ou non, des oreilles longues ou rondes ; ou que nous brayions comme un âne, parlions comme un homme, sifflions comme un oiseau, ou que nous soyons muet comme un poisson, la nature n'a jamais voulu ces distinctions comme des fondations pour le droit de tyrannie et d'oppression[43].

De nos jours, le théologien et prêtre anglican Andrew Linzey, titulaire de la première chaire d'éthique, de théologie et de bien-être animal à l'université d'Oxford, a publié plusieurs ouvrages dans lesquels, à contre-courant de la position traditionnelle de l'Église, il propose d'accorder de véritables droits aux animaux. Dans son ouvrage intitulé *Animal Rights* [Les droits des animaux], il n'hésite pas à remettre en question l'interprétation habituelle de la Genèse :

> Les hommes ont cédé à une sorte d'idolâtrie, s'imaginant que Dieu s'intéressait avant tout à l'espèce humaine. C'est d'une absurdité confondante. Pourquoi Dieu a-t-il créé la guêpe ? Certainement pas pour notre usage. Et les dinosaures ? Comment aurions-nous pu les

exploiter ? Pour ma part, je trouve fort rassurant que Dieu ait d'autres soucis[44].

Dans un autre ouvrage intitulé *Animal Gospel* [Évangile animal], Linzey s'insurge contre le chauvinisme humaniste :

> Dès qu'on commence à remettre en cause le traitement despotique des animaux — que ce soit la tuerie pour le sport, la brutalité du commerce d'exportation, ou (pour prendre le dernier exemple en date) le massacre absolument obscène de milliers de phoques pour s'emparer de leurs pénis afin de les vendre comme aphrodisiaques en Europe et en Asie —, on est confronté encore et encore à ce dogme humaniste : si c'est avantageux pour l'humanité, alors ce doit être bien[45].

Pour Linzey cela signifie que « les animaux ne doivent pas être considérés comme des marchandises, des ressources, des instruments, des objets utiles à la disposition des humains. Si les humains doivent revendiquer la maîtrise de la création, alors ce ne peut être qu'une maîtrise consistant à servir. Il ne peut y avoir de maîtrise sans service. Selon la doctrine théologique des droits des animaux, les humains doivent donc être l'espèce servante — l'espèce à laquelle a été donné le pouvoir, la possibilité et le privilège de se donner, voire de se sacrifier, pour les créatures souffrantes plus faibles[46] ».

Il se fait l'apôtre d'une « compassion active envers les faibles, contre le principe de la loi du plus fort », et se range aux côtés de l'archevêque Robert Runcie pour qui le concept de Dieu « interdit l'idée d'une création au rabais ». Si « l'univers tout entier est une œuvre d'amour » et que « rien de ce qui est fait avec amour n'est de peu de valeur », une conception purement humaniste et utilitaire des animaux est, selon Linzey et Runcie, interdite aux chrétiens[47].

Pour reprendre un argument déjà avancé au IIIe siècle par le philosophe néoplatonicien Porphyre, auteur de plusieurs traités faisant l'apologie du végétarisme, les crocodiles dévorent les humains et ne leur sont d'aucune utilité : les humains auraient-ils alors été créés pour le bien des crocodiles[48] ? Et si, d'aventure, des extraterrestres plus intelligents et plus puissants que nous débarquaient sur notre planète et annonçaient que leur Dieu avait créé les humains pour leur usage, qu'aurions-nous à leur répondre ? Et si, de surcroît, ils trouvaient la viande humaine si délicieuse qu'ils prétendraient ne pas pouvoir s'en passer ? C'est ce qu'imagine Milan Kundera dans *L'insoutenable légèreté de l'être* :

> Ce droit nous semble aller de soi parce que c'est nous qui nous trouvons au sommet de la hiérarchie. Mais il suffirait qu'un tiers s'immisce dans le jeu, par exemple un visiteur venu d'une autre planète dont le Dieu aurait dit « Tu régneras sur les créatures de toutes les autres étoiles », et toute l'évidence de la Genèse serait aussitôt remise en question. L'homme attelé à un char par un Martien, éventuellement grillé à la broche par un habitant de la Voie lactée, se rappellera peut-être alors la côtelette de veau qu'il avait coutume de découper sur son assiette et présentera (trop tard) ses excuses à la vache[49].

• *Le judaïsme*

Les autres religions du Livre, le judaïsme et l'islam, ne sont, en général, guère plus tendres avec les animaux que le christianisme. Mais, il y a, là aussi, des exceptions notoires. La tradition juive se dit davantage concernée par la souffrance des animaux que le christianisme. Selon la Torah : « Il est interdit d'infliger de la douleur à toute créature vivante. Au contraire, il est de notre devoir de soulager la douleur de toute créature[50] ». Dans le Talmud, on lit également : « Une grande importance est attachée au traitement humain des animaux[51]. » Selon certains spécialistes de la Torah, Dieu n'aurait donné la permission aux hommes de manger de la viande, à la suite du Déluge, qu'en raison de leur faiblesse, mais l'idéal serait qu'ils soient végétariens[52].

Certains juifs qui ont pris pleinement conscience de la réduction des animaux à l'état de « choses » ou de « machines de production» dans l'élevage industriel, considèrent le végétarisme, voire le véganisme, comme une prescription morale incontournable. David Rosen, ancien grand rabbin d'Irlande et président d'honneur de la Communauté juive végétarienne internationale et de la Société d'écologie, est un vigoureux critique de l'élevage industriel. Il affirme que le traitement infligé aux animaux par les méthodes de production commerciales modernes est si cruel que la viande produite dans ces conditions ne peut être considérée comme casher ou halal. «En outre, fait-il valoir, le gaspillage des ressources naturelles et les dommages causés à l'environnement par la production de viande font un argument moral convaincant du point de vue du judaïsme pour l'adoption d'un régime végétarien[53].» L'érudit Samuel H. Dresner, auteur d'un livre célèbre parmi la communauté juive américaine intitulé *Jewish Dietary Laws* [Les Lois de l'alimentation juive] reconnaît : «Se nourrir de viande casher est une sorte de compromis... L'homme devrait idéalement ne pas manger de viande, car pour l'obtenir un animal doit être mis à mort[54].» On ne peut que partager ce point de vue lorsque l'on prend mieux conscience du fait que le mode d'abattage casher est extrêmement cruel pour les animaux, comme on peut le voir dans les images du documentaire *Terriens*[55].

• *L'islam*

Dans le monde musulman, le végétarisme est quasiment une exception, bien que quelques adeptes estiment que c'est, en fin de compte, la meilleure manière d'observer les préceptes de l'islam, puisqu'il n'est pas halal d'élever un animal comme une machine et que les animaux — eux aussi des créatures de Dieu – méritent notre compassion. Dans *Les animaux en Islam*, Al-Hafiz Basheer Ahmad Masri met en exergue les enseignements de l'islam qui incitent à la compassion envers les animaux[56]. Le grand mufti de Marseille, Soheib Bencheikh, estime que le sacrifice d'un mouton à l'occasion de l'Aïd-el-Kébir « n'est ni un pilier de l'islam, ni une obligation majeure comparable à la prière ou au jeûne du Ramadan ». Il précise en outre que le droit musulman permet de remplacer ce sacrifice par « un don fait dans un pays où les habitants ne mangent pas à leur faim, ce qui est plus conforme à l'esprit du partage que comporte cette pratique ».

Par ailleurs, il existe une tradition du végétarisme chez certains soufis. Les soufis préconisaient le végétarisme, surtout en période de retraite, comme purification du corps et de l'âme et comme moyen de maîtriser le « moi intérieur » (*nafs*). Toutefois, il semble que l'exemple du végétarisme le plus accompli nous vienne d'une femme, Rabia al Adawiyya, née en 717 à Basra, une grande mystique soufie qui passa la plus grande partie de sa vie en contemplation dans les déserts irakiens. Ses biographes relatent qu'elle vivait entourée de gazelles et d'antilopes qui l'approchaient sans aucune crainte. Une anecdote très connue raconte qu'un jour, un grand maître soufi, Hassan al-Basri, vint la voir dans son ermitage. À peine s'était-il approché que tous les animaux s'enfuirent. Surpris, Hassan lui en demanda la raison. « Qu'as-tu mangé à midi ? » lui répondit-elle. « Des oignons frits au lard », reconnut-il. « Alors, tu as mangé leur chair ! Et tu t'étonnes qu'ils s'éloignent de toi ? »

Fait très peu connu de l'histoire de l'islam : au xe siècle, un groupe de philosophes musulmans, volontairement anonymes, prit le simple nom de « Frères Purs » (*Ikhwan al-Safa*) et composa un récit intitulé « Le Cas des animaux face à l'homme rapporté au roi des Djinn » [*The Case of the Animals versus Man before the King of the Jinn*]. Ce traité met en scène des représentants des animaux plaidant le sort pitoyable que l'homme leur a réservé depuis sa création. Poignant réquisitoire contre leur maltraitance et leur abattage, les animaux s'adressent ainsi aux hommes :

En paix et en sécurité sur nos propres terres, nous étions tout occupés à vivre ensemble et à nourrir nos petits avec la bonne nourriture et l'eau que Dieu nous a octroyées. [...] Puis Adam devint vice-roi sur terre... et ses descendants se multiplièrent... Alors, au sein de notre communauté, ils [les hommes] ont capturé moutons, vaches, chevaux, ânes et mules. Ils nous ont asservis, nous obligeant avec grande cruauté à labourer le sol, tirer l'eau [des puits], faire tourner les moulins, acheminer [les marchandises]... Celui ou celle d'entre nous qui tombait entre leurs mains était tué; on lui ouvrait le ventre, on découpait sa chair, on broyait ses os, on énucléait ses yeux. Puis on nous faisait rôtir à la broche, en nous soumettant à pires tortures encore que l'on ne saurait dire... Malgré ces cruautés, les fils d'Adam proclament que c'est leur droit inviolable, qu'ils sont nos maîtres et que nous sommes leurs esclaves... sans aucune preuve ni autre explication que la force brute[57].

Le point de vue des traditions orientales

Nombre d'écrits ont été consacrés aux rapports entre l'homme et l'animal dans les cultures occidentales, mais relativement peu d'ouvrages traitent des cultures orientales qui soutiennent des points de vue radicalement différents, l'hindouisme, le jaïnisme et le bouddhisme en particulier.

• *L'hindouisme*

L'Inde est aujourd'hui le pays du monde où le végétarisme est le plus observé. Notons que le végétarisme indien exclut la consommation d'œufs mais permet la consommation de produits laitiers. On estime que les végétariens représentent environ 35 % de la population, soit 450 millions d'Indiens. L'Inde a récemment créé un système de label visible sur les produits fabriqués avec des ingrédients strictement végétariens.

L'hindouisme comprend une multiplicité de mouvements religieux qui ont des points de vue différents sur le végétarisme. L'aube de la civilisation indienne, la période védique (env. 2500-1500 avant J.-C.), ne fut pas végétarienne. Les cultes védiques exigeaient de sanglants sacrifices animaliers. Il semble que la notion d'*ahimsa* (non-violence), avec son corollaire, le végétarisme, soit apparue aux VII-VIe siècles avant J.-C. sous l'impulsion conjointe du bouddhisme, du jaïnisme et des Upanishad hindous. Ceux-ci remettent fondamentalement en question la notion de sacrifice animalier, jusqu'alors en vigueur. On trouve dans plusieurs textes hindous de cette époque les versets suivants :

> Le sang des animaux tués par toi
> Forme une mare à tes pieds.
> Si de la sorte on atteint les destinées supérieures,
> Qu'est-ce donc qui conduit aux enfers ?

De même, l'épopée du *Mahâbhârata*, composée entre 300 avant J.-C. et 300 après J.-C., proclame :

> La viande des animaux est comme la chair de nos propres enfants. [...] Est-il besoin de dire que ces créatures innocentes et en bonne santé sont faites pour l'amour de la Vie ? Mais les voici recherchées pour être tuées par de misérables pécheurs vivant dans les boucheries ? Pour cette raison, ô monarque, ô Yudhishthir, sache que le refus de la viande est le plus grand refuge de la religion du ciel et du bonheur. Ahimsa est le plus grand des principes. Il est, là encore, la plus grande des pénitences. Il est également la plus grande des vérités parmi toutes les preuves de bienveillance[58].

Vers le Ier siècle de notre ère, le célèbre code des Lois de Manu (*Manu-dharma-shastra*) adopta une attitude ambivalente et complexe à l'égard de la consommation de viande. Les règles qu'édicta ce législateur semblent constamment osciller entre permission de consommer de la viande et végétarisme inconditionnel. La viande, y compris celle des vaches, pouvait être consommée par les deux hautes castes pures si elle avait été rituellement sacrifiée à une divinité. En dehors du sacrifice, la consommation de viande est réprouvée sur la base d'une rétribution de souffrance dans la vie suivante identique à celle infligée à l'animal dans celle-ci : « Celui dont je mange la chair en ce monde, mangera la mienne dans l'autre monde[59]. » Mais, par ailleurs, il condamne l'alimentation carnée en des termes qui en appellent à la compassion face aux souffrances qu'endure l'animal : « Vous ne pouvez jamais obtenir de la viande sans faire violence aux créatures douées du souffle de vie ; tuer ces créatures douées du souffle de vie vous mènera aux enfers ; abstenez-vous donc de manger de la viande. Quiconque observe attentivement la provenance de la viande, la façon dont on attache et tue les créatures incarnées, doit s'abstenir de manger *toute* chair[60]. » Au fil des siècles, ces lois firent école surtout dans les hautes castes : à l'heure actuelle, les brahmanes, et surtout ceux qui officient dans les temples, observent un scrupuleux végétarisme.

Aux environs du IIe siècle, les Yogashastras, ensemble de règles spirituelles et morales, viennent renforcer la notion de respect de toute forme de vie en érigeant le végétarisme en norme de base, principalement chez les castes pures. Par ailleurs, Thiruvalluvar, un sage philosophe et tisserand du Ier ou IIe siècle après J.-C., appartenant au grand courant du shivaïsme de l'Inde du Sud, écrit dans le *Tirukkural* : « Celui qui mange la viande d'un animal pour engraisser sa propre chair, comment peut-il pratiquer l'authentique compassion[61] ? »

Les cultes vishnouites et, plus particulièrement, le courant dévotionnel bhaktique centré sur la personnalité de Krishna, insistent, eux aussi, sur le strict végétarisme. Les multiples sectes shivaïtes ont, quant à elles, des vues divergentes sur le végétarisme et définissent les limites de leurs propres règles alimentaires, carnées ou non.

Akbar lui-même, le grand empereur musulman de l'Inde moghole, fut si impressionné par le jaïnisme et la doctrine de la non-violence qu'il publia de nombreux ordres impériaux interdisant l'abattage des animaux et la pêche, et encouragea ses sujets à ne pas manger de viande pendant un minimum de six mois par an.

Au sein de l'hindouisme, la communauté des Bishnoïs, qui vit dans les régions désertiques du Rajasthan, est celle qui a poussé le plus loin la bienveillance à l'égard des animaux et le respect de toute forme de vie, animale ou végétale. Cette communauté de 600 000 à 800 000 membres fut fondée au XVe siècle par le sage hindou Jambeshwar Bhagavan qui enseigna vingt-neuf principes (*bishnoï* signifie « vingt-neuf » en hindi), parmi lesquels la méditation, pratiquée le soir et le matin, le pardon et la compassion. Les Bishnoïs prennent grand soin des animaux. Ils construisent des abris pour les animaux vieillissants et malades. Lors des fêtes communales, ils n'allument pas de feux la nuit pour éviter que les insectes, attirés par la lumière des flammes, ne s'y brûlent. Ils s'interdisent également de couper les arbres. Au XVIe siècle, des centaines de Bishnoïs tentèrent d'empêcher le puissant maharadjah de Jodhpur d'abattre des arbres ; ils payèrent de leur vie cette révolte écologique avant l'heure. Les gazelles et les antilopes sont protégées par les villageois contre les attaques de chasseurs aborigènes. Ils les nourrissent et les abritent, et celles-ci se promènent sans crainte dans les villages. Un dixième des récoltes céréalières est réservé à l'alimentation des animaux qui ne sont exploités en aucune façon[62].

Dans la première moitié du XXe siècle, le Mahatma Gandhi, qui lutta pour l'indépendance de l'Inde en observant les principes fondamentaux de la non-violence, donna une impulsion nouvelle au végétarisme. Il insista à maintes reprises sur le lien entre le végétarisme et la non-violence, deux attitudes qui débouchent nécessairement sur le bien d'autrui. « Jamais je ne consentirais à sacrifier au corps humain la vie d'un agneau », disait-il, ajoutant : « J'affirme que plus une créature est impuissante, plus elle a droit à être protégée par l'homme de la cruauté de l'homme[63]. »

• *Le jaïnisme*

De toutes les grandes religions, seul le jaïnisme a toujours prescrit le strict végétarisme et la non-violence absolue envers les animaux. Cette religion, née aux VIe-Ve siècles avant J.-C. était très répandue dans l'Inde ancienne. Elle compte encore actuellement environ cinq millions d'adeptes, exerçant souvent une grande influence dans la société indienne.

Conformément à l'idéal de la non-violence, ou *ahimsa*, les jaïns refusent les sacrifices et les combats d'animaux, la chasse et la pêche, de même que la consommation de viande. Ils ont construit de nombreux refuges pour les animaux et ouvert un hôpital caritatif pour oiseaux à Delhi, le Bird's Charitable Hospital[64] qui peut accueillir jusqu'à six mille volatiles. Là, un docteur vêtu d'une blouse blanche impeccable, volontaire comme tous les autres, traite un vieux coq souffrant de pneumonie, un autre excise une tumeur cancéreuse ou réduit la fracture d'un milan ou d'un pigeon. Si les oiseaux ne peuvent être guéris et relâchés, l'hospice en prend soin jusqu'à leur mort.

Les jaïns poussent cette attitude à un degré extrême et se font un devoir de veiller à ne pas écraser en marchant des insectes ou des bêtes rampantes. Les moines s'attachent un linge devant la bouche pour éviter d'avaler, en respirant, les insectes qui peuvent se trouver dans l'air et, pour les mêmes raisons, ils filtrent l'eau qu'ils boivent. Ils ne consomment pas même les légumes ayant de longs rhizomes, poussant sous terre (pommes de terre, carottes, etc.), par crainte de blesser les animaux souterrains (vers de terre, insectes…).

Dans tous les foyers jaïns conservateurs, le matin, on n'allume le feu servant à faire la cuisine que quarante-cinq minutes après le lever du soleil de manière à ce qu'aucun insecte ne vienne se consumer sur la flamme ; pour la même raison, on cesse de cuisiner trois-quarts d'heure avant le coucher du soleil.

• *Le bouddhisme*

Selon le bouddhisme, la «nature de bouddha» est présente en chaque être, même si elle est latente chez ceux qui n'ont pas les facultés intellectuelles de la rendre manifeste, ce qui est le cas des animaux. La qualité particulière des êtres humains tient à leur capacité d'utiliser pleinement cette nature. La compréhension de ce grand avantage dont nous disposons confère certes une valeur inestimable à la condition humaine mais, loin d'engendrer le mépris des autres formes de vie, incite le bouddhiste à éprouver une compassion encore plus grande pour les êtres plongés plus profondément que lui dans l'ignorance, et à s'efforcer de remédier à leurs souffrances. Du point de vue du bouddhisme, *il est donc hors de question d'utiliser l'intelligence humaine pour exploiter les autres êtres.*

Dans le *Soutra de l'entrée à Lanka*, l'un des sermons prononcés par le Bouddha Shakyamouni il y a 2500 ans, on peut lire :

> Hélas, quelle sorte de vertu pratiquent ces êtres ? Ils se remplissent le ventre de chair animale en répandant la crainte chez les bêtes qui vivent dans les airs, dans les eaux et sur la terre ! [...] Les pratiquants de la Voie doivent s'abstenir de viande, car en manger est source de terreur pour les êtres[65].

Quand le bouddhiste s'engage sur la Voie, il prononce la phrase suivante : «En prenant le Dharma pour refuge, je promets de ne plus nuire à aucun être.» Il est évident que cette promesse s'applique aussi aux animaux. On devine que le bouddhisme rejette l'idée, soutenue par les religions monothéistes, que l'homme a été conçu pour occuper le sommet de la création et les autres créatures pour satisfaire ses exigences, le nourrir et l'amuser. Il estime que tous les êtres ont le droit fondamental d'exister et de ne pas souffrir[66].

Shantideva, le maître bouddhiste indien du VIIe-VIIIe siècle, résume cette pensée dans un célèbre verset : « Puisque nous avons tous un égal désir d'être heureux, par quel privilège serais-je l'objet unique de mes efforts vers le bonheur ? Et puisque nous redoutons tous la souffrance, par quel privilège aurais-je droit à être protégé, moi seul et non les autres[67] ? » Ce que le Dalaï-lama commente ainsi :

> Nous devons protéger les autres de la souffrance comme nous le ferions pour nous-mêmes, et être concernés par leur bien-être autant que par le nôtre. Quand nous protégeons notre corps, nous le considérons comme une entité unique et protégeons également toutes ses parties. Or les êtres forment un ensemble car ils ont en commun la douleur et la joie, et toutes les parties de cet ensemble doivent être traitées de la même façon[68].

Comment définir un « être sensible » ?

Un être dit « sensible » est un organisme vivant capable de faire la différence entre un bien-être et une douleur, entre plusieurs façons d'être traité, c'est-à-dire entre différentes conditions propices ou néfastes à sa survie. Il est aussi capable de réagir en conséquence, c'est-à-dire d'éviter ou de s'éloigner de ce qui pourrait interrompre son existence et de rechercher ce qui la favorise. Dans le bouddhisme tibétain, par exemple, on désigne les êtres par le mot *'gro ba* qui signifie « aller », au sens d'aller « vers » ce qui lui est favorable et de « s'éloigner de » ce qui peut lui nuire.

Subjective ou non, la tendance naturelle d'un ver de terre est de rester en vie. Il n'est pas nécessaire pour cela que l'être en question dispose des capacités intellectuelles nécessaires à la formation des concepts de « douleur », d'« existence » et de « finitude ». Le bouddhisme fait donc une différence entre la réaction instinctive d'un animalcule qui s'éloigne d'un stimulus potentiellement nuisible, et la réaction, purement mécanique, d'une fleur qui se penche vers le soleil par phototropisme[69]. Les mouvements des plantes sont entièrement commandés de l'extérieur. La plante n'a aucun choix et, à un moment donné, une seule direction de mouvement lui est possible. Si le métabolisme végétal est immédiat, l'animal peut différer son action.

Chez les organismes les plus rudimentaires, ces réactions ne reflètent évidemment pas une démarche réfléchie ou une expérience subjective de «bien-être» ou de «souffrance», mais elles s'inscrivent néanmoins dans une *continuité* dont la complexification graduelle conduit à l'apparition d'un système nerveux, lequel permet la perception de sensations de douleur, puis la prise de conscience subjective de la douleur. La prise en considération de cette continuité doit donc nous amener à accorder de la valeur à toute forme de vie et à la respecter.

Bouddhisme et végétarisme

Tous les bouddhistes ne sont pas végétariens, et les textes ne condamnent pas unanimement la consommation de viande. Certains soutras du Grand Véhicule, le *Mahayana,* sont cependant sans équivoque, comme le *Soutra de l'entrée à Lanka*, qui déclare :

> Pour ne pas devenir source de terreur, les bodhisattvas établis dans la bienveillance ne doivent pas manger de nourriture carnée. [...] La viande est une nourriture pour bêtes féroces ; il est impropre de la manger[70]. [...] On tue des animaux pour le profit, on échange des biens contre de la viande. L'un tue, l'autre achète, tous deux sont fautifs.

De même, dans le *Soutra du Grand Parinirvana,* le Bouddha dit : «Manger de la viande détruit la grande compassion» et conseille à ses disciples de s'éloigner de la consommation de viande «tout comme ils s'écarteraient de la chair de leurs propres enfants». De nombreux maîtres tibétains ont également condamné la consommation de chair animale[71].

L'empereur Ashoka, qui épousa le bouddhisme et le végétarisme par la même occasion, promulgua plusieurs décrets, cent cinquante ans après la mort du Bouddha, pour que les animaux soient traités avec bienveillance. Il fit notamment graver sur le pilier de Sircar des préceptes enjoignant à ses sujets de traiter les animaux avec bonté et proscrivit sur tout son territoire les sacrifices animaliers.

Les bouddhistes chinois et vietnamiens sont strictement végétariens. Les Tibétains vivent sur des hauts plateaux couverts d'immenses prairies qui ne sont favorables qu'à l'élevage de troupeaux de yaks, de chèvres et de moutons. Renoncer à manger de la viande dans de telles conditions impliquait, jusqu'à récemment, de ne se sustenter que de beurre, de yaourt (durant l'été), et de tsampa, la farine d'orge grillée traditionnelle[72]. Ces conditions ont amené les populations, nomades en grande partie, à vivre de leurs troupeaux, et la plupart des Tibétains sont friands de viande.

Toutefois, ils sont bien conscients de l'aspect immoral de leur comportement et s'efforcent d'y remédier en ne tuant que le nombre d'animaux strictement nécessaires à leur survie, et en terre d'exil, en Inde ou au Népal, de plus en plus de monastères tibétains n'autorisent pas la viande dans les repas préparés dans leurs cuisines.

Pour le bouddhiste en général, être végétarien est un moyen de manifester sa compassion à l'égard des animaux. À la différence des hindous végétariens, la viande n'est pas pour lui «impure» en elle-même. Il ne trouverait rien à redire, en principe, au fait de manger un animal mort de façon naturelle.

De surcroît, de nombreux pratiquants bouddhistes achètent régulièrement des animaux destinés à être tués pour les libérer dans leur milieu naturel ou dans des lieux de refuge où ils sont bien traités. On lit, par exemple, dans l'autobiographie de l'ermite tibétain Shabkar (XVIIIe-XIXe siècle), qu'au cours de son existence, il sauva la vie de centaines de milliers d'animaux. Au Tibet, les animaux dont on «rachète» ainsi la vie finissent tranquillement leurs jours avec le reste du troupeau. Ces pratiques sont encore courantes parmi les fidèles bouddhistes. Au Bhoutan, où le bouddhisme prédomine, la chasse et la pêche sont interdites dans l'ensemble du pays.

L'admiration pour l'Inde et le végétarisme en Europe

Le sophiste Philostrate d'Athènes raconte dans sa biographie d'Apollonius de Tyane comment ce philosophe néo-pythagoricien du Ier siècle après J.-C. rendit visite aux brahmanes de Taxila et se fit dès lors l'avocat du végétarisme. Il proclamait que «la Terre fournit tout ce qui est nécessaire à l'humanité; ceux qui sont heureux de vivre en paix avec la création telle qu'elle est n'en exigent rien de plus», alors que les hommes carnivores, poursuivait-il, «sourds aux cris de la terre mère, aiguisent leur couteau contre ses propres enfants». C'est là, affirme Apollonius, «ce que les brahmanes de l'Inde ont enseigné[73]». De même, l'ermite saint Jérôme, qui vécut aux IVe et Ve siècles, déclara que l'exemple des brahmanes était digne d'être suivi par les chrétiens. À la même époque, Pallade, évêque de Hélénopolis, imagine le brahmane Dandamis dédaignant les présents que lui faisait Alexandre le Grand, et répondant à ce dernier : «La terre me fournit tout, comme une mère donne du lait à son enfant», avant d'ajouter avec ironie «qu'il est préférable d'être donné en pâture aux bêtes que de faire de soi-même la tombe d'autres créatures[74].»

Dans *The Bloodless Revolution* [«Une révolution sans effusion de sang»], l'historien anglais Tristram Stuart décrit comment nombre de voyageurs européens redécouvrirent la civilisation de l'Inde à partir du XVIIe siècle et furent fascinés par la doctrine de la non-violence, *ahimsa*. Avec étonnement, ces voyageurs constatèrent l'existence d'hôpitaux pour animaux et de refuges pour les bêtes âgées, chose impensable dans l'Europe de l'époque. Ils furent témoins de la prédominance du végétarisme dans la société indienne et de la bienveillance à l'égard de tous les animaux, même les plus humbles. Comme l'explique Gérard Busquet dans *Vaches sacrées et chiens maudits*, ces voyageurs européens furent stupéfaits de voir des animaux sauvages tels que des daims, des antilopes, des grues ou des marabouts errer paisiblement dans les villages. Ces Occidentaux, issus de sociétés où l'on pourchassait et éliminait impitoyablement toute vie animale, en dehors des animaux domestiqués, ne pouvaient comprendre une telle attitude dictée par des facteurs religieux et culturels propres à l'Asie du Sud[75].

Certains de ces voyageurs ridiculisèrent ces coutumes, mais d'autres furent impressionnés par un système moral totalement méconnu en Occident. L'existence d'une civilisation si avancée et respectueuse des animaux posait un défi radical aux idées chrétiennes sur la dominance de l'homme. Ce dessillement inattendu déclencha une crise dans la conscience européenne. De nombreux intellectuels furent séduits par le code moral proposé par l'Orient et plusieurs ouvrages contribuèrent à populariser ces vues auprès du grand public, suscitant des discussions annonciatrices des débats contemporains sur le végétarisme et sur la façon dont nous traitons les animaux.

Le mouvement de la libération animale

Deux mouvements se firent jour. Le premier promulguait un végétarisme « scientifique », avançant qu'il était meilleur pour la santé que le régime carné. Trois des grands philosophes du XVIIe siècle, Descartes (qui, comme nous l'avons vu, légitimait l'abattage des animaux dont il avait une conception des plus inhumaines), Pierre Gassendi et Francis Bacon, se mirent d'accord sur le fait que le végétarisme était le régime qui convenait le mieux aux êtres humains. Bacon catalogua les nombreux végétariens connus dans l'histoire et qui étaient célèbres pour leur remarquable longévité : les Esséniens, les Spartiates, les hindous et beaucoup d'ascètes chrétiens.

Le deuxième mouvement se fit le champion de la compassion à l'égard des animaux, considérés comme des êtres sensibles au même titre que les humains. Le marchand et écrivain anglais Thomas Tryon, qui avait vu avec horreur ses compatriotes chrétiens fouetter à longueur de journée des esclaves dans les plantations de la Barbade, devint également un ardent défenseur de la cause animale et publia en 1683 un dialogue imaginaire entre un brahmane et un Français qui connut un grand succès[76]. Il y louait la grandeur morale des brahmanes, leur tempérance vertueuse et leur respect pour la vie animale, et concluait qu'en manquant de compassion pour les animaux, on en vient à en manquer envers les humains.

Tryon s'opposa à Hobbes qui prétendait que les êtres humains ont des droits sur les animaux tout simplement parce qu'ils ont le pouvoir de l'exercer : « La force fait le droit », prônait-il. Il proposa d'accorder aux animaux le droit de vivre indépendamment des intérêts humains et fit pression sur le Parlement anglais pour reconnaître les « droits de l'homme et des créatures innocentes sans défense, qui n'ont aucun protecteur en ce monde[77] ». Il parlait de l'ensemble des êtres vivants en tant que « concitoyens du monde ».

L'espion turc, un roman épistolaire en sept tomes (dont le premier, publié en français en 1686, est attribué à Giovanni Paolo Marana), met en scène un Oriental, l'espion Mahmut, qui découvre l'histoire et les mœurs de l'Europe[81]. Ce roman, qui connut un immense succès, est un réquisitoire aussi impitoyable qu'ironique contre les religions établies, doublé d'une condamnation de la manière dont les chrétiens se sont servis de la Bible pour justifier leur «gloutonnerie, leur cruauté et leur arrogance» à l'égard des animaux. Il contribua ainsi à promouvoir le végétarisme en Europe.

Bernardin de Saint-Pierre, écrivain et ami de Rousseau, fut un végétarien convaincu, ainsi que le grand naturaliste suédois Carl von Linné qui s'opposait ainsi à son collègue Georges-Louis de Buffon, pour qui le fait de tuer les animaux était une pratique «licite et innocente[78]».

Le grand savant Isaac Newton, quant à lui, souhaitait étendre le commandement «aime ton prochain comme toi-même» aux animaux. Il fut loué avec emphase par Voltaire pour avoir montré qu'il était tout à fait contradictoire de reconnaître des sentiments aux animaux tout en les faisant souffrir[79]. Comme nous l'avons vu, Voltaire ne mâchait pas ses mots pour ceux qui pensaient que les animaux avaient été mis à leur entière disposition par le Seigneur :

> Enfin, il n'est que trop certain que ce carnage dégoûtant, étalé sans cesse dans nos boucheries et dans nos cuisines, ne nous paraît pas un mal, au contraire, nous regardons cette horreur, souvent pestilentielle, comme une bénédiction du Seigneur et nous avons encore des prières dans lesquelles on le remercie de ces meurtres[80]. […]

Schopenhauer, inspiré entre autres par l'Inde et le bouddhisme, avait, lui aussi, une fibre sensible à l'égard des animaux et s'insurgeait contre les positions de Kant, de Descartes et de l'anthropocentrisme judéo-chrétien en général :

> On prétend que les bêtes n'ont pas de droit; on se persuade que notre conduite à leur égard n'importe en rien à la morale, ou pour parler le langage de cette morale-là, qu'on n'a pas de devoirs envers les bêtes : doctrine révoltante, doctrine grossière et barbare, propre à l'Occident et qui a sa racine dans le judaïsme. En philosophie toutefois, on la fait reposer sur l'hypothèse d'une différence absolue entre l'homme et la bête admise en dépit de l'évidence[82].

Dans un essai non publié, *On the Vegetable System of Diet* [Sur le régime végétarien], le grand poète anglais Shelley déclara que faire souffrir les animaux afin de consommer leur chair était «préjudiciable à la paix de la société humaine[83]». Dans son poème intitulé *Queen Mab*, Shelley imagine qu'un jour l'homme aura «cessé de tuer l'agneau qui le regarde en face et de dévorer horriblement ses chairs mutilées[84]». Écologiste avant l'heure, il ajoute que «la viande dont se gorgent les riches est littéralement du grain volé de la bouche des pauvres» puisque la quantité de matière végétale nutritive nécessaire pour engraisser un bœuf fournirait dix fois plus de moyens de subsistance si elle était utilisée pour faire pousser des végétaux comestibles. Il soutenait qu'à mesure que la population humaine allait augmenter, il faudrait en venir à un régime végétarien qui, seul, pourrait subvenir aux besoins accrus des humains. Malthus, qui pensait que l'abandon de la viande était une éventualité souhaitable, se rallia à son point de vue. En 1881, le dramaturge George Bernard Shaw, inspiré par la lecture des écrits de Shelley, devint végétarien et fut bientôt suivi par Léon Tolstoï. Tous ceux qui ont ainsi parlé en faveur de la cause animale — Voltaire, Shaftesbury, Bentham, Mill et Shaw — étaient aussi les plus ardents avocats du respect des droits de l'homme.

Ces idées furent reprises de manière plus rigoureuse en 2003, par Colin Tudge, un chercheur de la London School of Economics, qui montra que le monde serait à court d'espace agricole si les niveaux croissants de la production de viande ne diminuaient pas[85].

La révolution darwinienne et ses conséquences

Darwin allait transformer profondément la vision des relations entre les différentes formes de vie en montrant de façon magistrale qu'au cours de millions d'années l'évolution des espèces ne révèle que des transitions graduelles entre elles. C'était là un retournement majeur, Darwin ayant ainsi mis en évidence que les différences entre les êtres humains et les animaux étaient loin d'être aussi fondamentales qu'on le supposait :

> Nous avons vu que les sens et les intuitions, les diverses émotions et les facultés telles que l'amour, la mémoire, l'attention, la curiosité, l'imitation, la raison, etc., dont s'enorgueillit l'homme, peuvent se voir à l'état naissant, ou même parfois dans un état pleinement développé, chez les animaux inférieurs[86].

Dans son journal, il écrit également : « L'homme dans son arrogance pense être une grande œuvre, digne de l'acte d'un dieu. Il est plus humble et, à mon avis, plus vrai de le voir comme créé à partir des animaux[87]. » C'est la première fois que s'impose la notion selon laquelle la différence entre l'homme et l'animal est seulement de degré et de diversité et non de nature. Darwin se montre également soucieux du bien-être et du respect des animaux. Il affirme notamment :

> L'humanité envers les animaux inférieurs est l'une des plus nobles vertus dont l'homme est doté, et il s'agit du dernier stade du développement des sentiments moraux. C'est seulement lorsque nous nous préoccupons de la totalité des êtres sensibles que notre moralité atteint son plus haut niveau[88].

Dès le XIXe siècle, Schopenhauer se faisait l'écho d'un mouvement naissant en faveur des animaux : « En Europe, aussi, de jour en jour, s'éveille le sentiment des droits des bêtes[89]. » Il concluait ainsi : « La compassion pour les animaux est si intimement liée à la bonté que l'on peut dire que quiconque est cruel envers les animaux ne peut être un homme bon. »

Au XXe siècle, à la fin des années 1960 et dans les années 1970, naît un mouvement qui ne cessera de prendre de l'ampleur et amorcera un important changement d'attitude à l'égard des animaux dans les sociétés de culture occidentale. C'est d'abord la publication du livre *Animal Machines: The New Factory Farming Industry*, dans lequel Ruth Harrison, un demi-siècle après *La Jungle* d'Upton Sinclair, décrit à nouveau les conditions abominables qui continuent de prévaloir dans l'élevage industriel. Peu après se forme le « groupe d'Oxford », qui réunit une dizaine d'intellectuels et de personnalités autour du psychologue Richard Ryder. Ce dernier publie quelques articles et brochures contre les abus dont les animaux sont victimes, dont une, en 1970, qui traite du « spécisme », un terme nouveau qu'il propose afin d'attirer l'attention sur le fait que notre attitude à l'égard des animaux procède de la même mentalité que le « racisme » ou le « sexisme ». Il décrit ainsi son « eurêka ! » :

> Les révolutions des années 1960 contre le racisme, le sexisme et la discrimination de classe ont raté de peu les animaux. Cela m'a préoccupé. L'éthique et la politique, à cette époque, ont tout simplement oublié les êtres non-humains. Tout le monde semblait uniquement se préoccuper de réduire les préjugés contre les humains, mais n'avaient-ils pas entendu parler de Darwin ? Je détestais, moi aussi, le racisme, le sexisme et la discrimination de classe, mais pourquoi s'arrêter là ? En tant que scientifique hospitalier, j'étais persuadé que des centaines d'autres espèces d'animaux souffraient de la peur, de la douleur et de la détresse autant que moi. Il fallait s'en préoccuper. Il fallait établir un parallèle entre notre sort et le sort des autres espèces. Un jour, en 1970, alors que je prenais un bain dans le vieux manoir de Sunningwell, près d'Oxford, un mot m'est soudainement venu à l'esprit : « spécisme ! » J'ai écrit rapidement une brochure que j'ai fait circuler à Oxford[90].

Dans un premier temps, personne ne prêta attention à cette brochure, jusqu'au jour où Peter Singer, étudiant à Oxford, prit contact avec Richard Ryder et lança le concept de « libération animale ». En 1975, il y consacra un livre qui connut un retentissement mondial et dont le titre — *La libération animale* — donna son nom à ce nouveau mouvement[91]. D'autres voix vinrent enrichir le débat, notamment celle du principal théoricien des droits des animaux, Tom Regan, des primatologues Jane Goodall et Frans de Waal, qui surenchérirent en montrant que les animaux ressentent des émotions très variées et complexes, y compris l'empathie, et de l'écrivain Jonathan Safran Foer. En France, Florence Burgat, Éric Baratay, Georges Chapouthier, David Chauvet, Boris Cyrulnik, Élisabeth de Fontenay, Élisabeth Hardouin-Fugier, Thomas Lepeltier, Jean-Pierre Marguénaud, David Olivier, Jean-Baptiste Jeangène Vilmer, et bien d'autres encore, parlèrent d'éthique animale, de droit de l'animal et de nos rapports aux animaux.

L'essor des organisations non-gouvernementales de protection de l'environnement et des animaux

L'émergence des ONG comme acteurs de la vie sociale et politique dans les domaines de l'environnement, du développement, de l'action humanitaire, des droits humains et des droits des animaux sera sûrement retenue comme l'un des phénomènes clés de la fin du XXe siècle. Selon Rémi Parmentier[92], l'un des fondateurs de Greenpeace International : « Parmi les ONG qui agissent pour la protection des animaux, il faut distinguer deux écoles qui se rencontrent dans la plupart des cas, et qui se confrontent parfois : celles dont la mission est la protection de la biodiversité dans un contexte environnemental (Greenpeace, le WWF, EIA[93], ou Oxfam…) et celles dont le mandat est la protection de la vie animale en tant que telle (IFAW — International Fund for Animal Welfare — ou Sea Shepherd en sont deux exemples représentatifs). En définitive, que ce soit pour revendiquer la protection des animaux avec lesquels nous partageons notre vie ou des écosystèmes qui soutiennent toute vie sur terre, les deux écoles réclament, chacune à sa manière, que nous remettions en cause la croyance selon laquelle l'humanité est au centre du monde.»

En France, la SPA (Société protectrice des animaux) fut fondée en 1845, suivie par la LPO (Ligue pour la protection des oiseaux) et l'ASPAS (Association pour la protection des animaux sauvages). Parmi les ONG à vocation activiste qui luttent contre les mauvais traitements infligés aux animaux, notamment dans les élevages intensifs, contre la chasse et contre l'utilisation d'animaux en tant qu'objets d'expériences ou de divertissements, figurent PETA (People for the Ethical Treatment of Animals), la Fondation Brigitte Bardot, 30 millions d'Amis, One Voice, L214, l'Alliance anti-corrida et bien d'autres encore.

La bonté, l'amour altruiste, la compassion sont autant de qualités qui ne font pas bon ménage avec la partialité. Restreindre le champ de notre altruisme ne le diminue pas seulement quantitativement mais aussi qualitativement. Ne l'appliquer qu'à certains êtres, les êtres humains en l'occurrence, revient à l'appauvrir.

Il reste certes beaucoup à faire, mais il est indiscutable que le monde occidental prend de plus en plus conscience du fait qu'il ne peut prétendre adhérer à des valeurs morales saines et cohérentes tout en excluant du champ de l'éthique la majorité des êtres sensibles qui peuplent notre Terre.

Chapitre 2
Loin des yeux, loin du cœur

Il nous faudra sans doute beaucoup de temps, d'énergie et de ressources pour mettre fin aux diverses formes de violence, d'abus et de discriminations qui affectent encore nos semblables. Mais, de nos jours, ces pratiques sont de plus en plus clairement désavouées et considérées comme inacceptables.

Les mauvais traitements à l'égard des animaux restent, eux, le plus souvent, ignorés, tolérés, voire approuvés. Pourquoi ignorés ? Parce que l'écrasante majorité de ces mauvais traitements sont infligés aux animaux loin des regards, dans les entreprises de production industrielle et dans les abattoirs. Et l'industrie agroalimentaire exerce une censure tacite mais hermétique, s'assurant qu'aucune image choquante ne sorte de ses enceintes de torture. Aujourd'hui, dans les pays riches, les animaux que l'on voit ne sont pas ceux que l'on mange. Une étude, réalisée aux États-Unis, a révélé qu'en milieu urbain, la plupart des enfants de 5 ans ne savaient pas d'où provenait la viande qu'ils mangeaient. À la question « Manges-tu des animaux ? », la majorité d'entre eux ont répondu un « Non ! » emphatique, comme si l'idée même les choquait[1]. De fait, les enfants éprouvent presque toujours une sympathie naturelle pour les animaux et sont très affectueux envers ceux qu'ils côtoient.

Tolstoï et toute sa famille étaient strictement végétariens. Sa fille raconte qu'une tante carnivore, invitée à déjeuner, avait prévenu qu'elle tenait absolument à manger de la viande. En arrivant à table, elle avait trouvé un poulet vivant attaché à sa chaise et un couteau effilé près de son assiette[2] ! Il a été montré que la majeure partie des humains éprouvent une profonde répugnance à tuer l'un de leurs semblables[3]. Mais tuer un animal est aussi un acte troublant. Pour éviter l'aversion que pourrait éprouver le consommateur en se représentant l'animal vivant, puis toutes les souffrances qu'il endure avant d'arriver dans son assiette, la chair des animaux, devenue viande, est présentée comme un produit manufacturé anodin, de sorte qu'émotionnellement, le consommateur ne fasse plus le lien entre la nourriture et celui qui a perdu la vie pour la fournir. C'est ce que remarquait Paul Claudel dès 1947 :

> Dans ma jeunesse, les rues étaient pleines de chevaux et d'oiseaux. Ils ont disparu. L'habitant des grandes villes ne voit plus les animaux que sous l'aspect de la chair morte qu'on lui vend chez le boucher. [...] Maintenant, une vache est un laboratoire vivant [...] La poule errante et aventureuse est incarcérée et gavée scientifiquement. Sa ponte est devenue mathématique. [...] Il n'y a plus que des machines utiles, des magasins vivants de matière première[4]...

Nombre d'enfants ne s'habituent à consommer de la viande qu'à la suite de l'insistance de leurs parents. À cela s'ajoutent les efforts délibérés de l'industrie afin de tromper le public sur la nature des fermes modernes, mettant ainsi un écran opaque entre eux et la réalité. Dans les livres d'images et les dessins animés sur les animaux de ferme, on les voit s'ébattre joyeusement et vivre tendrement avec leurs petits dans des lieux spacieux où la vie semble douce.

Pas vu pas dit ou comment tenir la question à distance

À de rares exceptions près (celle du documentaire *L'adieu au steak*, par exemple, qui a été diffusé par Arte[5]), on ne montre *jamais* à la télévision ce qui se passe *tous les jours* dans ces lieux. Des documentaires remarquables, tels que *Terriens*, *Food Inc.* et *LoveMEATender*[6], réalisés au prix de grandes difficultés, ne sont jamais diffusés sur les chaînes publiques. À chaque fois que Shaun Monson, le réalisateur de *Terriens* a contacté des télévisions pour faire diffuser son film, on lui a répondu que ses images risquaient de choquer les enfants et les spectateurs sensibles. En 2009, PETA, la plus importante organisation mondiale qui milite pour diminuer la maltraitance animale, était prête à payer deux millions de dollars (le prix d'une minute de publicité le jour de *Thanksgiving*, au moment de la finale du championnat de football américain) à la chaîne de télévision américaine NBC pour diffuser un spot publicitaire relativement anodin qui montrait une famille sur le point de manger la dinde traditionnelle. Dans le spot, lorsque l'un des parents demandait à la petite fille de dire la prière de bénédiction du repas, elle racontait le sort cruel qu'avait subi la dinde jusqu'à sa mise à mort. Les seules images étaient celles de la famille à table. La chaîne refusa de diffuser ce spot[7].

Ce n'est pas que les médias et la télévision répugnent à montrer des images susceptibles de heurter les âmes sensibles. Ils diffusent continuellement des images de guerre, d'attentats et de catastrophes naturelles dans le but d'informer et, dans certains cas, d'éveiller notre compassion et de nous inciter à venir en aide aux victimes. Les films d'horreurs, quant à eux, sont certes déconseillés aux enfants, mais néanmoins diffusés à longueur d'année à la télévision, sans que cela semble poser de cas de conscience aux programmateurs.

Dans les pays riches, à l'exception des campagnes, chez les petits éleveurs, les chasseurs et les pêcheurs qui sont en contact avec la nature, le sort de ceux que nous mangeons est dissimulé avec force précautions. Tout est fait pour que le consommateur soit maintenu dans l'ignorance. L'industrie agroalimentaire joue sur le fait que nous aimons manger de la viande, toujours plus et le moins cher possible. Le jeu de l'offre et de la demande assure ainsi de solides profits à l'ensemble de ce secteur.

Les industriels en question affirment n'avoir aucune raison d'avoir honte de leurs activités. Mais s'ils avaient l'esprit en paix, pourquoi feraient-ils tant d'efforts pour les dissimuler ? Ils savent fort bien que la demande des consommateurs baisserait spectaculairement si ces derniers voyaient ce qui se passe dans les élevages de masse et dans les abattoirs.

Il n'est donc guère surprenant que les responsables de ces entreprises interdisent systématiquement l'accès de leurs locaux aux journalistes et aux autres personnes qui veulent les visiter, et veillent à ce que leurs usines soient gardées comme des camps militaires hautement sécurisés. Comme le remarque Aymeric Caron : « A-t-on jamais vu une école organiser une sortie pédagogique dans un abattoir ? Jamais. Pourquoi ? D'où nous vient cette pudeur qui nous force à taire aux enfants le sort que nous réservons aux animaux ? Un égorgement, une électrocution, une éviscération sont-ils des scènes obscènes pour des yeux innocents ? La réponse est oui[8]. » Bref, nous réfléchissons peu à ces problèmes faute d'avoir eu l'occasion de prendre conscience de leur gravité. Selon la philosophe Élisabeth de Fontenay :

> L'amnésie constitutive de la réalité qui est celle de nos pratiques ordinaires et la cruauté quotidienne dont il s'agit dès lors portent un nom tout simple : l'indifférence. Nous ne sommes pas sanguinaires et sadiques, nous sommes indifférents, passifs, blasés, détachés, insouciants, blindés, vaguement complices, pleins de bonne conscience

> humaniste et rendus tels par la collusion implacable de la culture monothéiste, de la technoscience et des impératifs économiques. Encore une fois, le fait de ne pas savoir ce que d'autres font pour nous, de ne pas être informés, loin de constituer une excuse, représente une circonstance aggravante pour les êtres doués de conscience, de remémoration, d'imagination et de responsabilité qu'à juste titre nous prétendons être[9].

Dans le cas de l'expérimentation animale, les installations sont agencées de sorte que le public ne voit pas les animaux vivants qui y entrent ni les animaux morts qui en sortent. Peter Singer rapporte le fait qu'aux États-Unis, un guide sur l'utilisation des animaux dans l'expérimentation conseille aux laboratoires d'installer un incinérateur, car la vue de dizaines de cadavres d'animaux rejetés comme des ordures ordinaires « n'augmentera certainement pas l'estime du public pour le centre de recherche[10] ».

Les publicités mensongères

Les grandes entreprises liées à la production animale qui, comme le souligne Jocelyne Porcher, ne peuvent même plus être qualifiées du nom d'« élevages[11] », ne se contentent pas de dissimuler leurs activités. Elles mènent de surcroît des campagnes de désinformation. Dans ses publicités avenantes, KFC (Kentucky Fried Chicken) proclame être « attentif au bien-être et au traitement humain des poulets » et « ne traiter qu'avec des fournisseurs qui promettent de respecter les normes exigeantes que nous avons établies et qui partagent notre engagement en faveur du bien-être animal ». Ces belles paroles sont tristement trompeuses. Des enquêtes, rapportées par Jonathan Foer, ont établi que chez les deux fournisseurs principaux de KFC, Tyson Foods et Pilgrim's Pride, les deux plus grandes entreprises de traitement de volailles au monde (qui tuent près de 5 milliards de gallinacés par an), des employés arrachaient la tête de poulets vivants, leur crachaient du tabac à chiquer dans les yeux, leur coloraient la tête avec des bombes, les piétinaient violemment, les lançaient contre les murs et leur arrachaient le bec[12]. Ces comportements déviants sont malheureusement plus fréquents qu'on ne l'imagine.

Les publicités idylliques de Frank Perdue, une autre grande entreprise américaine d'abattage de poulets, affirmaient que les volailles de ses « fermes » étaient choyées et « menaient une vie très douce[13] ». Un célèbre défenseur des animaux, Henry Spira, révéla dans une pleine page du *New York Times* que Frank Perdue élevait ses poulets dans des bâtiments de 140 mètres de long abritant 27 000 oiseaux. Son système de production de masse tue à lui seul 6,8 millions de poulets par semaine[14].

Le philosophe Jean-François Nordmann cite le cas d'une enseigne de charcuterie appelée Noblet, qui représente un imposant cochon en larmes qu'une petite fille vient consoler : « Pleure pas, grosse bête, tu vas chez Noblet[15] ! » La dessinatrice animalière Sue Coe relate que le mur d'enceinte de John's Slaughterhouse & Meat Packing Plant, la plus grande usine de traitement de viande et de fourrures de Los Angeles, est entièrement peint de scènes montrant une campagne idyllique où gambadent des porcs et des bovins visiblement heureux. Dans un décor verdoyant, sous un ciel bleu orné de vaporeux nuages blancs, figurent des enfants en train de jouer, des chiens avenants, une ferme avec de belles granges rouges, des arbres fleuris couverts d'oiseaux, et des animaux qui s'ébattent dans de verts pâturages. Ce genre de scène s'affiche jusque sur les vitres des bâtiments, de sorte qu'il est impossible de voir l'intérieur de l'abattoir. En réalité, écrit Sue Coe, dans ces grands hangars d'élevage :

> Le ciel peut être bleu, mais qui peut le voir ? Il n'y a pas un brin d'herbe. La chaleur étouffante empeste l'odeur de viande. [...] Les porcs n'ont certainement pas l'air de se pâmer de bonheur, comme le

suggèrent les peintures murales. Dommage que le « fermier » John n'ait pas fourni également des effets sonores apaisants pour couvrir les cris. [...]

La masse des porcs est traînée dans une bousculade indescriptible, laissant derrière elle ceux qui ne peuvent plus marcher, ou ceux qui sont morts. Du sang goutte de leur bouche et de leur nez, d'autres ont le dos cassé. On les abandonne parfois dans la chaleur pendant des jours, sans eau, jusqu'à ce qu'ils meurent ou soient traînés vers l'abattoir. [...] Tout ce processus est caché. La chair animale est maintenant un bien de consommation au même titre que les boissons gazeuses, les détergents pour cuvettes de w.-c. et le pain en tranches.

Les murs des abattoirs ne sont pas en verre. Et puis qui voudrait regarder ? Il y a plus d'un siècle déjà, l'écrivain Ralph Wado Emerson observait : « Vous venez de dîner. L'abattoir a beau avoir été caché à une distance confortable de plusieurs kilomètres, vous êtes complice. »

Dissonance cognitive et rationalisation

Parfois, nous prenons soin de nos animaux domestiques comme s'ils étaient nos propres enfants ; parfois, nous les chassons et les tuons pour notre plaisir ; parfois encore, nous portons leur fourrure avec coquetterie. Nous passons d'une attitude à l'autre comme si de rien n'était, comme s'il s'agissait de choix anodins, alors que pour les animaux eux-mêmes, il s'agit d'une question de vie ou de mort. Dans son livre *Why We Love Dogs, Eat Pigs, and Wear Cows* [Pourquoi aimons-nous les chiens, mangeons-nous les porcs et nous vêtons-nous de vaches ?], Melanie Joy nous invite à quelques moments de réflexion[16] :

Imaginez, un instant, le scénario suivant : vous êtes invité à un dîner élégant. Vous êtes assis avec les invités autour d'une table magnifiquement dressée. Il fait bon, les flammes des chandeliers scintillent sur les verres de cristal, la conversation est enjouée. Des odeurs alléchantes de mets délicieux émanent de la cuisine. Vous n'avez pas mangé de la journée et votre estomac crie famine.

Enfin, après ce qui vous a semblé être des heures, l'hôtesse de la soirée émerge de la cuisine avec une marmite fumante d'un savoureux ragoût. Les arômes de viande, de condiments et de légumes emplissent la pièce. Vous vous servez une généreuse portion, et après avoir mangé plusieurs bouchées de cette viande si tendre, vous demandez la recette à votre amie.

« Je vous la donne volontiers », répond-elle. « Vous prenez deux kilos et demi de viande de golden retriever que vous faites bien mariner, puis… » Golden retriever ? Pétrifié, vous vous arrêtez net de mastiquer en réalisant le sens des mots que vous venez d'entendre : la viande dans votre bouche *est celle d'un chien.*

Et maintenant ? Vous continuez de manger ? Ou vous êtes révolté d'apprendre qu'il y a des morceaux de golden retriever dans votre assiette et que vous venez tout juste d'en avaler quelques-uns ? Allez-vous mettre la viande de côté et ne manger que les légumes qui l'accompagnent ? Si vous êtes comme la plupart des gens, quand vous vous entendez dire que vous venez de manger du chien, vos sentiments passent automatiquement du plaisir à un certain degré de répulsion.

Si la plupart des Occidentaux aiment leur chien presque comme un membre de leur famille, il n'en va pas de même dans certaines cultures asiatiques où non seulement on les mange, mais on les soumet aux pires cruautés. En Chine, au Vietnam et au Cambodge notamment, des millions de chiens et de chats sont tués chaque année pour être mangés. Selon une croyance populaire chinoise, si un chien est torturé avant d'être mis à mort, sa viande est censée avoir plus de goût. Il n'est donc pas rare que les chiens soient suspendus par les pattes arrières et bastonnés avant d'être dépecés ou plongés encore vivants dans l'eau bouillante. Ils sont parfois écorchés vifs : on leur retire la peau de haut en bas comme on enlèverait un vêtement. Les enquêteurs de l'association One Voice rapportent avoir vu dans un restaurant quelqu'un frapper à l'aide d'un gourdin un chien recroquevillé et gémissant jusqu'à ce qu'il perde connaissance. Ils l'ont ensuite saigné sur le trottoir. Son sang se répandait sous les cages pleines à craquer de chiens terrorisés qui attendaient de subir le même sort[17]. Un nombre croissant de Chinois réprouve ces pratiques choquantes mais elles restent omniprésentes.

Selon le psychologue Albert Bandura, notre capacité à activer et à désactiver sélectivement nos normes morales permet d'expliquer la manière dont les gens peuvent être cruels à un moment donné, et compatissants le moment suivant[18]. Cette désactivation s'effectue de plusieurs façons dont les effets peuvent se cumuler. La personne va associer notamment des objectifs présentés comme louables à des actes répréhensibles et fermer les yeux sur les souffrances engendrées par ses actes. À cette dissonance cognitive, s'ajoute une désensibilisation progressive aux souffrances qu'elle occasionne.

La banalisation du langage

Quand on parle, dans les systèmes de production industrielle, de « soins aux porcelets », il s'agit en fait de leur couper la queue sans anesthésie. Sachez que le porcelet n'éprouve pas de « douleur » mais seulement une « nociception ». Imaginez que l'on vous tranche le petit doigt en vous prévenant : « Ne vous inquiétez pas, ce n'est qu'une affaire de nociception. » Le terme « nociception », inventé par Sherrington en 1906, désigne les réflexes d'évitement déclenchés par des stimuli nocifs (mécaniques, chimiques ou thermiques) qui menacent l'intégrité de l'organisme. Il désigne aussi les réactions purement physiologiques engendrées par ces stimuli. On parle, en revanche, de « douleur » lorsque la nociception s'accompagne d'un ressenti modulé par des facteurs cognitifs et émotionnels. Or, comme le souligne Élisabeth de Fontenay :

> Malheureusement, c'est l'INRA qui, en France, conduit une grande partie des travaux sur cette question, avec pour but de réduire la douleur dans les techniques d'élevage et d'abattage. Et, récemment encore, les chercheurs de ce centre de recherche agronomique refusaient de reconnaître que les animaux font l'expérience de la douleur et ne parlaient à leur sujet que de nociception. On ne doit surtout pas laisser confisquer ces questions par les zootechniciens. Des individus issus de nombreuses espèces n'ont pas seulement des environnements mais des mondes, corrélats de leurs subjectivités, et qui interfèrent avec les nôtres[19].

Lorsque dans un «élevage rationalisé» on élimine, parfois avec la plus grande brutalité, les animaux improductifs — les cochons qui ne prennent pas de poids assez vite —, il s'agit d'un «abattage technique[20]». Appeler les choses par leur nom pourrait heurter la sensibilité des consommateurs et nuire à la bonne réputation de l'entreprise. Quant aux poules qui, après avoir pondu 300 œufs en une année, commencent à pondre moins vite, elles sont «réformées», ce qui se passe moins bien qu'au service militaire puisqu'elles sont transformées en bouillon cube, raviolis ou en pâtée pour chats et chiens. Elles sont généralement en trop mauvais état pour faire une «poule au pot» présentable.

Les émotions et les réactions des animaux sont toujours décrites au moyen d'une terminologie aseptisée. Selon Peter Singer, ces termes permettent aux étudiants en sciences, qui ne sont pas des sadiques, de poursuivre leurs expérimentations en évitant de ressentir de l'empathie pour les animaux qu'ils utilisent. On parlera de techniques d'«extinction» quand il s'agit de chocs électriques ou de privations prolongées de boisson ou de nourriture, et de «stimulus négatif» quand on soumet l'animal à une situation pénible qu'il cherche à éviter à tout prix[21]. De même, les animaux utilisés pour la recherche sont parfois désignés sous l'appellation «outils biologiques standardisés pour la recherche», pour citer un vétérinaire. Un tel vocabulaire n'empêche pas un animal d'être ce qu'il est, à savoir un être sensible. Comme le remarque Mary Midgley : « Un oiseau est bien loin d'être seulement une machine, il n'est pas une machine du tout. Personne ne l'a fabriqué[22]. »

En anglais, explique l'écrivain Joan Dunayer, la forme grammaticale correcte pour parler d'un animal (à l'exception des animaux de compagnie) n'est pas « il » ou « elle », mais le pronom neutre « ça » (*it*), qui se réfère à des choses. En français, on demandera à un pêcheur ou à un piégeur : « Avez-vous attrapé quelque chose ? » mais jamais : « Avez-vous attrapé quelqu'un ? » La banalité d'un tel usage montre à quel point notre vision des êtres sensibles non-humains demeure étroite. Si un maître d'hôtel vous demandait dans un restaurant : « Comment avez-vous trouvé la chair de cette personne ? », cela risquerait de vous couper l'appétit[23].

Ce déguisement de la réalité, remarque le chercheur en neurosciences et philosophe Georges Chapouthier, conduit à utiliser toute une série de termes neutres qui viennent masquer qu'en fin de compte, et aussi déplaisante cette idée soit-elle, l'homme consomme du cadavre. Le fait que les morceaux qu'on lui sert s'appellent aimablement « filet mignon », « noix pâtissière », ou « bavette d'aloyau », met l'acheteur et le consommateur dans une situation propre à lui faire oublier que le « plat de résistance » qu'il consomme est un morceau de chair. « Le déguisement peut parfois être symbolique, écrit Chapouthier, c'est le cas dans un certain nombre de jeux sauvages comme la chasse à courre ou la course de taureaux. Ici, toute une présentation colorée et sonore est faite pour que la torture de l'animal par l'homme disparaisse devant un combat symbolique qui oppose un être supérieur de lumière et de beauté (l'homme) et un être inférieur vil et méchant (l'animal). L'éclairage symbolique cherche, ici encore, à faire oublier la réalité des faits et à déguiser le réel[24]. »

On ne mange pas du cadavre mais de la « viande de boucherie », on ne « tue » pas les animaux utilisés pour la recherche scientifique mais on « sacrifie un matériel de laboratoire ». Les animaux ont le choix d'être appelés « bêtes », « domestiques » ou « sauvages ». Quand un homme se comporte de manière brutale il devient « bestial » et quand il est bienveillant, il fait preuve d'« humanité ». Ce faisant, conclut Chapouthier, « on noie l'atrocité dans un langage à l'eau de rose ».

Comme le souligne Brian Luke : « Une énorme quantité d'énergie sociale est dépensée pour empêcher, miner, surmonter nos sympathies pour les animaux, afin que la vivisection, l'élevage et la chasse puissent continuer[25]. » Les dirigeants de l'industrie de la viande et les consommateurs ont recours à cette même énergie pour dissimuler la triste réalité des processus qui transforme des êtres vivants en produits de consommation.

Est-il acceptable de se contenter de détourner le regard ? Quand on aborde le sujet des animaux et la façon dont nous les traitons, remarque Jean-Christophe Bailly dans *Le versant animal*, nos déclarations « non seulement tombent à plat, mais soulèvent une sorte de gêne, un peu comme si l'on avait par inadvertance franchi une limite et basculé dans quelque chose de déplacé, sinon d'obscène[26] ». Ne vaudrait-il pas mieux avoir l'honnêteté et le courage de faire face à cette gêne et de faire appel au potentiel d'humanité qui est en chacun de nous ?

La vérité sort de la bouche des enfants

Luiz Antônio est un petit Brésilien de 3 ans. Sa maman a mis un poulpe dans son assiette. Il regarde attentivement son plat et entame un dialogue quasi socratique avec sa mère. Faisant une pause à chaque phrase, il réfléchit, puis passe à l'étape suivante d'un raisonnement qui s'impose avec une limpidité désarmante :

Luiz : Ce poulpe… Ce n'est pas un vrai, non ?

Maman : Non.

L : Bon, c'est bien… Il ne parle pas, il n'a pas de tête, non ?

M. : Il n'a pas de tête. Ce ne sont que ses petites jambes que l'on a coupées.

L : Hein ? Mais… la tête est dans la mer ?

M : La tête est au marché aux poissons.

L [perplexe] : Le monsieur l'a coupée ? Comme ça ? [Luiz fait le mouvement de trancher quelque chose.]

M : Oui, il l'a coupée.

L : Pourquoi ?

M : Pour qu'on puisse le manger. Sinon, on devrait l'avaler tout entier.

L : Mais pourquoi ?

M : Pour pouvoir le manger, mon amour. De même qu'une vache est coupée en morceaux, qu'un poulet est coupé en morceaux…

L : Hein ? Un poulet ? Non, personne ne mange les poulets !

M : Personne ne mange les poulets ?

L : Non… Ce sont des animaux !

M : Vraiment ?

L : Oui !

M : Allez… alors on mange les gnocchis et les pommes de terre.

L : Heu… Seulement les pommes de terre et le riz.

M : D'accord…

L : Les poulpes sont des animaux…

M : Oui.

L : Les poissons sont des animaux… Les poulets sont des animaux… Les vaches sont des animaux… Les porcs sont des animaux…

M : Oui.

L : Alors ! Quand on mange les animaux, ils meurent !

M : Ben… oui.

L : Mais pourquoi ?

M : Pour qu'on puisse les manger, mon amour.

L : Mais pourquoi doivent-ils mourir ?… Je n'aime pas qu'ils meurent… J'aime qu'ils restent debout.

M : Très bien. Donc, on ne va plus les manger, d'accord ?

L : D'accord !…. Ces animaux… il faut prendre soin d'eux… pas les manger !

M : [Silence, puis elle rit tendrement.] Tu as raison, mon fils. Alors, mange les pommes de terre et le riz.

L : Très bien… Pourquoi tu pleures ?

M : Je ne pleure pas… C'est que tu m'as émue…

L : J'ai fait quelque chose de bien ?

M : [Elle rit tout en pleurant.] Allez, mange. Pas besoin de manger le poulpe, d'accord ?

L : D'accord !

En 2 minutes et 40 secondes, sur une vidéo qui a été regardée par des millions de personnes[27], on voit Luiz poursuivre, sans se démonter, un raisonnement sans faille. La force de ses paroles tient au fait que personne au monde n'osera accuser un enfant de 3 ans d'être un extrémiste manipulé par une ligue de défense des animaux.

Mais faut-il que ce soit un enfant qui mette ainsi la vérité à nu ? La plupart des adultes sont-ils incapables de faire ce raisonnement ou l'ont-ils relégué dans un sombre débarras de leur mauvaise conscience ? Ou souffrent-ils d'un rétrécissement du champ visuel de leur compassion ?

« Je répugne à digérer des agonies », écrit Marguerite Yourcenar dans son roman *L'Œuvre au noir*. De nombreux enfants ne souhaitent pas manger de viande et sont choqués lorsqu'ils font soudain le rapprochement entre la viande qu'ils ont dans l'assiette et les animaux qu'ils côtoient et aiment dans la vie quotidienne. Mais leurs parents insistent, prétextant que c'est bon pour leur santé. Ce n'est qu'au terme de la discussion que la mère du petit Luiz fond en larmes, émue par la justesse de son raisonnement qui voit les choses telles qu'elles sont.

Une amie me raconta qu'une petite fille qui assistait à l'égorgement du cochon bien aimé de la famille, voyant qu'il saignait après le premier coup de couteau porté par son père, s'exclama : « Papa, Papa, appelle Maman pour qu'elle amène un pansement ! »

Jane Goodall, la primatologue et grande spécialiste des chimpanzés, me confia que le jour où son petit-neveu, âgé de 5 ans, apprit d'où venait la viande de poulet, il décida sans hésiter qu'il n'en mangerait plus. Ce fut le dernier. Puis, un jour qu'il visitait un aquarium, il déclara : « Je ne vais plus manger ces jolis poissons. » Poursuivant sa visite vers une partie de l'aquarium où se trouvaient des poissons moins chamarrés, il les observa un long moment avant de conclure : « Tu sais, en fait, je ne vais plus manger *aucun* poisson. »

Mais souvent, les parents ont gain de cause et les enfants s'habituent. On s'habitue à tout. La banalisation de la cruauté, la désensibilisation face à la souffrance d'autrui, la distanciation qui soustrait l'individu au spectacle des souffrances dont il est la cause directe ou indirecte et la dissociation morale entre certaines activités nuisibles et le reste de notre existence permettent aux hommes de perpétrer ce que leur conscience réprouve sans pour autant se détester eux-mêmes.

Chapitre 3

Tout le monde y perd

Effets de l'élevage industriel et de l'alimentation carnée sur la pauvreté, l'environnement et la santé

Avant même de considérer les questions morales, ceux qui aiment manger de la viande et sont prêts à se satisfaire du fait que l'on massacre des milliards d'animaux par an pour s'en nourrir, devraient se soucier, pour eux et leurs enfants, des conséquences de la surconsommation de viande et de son corollaire, l'élevage et la pêche industriels[1]. Les animaux sont les premières victimes et doivent être protégés pour eux-mêmes : si plus de 60 milliards d'animaux terrestres et 1 000 milliards d'animaux marins sont tués chaque année pour notre consommation, les êtres humains et l'environnement pâtissent également de cette situation. 775 millions de tonnes de maïs et de blé, ainsi que 200 millions de tonnes de soja (90 % de la production mondiale), qui pourraient nourrir les habitants des pays où ils sont cultivés, sont consacrées chaque année à l'alimentation du bétail destiné à la production de viande dans les pays développés, ce qui ne fait qu'aggraver la précarité des populations les plus pauvres[2]. De plus, les conclusions des recherches scientifiques présentées par plusieurs rapports de synthèse des Nations unies (GIEC et FAO)[3], de l'Institut Worldwatch et d'autres encore indiquent que l'importance démesurée accordée à la production industrielle d'animaux a des impacts négatifs importants sur l'environnement, c'est-à-dire sur le sort des générations à venir et, dès maintenant, sur la santé humaine. Qu'on en juge au vu de ces quelques chiffres :

— L'élevage contribue à 14,5 % des émissions de gaz à effet de serre liées aux activités humaines, en deuxième position après les bâtiments[4] et avant les transports.

— Pour produire 1 kg de viande, il faut utiliser 10 kg d'aliments qui pourraient nourrir les populations des pays pauvres qui les produisent[5].

— 60 % des terres disponibles dans le monde sont consacrées à l'élevage.

— L'élevage à lui seul consomme 45 % de toute l'eau destinée à la production d'aliments.

— En réduisant la consommation de viande, on pourrait éviter 14 % des décès humains dans le monde.

L'entrée dans l'Anthropocène

Jusqu'à la révolution industrielle, l'influence de l'homme sur l'environnement était limitée et facilement absorbée par la nature qui recyclait elle-même les sous-produits des activités humaines. Le développement de l'agriculture et de l'élevage transformait lentement la planète, mais il était encore inconcevable que l'homme puisse créer des bouleversements à l'échelle planétaire.

De nos jours, le rythme des changements ne cesse de s'accélérer du fait des perturbations écologiques provoquées par les activités humaines. En particulier, la « grande accélération » qui s'est produite depuis 1950 définit une nouvelle ère pour notre planète : l'Anthropocène, (littéralement « l'ère des humains »). C'est la première fois dans notre histoire que les activités humaines modifient profondément (et, jusqu'à présent, dégradent) l'ensemble du système qui maintient la vie sur Terre. Nous n'avons pas « décidé » de surexploiter notre Terre. Les changements se sont produits très graduellement, presque à notre insu, à mesure que l'humanité prospérait. Comme l'a montré Jared Diamond dans *Effondrement*, nombre de sociétés prospères ont décliné puis disparu en raison de la surexploitation de leur environnement[6]. Quelles seront les conséquences de cette surexploitation de la planète tout entière ? Nous savons déjà que certaines seront très douloureuses.

Selon le Suédois Johan Rockström et vingt-sept autres scientifiques de renommée internationale, dont le prix Nobel Paul Crutzen, auteurs d'un article paru dans la revue *Nature* en 2009[7], la transgression des limites planétaires pourrait être dévastatrice pour l'humanité. Toutefois, en restant en deçà de certaines limites, il est encore possible de préserver un espace de sécurité au sein duquel l'humanité pourra continuer de prospérer.

Mais le temps nous est compté et l'étude de la résilience du système terrestre et de sa dynamique complexe a permis de mettre en évidence l'existence de « seuils » au-delà desquels il risque de se produire des « basculements » potentiellement irréversibles. Aujourd'hui, les deux tiers des écosystèmes les plus importants de la planète sont surexploités[8] et, selon la formule de Pavan Sukhdev, directeur du groupe d'étude sur l'Économie des écosystèmes et de la biodiversité (*The Economics of Ecosystems and Biodiversity* ou TEEB) : « Nous sommes en train de consommer le passé, le présent et l'avenir de notre planète[9]. » La biosphère est donc entrée dans une zone dangereuse, les industries agroalimentaires et l'élevage industriel destiné à la production de viande et de produits laitiers comptent parmi les principaux facteurs de risque.

Près des deux tiers de toutes les terres disponibles *pour la culture* sont utilisés pour l'élevage (30 % pour les pâturages et 30 % pour produire les aliments des animaux d'élevage[10]). Selon la FAO, l'élevage est responsable de 70 % de la déforestation actuelle. Un rapport de Greenpeace estime que 80 % du déboisement de l'Amazonie est provoqué par l'augmentation du nombre de bovins[11]. On sait que les forêts tropicales humides abritent quelque 50 % de la biodiversité de la planète.

La viande des pays riches coûte cher aux pays pauvres

L'équation est simple : 1 hectare de terre peut nourrir 50 végétaliens ou 2 carnivores. Pour produire 1 kg de viande, il faut la même surface de terre que pour cultiver 200 kg de tomates, ou 160 kg de pommes de terre, ou 80 kg de pommes[12]. Selon une autre estimation due à Bruno Parmentier, économiste et ancien directeur de l'École supérieure d'agriculture, un hectare de bonne terre peut nourrir jusqu'à 30 personnes avec des légumes, des fruits et des céréales, alors que si cet hectare est consacré à la production d'œufs, de lait ou de viande, il ne peut plus nourrir que 10 personnes[13].

Pour obtenir 1 calorie de viande de bœuf par élevage intensif, il faut de 8 à 26 calories d'aliments végétaux, qui auraient pu être consommées directement par l'homme[14]. En plantant de l'avoine, on obtient six fois plus de calories par hectare qu'en consacrant cet hectare à produire de la viande de porc, et vingt-cinq fois plus que pour la viande de bœuf. *Le rendement est donc déplorable.* Il n'est pas étonnant que Frances Moore Lappé ait qualifié ce genre d'agriculture d'« usine de protéines à l'envers[15] ».

L'élevage, nous l'avons vu, consomme chaque année 775 millions de tonnes de blé et de maïs qui suffiraient à nourrir convenablement les 1,4 milliard d'êtres humains les plus pauvres[16]. En 1985, pendant la famine en Éthiopie, alors que la population mourait de faim, ce pays exportait des céréales pour le bétail anglais[17]. Aux États-Unis, 70 % des céréales vont aux animaux d'élevage, en Inde, seulement 2 %[18].

Manger de la viande est donc un privilège de pays riche qui s'exerce au détriment des pays pauvres. Depuis trente ans, tandis que la consommation de viande explosait, le nombre de personnes sous-alimentées a doublé. Selon la FAO et Action contre la Faim, plus de 900 millions de personnes souffrent actuellement de malnutrition, et un enfant meurt toutes les six secondes par manque de nourriture alors que nous produisons, à l'échelle mondiale, assez de calories pour nourrir tout le monde[19]. Comme l'explique Jocelyne Porcher, chargée de recherches à l'INRA et l'une des plus éminentes spécialistes de la question : «Les systèmes industriels de production animale ne visent qu'à générer du profit. Ils n'ont pas d'autre vocation. Ils n'ont pas pour objectif premier de "nourrir le monde", contrairement à ce que voudraient faire croire de nombreux éleveurs. Nous savons tous très bien que si les filières industrielles poussent nos enfants, via la publicité, à ingurgiter du saucisson pour leur quatre-heures [...], leur intérêt ne va pas jusqu'aux 900 millions de personnes sous-alimentées dans le monde. Ce qui intéresse les filières industrielles, c'est bien évidemment le monde "solvable"[20].»

Plus les populations s'enrichissent, plus elles consomment de viande[21]. Un Français mange 85 kg de viande par an et un Américain 120 kg, contre seulement 2,5 kg pour un Indien. En moyenne, les pays riches consomment *dix fois plus* de viande que les pays pauvres[22]. La consommation mondiale de viande a été multipliée par cinq entre 1950 et 2006, soit un taux de croissance deux fois supérieur à celui de la population et, si la tendance actuelle se poursuit, cette consommation va encore doubler d'ici à 2050[23]. Toutefois, dans les pays riches, depuis une dizaine d'années, la consommation de viande rouge, qui commence à avoir mauvaise réputation en raison de ses effets nocifs sur la santé, baisse lentement, tandis que celle de volailles est en forte hausse. Aux États-Unis, le nombre de bovins tués dans les abattoirs chaque année a baissé de 20 % entre 1975 et 2009, tandis que le nombre de poulets tués a augmenté de 200 %[24]. On observe la même tendance en France. En revanche, la consommation de viande a triplé en quarante ans dans les pays en voie de développement et connaît une croissance spectaculaire en Chine, surtout parmi les classes moyennes. Il y a maintenant dans les grandes villes des restaurants qui servent uniquement de la viande et des jeunes enfants qui en mangent à tous les repas. En Chine, au cours des vingt dernières années, la consommation de poulet a augmenté de 500 %, et celle de bœuf de 600 %[25].

Chaque année, un peu plus d'un tiers de la production mondiale de céréales est destinée aux animaux d'élevage, de même qu'un quart de la production mondiale de poisson, transformé en « farine de poisson », est réservé à l'alimentation des bovins, des porcins et des volailles[26]. Comme le remarque Éric Lambin, professeur aux universités de Louvain et Stanford : « Cette compétition entre l'homme et le bétail pour la consommation des céréales se traduit par une augmentation du prix de ces dernières, ce qui a des conséquences tragiques pour les populations les plus pauvres[27]. »

Le fait que le quart des 2,8 milliards de personnes qui vivent avec moins de 2 dollars par jour dépendent de l'élevage pour leur subsistance et que l'élevage contribue de manière importante au développement économique doit être pris en compte, mais n'infirme pas le point de vue que nous venons d'exprimer. Ce ne sont pas ces petits exploitants qui contribuent à la production massive de viande et, par conséquent, au détournement vers la production de viande, mais les grandes exploitations quasi industrielles destinées à l'élevage intensif, ainsi que les monocultures alimentant ces exploitations, qui sont les principaux auteurs de ce déséquilibre[28]. Néanmoins, les petites exploitations des populations pauvres participent elles aussi, de façon plus modeste, à la dégradation des terres sur lesquelles elles vivent. À long terme, leur subsistance serait mieux assurée par le développement de méthodes agroécologiques qui ménagent la qualité des sols et de la végétation[29].

L'impact sur les réserves d'eau douce

L'eau douce est une ressource rare et précieuse. Seuls 2,5 % de l'eau de la planète est de l'eau douce, dont près des trois-quarts sont contenus dans les glaciers et les neiges éternelles[30]. Dans nombre de pays pauvres, l'accès à l'eau est très limité. Les populations, en majorité des femmes et des enfants, doivent souvent parcourir plusieurs kilomètres à pied pour atteindre un point d'eau.

On estime que la moitié de la consommation d'eau potable mondiale est destinée à la production de viande et de produits laitiers. En Europe, plus de 50 % des eaux polluées proviennent de l'élevage intensif des animaux, y compris les élevages de poissons. Aux États-Unis, 80 % de l'eau potable sert à l'élevage des animaux. La production d'1 kg de viande exige, selon les cas, de cinq à cinquante fois plus d'eau que celle d'1 kg de blé[31]. La revue *Newsweek* a décrit ce volume d'eau de façon imagée : « L'eau qui entre dans la production d'un bœuf de 500 kg ferait flotter un destroyer[32]. » Dans son ouvrage intitulé *No steak,* le journaliste Aymeric Caron illustre cet impact en calculant que pour obtenir un kilo de bœuf, on utilise en moyenne presque autant d'eau qu'un être humain qui prend une douche par jour pendant un an, soit 15 000 litres[33].

Les exigences de la production animale sont en train d'épuiser de vastes nappes phréatiques dont dépendent d'innombrables régions sèches dans le monde. Au rythme actuel, la quantité d'eau douce utilisée par l'élevage industriel devrait augmenter de 50 % d'ici à 2050[34]. Or la pénurie d'eau potable est aujourd'hui une menace à l'échelle mondiale : 40 % de la population du monde, répartie dans 24 pays, souffre de pénurie d'eau, tant du point de vue de la quantité que de la qualité[35]. Plus de 3 millions d'enfants de moins de 5 ans meurent chaque année de diarrhées causées essentiellement par les eaux contaminées et les germes pathogènes transmis par les aliments. D'ores et déjà, 70 % des ressources en eau douce sont dégradées ou polluées[36].

Élevage et changement climatique

Les impacts environnementaux de la production de viande sont particulièrement graves dans le cas de l'élevage intensif. La production d'1 kg de viande de bœuf engendre ainsi cinquante fois plus d'émissions de gaz à effet de serre que celle d'1 kg de blé[37]. L'élevage intensif, la production de viande et d'autres produits dérivés de l'élevage (laine, œufs et produits laitiers) sont, rappelons-le, quantitativement, la deuxième cause d'émissions de gaz à effet de serre et représentent 14,5 % des contributions liées aux activités humaines[38]. Ce chiffre inclut les gaz émis aux diverses étapes du cycle de production de la viande : déboisement pour créer des pâturages, production et transport des engrais, combustibles des engins agricoles, fabrication des hormones de croissance et des additifs alimentaires, rejets gazeux du système digestif du bétail, transport du bétail vers les abattoirs, mécanisation de l'abattage, traitement et emballage de la viande et transport vers les points de vente. Au total, l'élevage destiné à la production de viande contribue plus au réchauffement du climat que l'ensemble du secteur du transport (qui représente 13 % des émissions de gaz à effet de serre) et n'est dépassé que par l'industrie du bâtiment et les dépenses énergétiques globales de l'habitat humain.

L'effet de serre est surtout dû à trois gaz, le méthane, le dioxyde de carbone et le protoxyde d'azote. Le méthane est particulièrement actif puisqu'une molécule de ce gaz contribue vingt fois plus à l'effet de serre qu'une molécule de dioxyde de carbone. Or 15 à 20 % des émissions mondiales de méthane sont liées à l'élevage des animaux. Depuis deux siècles, la concentration de méthane dans l'atmosphère a plus que doublé. Son accroissement s'est ralenti au cours des dernières années, mais pourrait bientôt augmenter de nouveau pour doubler d'ici à 2070.

Les ruminants — bœufs, vaches, buffles, moutons, chèvres et chameaux — constituent l'une des sources les plus importantes de production de méthane (37 % des émissions liées à l'homme). Le méthane résulte de la fermentation microbienne dans le système digestif des ruminants : il est exhalé au cours de la respiration par des éructations, ou sous forme de flatulences. Il est également rejeté par les déchets solides que produisent ces animaux, par la décomposition du fumier et par la fermentation des déjections animales dans les fosses de stockage[39]. Une vache laitière produit 500 litres de méthane par jour[40] !

Quant au dioxyde de carbone, l'expansion de l'industrie de la viande a contribué de manière importante à l'augmentation de sa concentration atmosphérique. La production de la viande industrielle dépend en effet de la mécanisation de l'agriculture — afin de produire l'énorme quantité d'aliments pour animaux dont elle a besoin —, de la fabrication et de l'utilisation d'engrais chimiques à base de pétrole, du déboisement et d'autres éléments qui sont autant de sources d'émission de CO_2.

Le protoxyde d'azote est le plus agressif des gaz à effet de serre : 320 fois plus actif que le dioxyde de carbone. C'est aussi un composé stable qui possède, dans l'atmosphère, une durée de vie de 120 ans. Les principales sources d'émission de ce gaz sont l'épandage d'engrais azoté, le processus de dégradation de ces engrais dans le sol et les déchets de l'élevage. 65 % des émissions de protoxyde d'azote dues à l'homme sont produites par l'élevage. La contribution du protoxyde d'azote représente environ 6 % du total des gaz à effet de serre[41].

La production de viande de bœuf et d'agneau est responsable des émissions agricoles les plus élevées par rapport à l'énergie qu'ils fournissent. On estime qu'en 2050, le bœuf et l'agneau contribueront à la moitié de toutes les émissions agricoles de gaz à effet de serre, tout en ne contribuant qu'à 3 % de l'apport calorique aux populations humaines.

Un rapport des Nations unies datant de 2010 estime que l'engouement des pays développés pour la consommation de viande ne pourra pas être soutenable à mesure que la population humaine approchera les 9 milliards, autour de 2050. Selon le dernier rapport du GIEC du printemps 2014, si le problème des émissions agricoles n'est pas traité, les émissions de protoxyde d'azote et de méthane liées à l'élevage pourraient doubler d'ici à 2070. Ce facteur, à lui seul, rendrait le maintien des objectifs climatiques pratiquement impossible à atteindre. D'après Fredrik Hedenus, les effets de cette augmentation dépasseront probablement la quantité totale d'émissions de CO_2 compatible avec une limitation de l'augmentation de la température à 2 °C[42]. Hedenus conclut que des changements de régime alimentaire — moins de viande et moins de produits laitiers —, sont cruciaux pour avoir une chance de maintenir le réchauffement global sous les 2 °C.

Déjections des animaux

Un bovin produit en moyenne 23 tonnes de déjections par an[43]. Rien qu'aux États-Unis, les animaux d'élevage industriel produisent 130 fois plus d'excréments que les humains, soit 40 000 kg par seconde. Les déchets animaliers polluent les eaux plus que toutes les autres sources industrielles combinées[44]. L'entreprise Smithfield Foods, par exemple, qui tue chaque année 31 millions de porcs, a entièrement pollué les rivières de Caroline du Nord.

Les excréments d'animaux engendrent aussi d'énormes quantités d'ammoniaque qui polluent les cours d'eau et les rivages marins et causent une invasion d'algues (les algues vertes en particulier) qui étouffent la vie aquatique. De vastes zones d'Europe de l'Ouest, du nord-est des États-Unis et des régions côtières du Sud-Est asiatique, ainsi que de vastes plaines de Chine, reçoivent aujourd'hui des quantités considérables d'azote[45]. Ces excédents, ainsi que ceux du phosphore, s'infiltrent également dans le sol par lessivage ou par ruissellement, polluant les nappes phréatiques, les écosystèmes aquatiques et les zones humides[46].

Les effets de la pêche intensive

La pêche intensive, qui dispose de moyens de plus en plus sophistiqués (sonars, filets indéchirables de plusieurs kilomètres de long, bateaux-usines), conduit progressivement à l'extinction de nombreuses espèces de poissons et a un impact énorme sur la biodiversité. Les pêcheurs de tous les pays vont maintenant chercher les poissons dans toutes les mers du monde. Après avoir épuisé les espèces qui vivent près de la surface, les bateaux-usines n'ont cessé de faire descendre plus profondément leurs filets. Ils grattent désormais le fond des océans. Le chalutage des grands fonds marins dévaste une biodiversité fragile qui s'est formée au cours de dizaines de milliers d'années[47]. Et tout cela pour produire du poisson bon marché pour les grandes chaînes de distribution des pays riches, sans aucunement contribuer à nourrir ceux qui ont faim dans le monde ni se soucier des dégradations irréversibles que leurs activités entraînent. De nombreux filets perdus par les bateaux dérivent dans l'océan, continuant à piéger poissons et mammifères marins. On estime qu'il faut plusieurs centaines d'années pour que de tels filets se désagrègent dans l'eau.

De plus, la quantité de poissons pêchés mondialement est largement supérieure aux prises déclarées. Pour ne donner qu'un exemple, selon les estimations du biologiste marin Daniel Pauly et de ses collègues de l'université de Colombie-Britannique à Vancouver, la Chine capturerait chaque année 4,5 millions de tonnes de poissons, dont une grande partie le long des côtes africaines, bien qu'elle ne déclare que 368 000 tonnes à la FAO[48]. D'innombrables bateaux pirates ignorent les quotas imposés aux pêcheurs agréés, contribuant ainsi à accélérer l'épuisement des populations marines.

En raison de considérations purement commerciales et de régulations inadaptées, la pêche industrielle s'accompagne également d'un immense gaspillage. Chaque année, 7 millions de tonnes de poissons sont pêchées inutilement, ainsi qu'un grand nombre de mammifères marins, de tortues et d'oiseaux pris dans les filets[49]. Une opération de chalutage de crevettes rejette par-dessus bord, morts ou agonisants, entre 80 et 90 % des animaux marins à chaque remontée du chalut de fond. De plus, une bonne partie de ces prises accessoires (*bycatch*) est constituée d'espèces menacées. Les crevettes ne représentent en poids que 2 % de la quantité d'aliments marins consommés dans le monde, mais 33 % du bycatch mondial. Comme le note Jonathan Safran Foer dans *Faut-il manger les animaux ?* :

> Nous n'y pensons guère car nous n'en savons rien. Que se passerait-il si l'étiquetage d'un produit indiquait combien d'animaux ont été tués pour que celui que nous voulons manger se retrouve dans notre assiette ? Eh bien, pour ce qui concerne les crevettes d'Indonésie, par exemple, on pourrait lire sur l'emballage : "Pour 500 grammes de crevettes, 13 kg d'autres animaux marins ont été tués et rejetés à la mer." Dans le cas de la pêche au thon, 145 autres espèces non visées sont également tuées de façon régulière[50].

Une amie, qui fut l'une des pionnières de Greenpeace et participa à de nombreuses campagnes sur le *Rainbow Warrior*, me racontait comment au large des côtes de Californie et du Mexique, les grands thoniers utilisent des hélicoptères pour repérer les bandes de dauphins. Quand ils sautent hors de l'eau, leur présence indique celle des bancs de thon dont ils se nourrissent. À l'aide d'une flottille de Zodiac, les pêcheurs mettent alors en place d'immenses filets qui sont ensuite resserrés comme des bourses, capturant d'innombrables dauphins avec les thons. Lorsque ces filets sont finalement tirés à bord par de puissants winchs, les dauphins, qui se retrouvent généralement au-dessus des thons, sont fréquemment broyés dans ces winchs.

Il semble donc urgent de cesser cet «écocide» des océans, l'un des écosystèmes les plus précieux et les plus utiles à l'équilibre de la planète, qui est pourtant ravalé au rang de «ressource économique» ou de poubelle.

Consommation de viande et santé humaine

De nombreuses études épidémiologiques ont établi que manger de la viande, surtout de la viande rouge et des charcuteries, augmente le risque de cancer du côlon et de l'estomac, ainsi que des maladies cardio-vasculaires.

Une étude menée par le réseau EPIC (European Prospective Investigation into Cancer and Nutrition), portant sur 521 000 individus, a montré que les participants qui mangeaient le plus de viande rouge avaient 35 % de risques supplémentaires de développer un cancer du côlon que ceux qui en consommaient le moins[51].

Selon le rapport des Nations unies sur le Développement humain (2007-2008), le risque de cancer colorectal diminue d'environ 30 % chaque fois que l'on réduit de 100 grammes la consommation quotidienne de viande rouge. Les pays grands consommateurs de viande rouge comme l'Argentine et l'Uruguay sont également ceux où les taux de cancer du côlon sont les plus élevés au monde[52]. La consommation de viandes traitées (charcuterie) a été, quant à elle, associée à une augmentation du risque de cancer de l'estomac.

D'après une autre étude publiée à l'université d'Harvard en 2012 par An Pan, Frank Hu et leurs collègues, portant sur plus de 100 000 personnes suivies pendant de nombreuses années, la consommation quotidienne de viande est associée à un risque accru de mortalité cardio-vasculaire de 18 % chez les hommes et de 21 % chez les femmes, tandis que la mortalité par cancer représente respectivement 10 % et 16 %[53]. Chez les gros consommateurs de viande rouge, le simple fait de remplacer la viande par des céréales complètes ou d'autres sources de protéines végétales diminue de 14 % le risque de mortalité précoce.

À cause du phénomène de bioconcentration, la viande contient environ quatorze fois plus de résidus de pesticides que les végétaux, les produits laitiers cinq fois plus[54]. Les polluants organiques persistants s'accumulent en effet dans les tissus graisseux des animaux et entrent ainsi dans l'alimentation humaine. Ces polluants organiques se retrouvent également dans la chair des poissons d'élevage, nourris d'aliments concentrés fabriqués entre autres à partir de protéines animales. Ces molécules sont non seulement cancérigènes, mais aussi toxiques pour le développement du système nerveux du fœtus et des jeunes enfants[55].

Aux États-Unis, 80 % des antibiotiques sont utilisés dans le seul but de maintenir en vie des animaux dans les systèmes de production industrielle jusqu'au moment où ils seront tués. Les grandes entreprises de production animale ne pouvant pas traiter individuellement les individus malades, on ajoute des quantités massives d'antibiotiques dans leurs aliments. De 25 à 75 % de ces substances se retrouvent dans les rivières, la terre et l'eau potable, favorisant chez l'homme des résistances croissantes aux antibiotiques et provoquant d'autres effets indésirables.

L'essor du végétarisme

Il y a 7 millions d'années, nos ancêtres les Australopithèques étaient essentiellement végétariens. Ils se nourrissaient de noix, de tubercules, de racines, de fruits ainsi que de quelques insectes. À l'occasion, mais rarement, ils mangeaient des petits mammifères. Il y a 2,5 millions d'années environ, *Homo habilis* a commencé à augmenter sa consommation de viande, surtout en récupérant des proies tuées par d'autres animaux. La chasse a pris de l'importance avec *Homo erectus*, qui fut aussi le découvreur du feu — il y a 450 000 ou 800 000 ans, selon les estimations —, puis avec l'homme de Néandertal qui était essentiellement carnivore et mangeait plus de viande que l'*Homo sapiens* (apparu il y a 200 000 ans). Lorsque les chasseurs-cueilleurs commencèrent à se sédentariser, il y a 12 000 ans environ, pour pratiquer l'agriculture et l'élevage, la consommation de céréales cultivées et de produits laitiers entraîna une baisse de la consommation de viande. Ce n'est qu'à partir du XXe siècle que la consommation de viande a augmenté de façon considérable[56].

Toutefois, en dépit de cette augmentation globale, on observe en parallèle un attrait croissant pour le végétarisme, particulièrement parmi les plus jeunes. En France, on compterait entre 1 et 2 millions de végétariens représentant de 1,5 à 3 % de la population[57] (autant sinon plus que le nombre de chasseurs), l'un des taux les plus faibles d'Europe où le pourcentage moyen de végétariens est estimé à 5 %. La Grande-Bretagne en compte le plus grand nombre (13 à 14 %), suivie par l'Allemagne et la Suisse (10 %). Ces chiffres sont appelés à augmenter puisqu'ils sont déjà considérablement plus élevés chez les étudiants (20 %

aux États-Unis contre seulement 4 % pour l'ensemble de la population[58]). Avec environ 450 millions de personnes, soit 35 % de la population, l'Inde, nous l'avons vu, est de loin le pays qui compte le plus grand nombre de végétariens[59].

En 2009, la ville de Gand, en Belgique, devint la première ville au monde à devenir végétarienne au moins une fois par semaine. Les autorités locales décidèrent d'instaurer une « journée hebdomadaire sans viande » durant laquelle, pour prendre en compte le rapport des Nations unies, les fonctionnaires mangeraient végétarien. Des affiches encouragèrent la population à participer à ces journées et des cartes de la ville indiquant les restaurants végétariens furent distribuées, une initiative par la suite étendue aux écoles de la ville[60].

> Un jour viendra où l'idée que pour se nourrir, les hommes du passé élevaient et massacraient des êtres vivants et exposaient complaisamment leur chair en lambeaux dans les vitrines, inspirera sans doute la même répulsion qu'aux voyageurs du XVIIe et du XVIIIe siècle les repas cannibales des sauvages américains, océaniens ou africains[61].

Qui peut dire si cette prédiction de Claude Lévi-Strauss finira par s'accomplir…

Les bonnes nouvelles

Comme nous l'avons dit, le méthane est vingt fois plus actif que le CO_2 dans la production de l'effet de serre. Toutefois, il y a une bonne nouvelle : sa durée de vie dans l'atmosphère n'est que de dix ans, contre un siècle dans le cas du CO_2. Il suffirait donc de réduire la production de viande et de produits laitiers pour que diminue rapidement un facteur important du réchauffement climatique. Une étude suédoise montre, par exemple, qu'à valeur énergétique égale du point de vue nutritif, la production de haricots émet 99 % moins de gaz à effet de serre que celle des bovins[62].

Autre bonne nouvelle, le monde pourrait nourrir 1,5 milliard de déshérités en leur consacrant le milliard de tonnes de céréales qui nourrit chaque année le bétail destiné à l'abattage. Si tous les habitants de l'Amérique du Nord s'abstenaient de manger de la viande un jour par semaine, cela permettrait, indirectement, de nourrir 25 millions de personnes démunies, tous les jours pendant une année entière ! Cela contribuerait aussi à lutter efficacement contre le changement climatique. C'est pourquoi selon Rajendra Kumar Pachauri, prix Nobel de la paix et directeur du Groupe d'experts intergouvernemental sur l'évolution du climat aux Nations unies (GIEC), une tendance mondiale vers un régime végétarien est essentielle pour combattre la faim dans le monde ainsi que la pénurie d'énergie et les pires impacts du changement climatique : « En termes d'action immédiate et de faisabilité pour obtenir des réductions dans un court laps de temps, c'est clairement l'option la plus attirante[63]. »

Ces affirmations sont confirmées par le rapport du GIEC de mars 2014 : « Nous avons montré que la réduction de consommation de viande et de produits laitiers est un point clé pour pouvoir ramener la pollution climatique agricole à des niveaux sûrs, explique Fredrik Hedenus. Des changements majeurs de régime alimentaire prennent du temps, nous devrions donc penser dès maintenant à la façon dont nous pourrions rendre notre nourriture plus respectueuse du climat[64]. »

Selon un autre co-auteur du rapport, Stefan Wirsenius, les émissions de gaz à effet de serre « peuvent certes être réduites en augmentant l'efficacité de la production de viande et de produits laitiers et en faisant appel à de nouvelles technologies. Mais si la consommation continue de croître, les diminutions que ces mesures peuvent amener seront probablement insuffisantes pour contenir les changements climatiques en deçà des limites tolérables ».

Cette fois, la bonne nouvelle c'est que nous pouvons tous participer de façon efficace, facile, rapide et économique, au ralentissement du réchauffement global et à l'éradication de la pauvreté. Il n'est pas nécessaire pour autant d'arrêter de voyager ou de se chauffer (bien que nous devrions certainement nous modérer aussi dans ces domaines), il suffit d'une chose : décider, ici et maintenant, de réduire sa consommation de viande ou, si possible, d'arrêter d'en manger.

Chapitre 4

Le vrai visage de l'élevage industriel

Qu'y a-t-il donc de si inavouable à dissimuler derrière les murs des abattoirs et sous les hangars des élevages industriels ? Ce qui est exposé dans ce chapitre est choquant. Faudrait-il le faire précéder de l'avertissement « âmes sensibles s'abstenir » ? Vous pourriez être tenté de tourner les pages pour passer à la suite. Mais pour se sentir concerné par le sort d'autrui et, dans la mesure du possible, agir pour remédier à ses souffrances, ne faut-il pas en prendre la mesure ? L'histoire a montré que détourner le regard a toujours laissé libre cours aux pires atrocités et a retardé les interventions nécessaires à les enrayer. À quoi bon édulcorer la réalité ? Ne vaut-il mieux pas la regarder en face et y puiser le courage de la compassion[1] ?

Écoutons la grande primatologue Jane Goodall : « Ce qui me choque le plus, c'est que les gens paraissent presque schizophrènes dès lors que vous évoquez les conditions terribles qui règnent dans les élevages intensifs, l'entassement cruel d'êtres sensibles dans des espaces minuscules — des conditions tellement horribles que l'on est obligé de leur administrer sans cesse des antibiotiques pour les garder en vie, sinon ils se laisseraient mourir. Je décris souvent le cauchemar du transport – s'ils tombent pendant le transport, on les hisse par une jambe, qui se casse — et des abattoirs où tant d'animaux ne sont même pas étourdis avant d'être écorchés vifs ou plongés dans l'eau bouillante. C'est évidemment atrocement douloureux. Lorsque je raconte tout ceci aux gens, ils répondent souvent : "Oh, s'il vous plaît, ne m'en parlez pas, je suis trop sensible et j'adore les animaux." Et je me dis : "Mais qu'est-ce qui a bien pu dérailler dans ce cerveau[2] ?!" »

Certains diront, oui c'est horrible, mais on a beaucoup humanisé les abattoirs. « Humanisé » ? Lorsque les êtres humains traitent leurs semblables de la sorte, on ne parle pas d'humanisation, mais de déshumanisation et de barbarie. Certaines des descriptions qui suivent, notamment celles d'Upton Sinclair qui, le premier, décrivit dans *La Jungle*[3] le sort des animaux dans les abattoirs de Chicago, remontent à un siècle, d'autres sont contemporaines et montrent que, mis à part quelques aménagements mineurs, le massacre de masse se poursuit et s'amplifie, tous les jours, toute l'année, que nous détournions ou non le regard. Alors, pour une fois, regardons :

> Sur l'un des côtés, courait un étroit couloir vers lequel des hommes, munis d'aiguillons électriques, dirigeaient le bétail. Une fois engagés là, les bovins étaient emprisonnés dans des compartiments séparés qui ne leur laissaient aucune place pour se retourner. Ils meuglaient et se jetaient contre les parois tandis que les « assommeurs », penchés au-dessus des boxes, attendaient le moment propice pour les étourdir d'un coup de leur merlin. Les bruits mats des marteaux cognant sur les crânes se succédaient en rafales et se mêlaient au vacarme des coups de sabot des bêtes. Toute la salle en résonnait. Dès que l'animal était au sol, l'assommeur passait au suivant tandis qu'un autre ouvrier actionnait un levier pour ouvrir un des côtés du box ; alors, la bête, qui continuait à se débattre, glissait jusqu'à la chaîne d'abattage. Là, on lui entourait une patte d'un cercle d'acier, on actionnait une manette et le bœuf était brutalement soulevé de terre [...] Il fallait voir comment ces hommes s'y prenaient ! [...] Le premier était le boucher chargé de la saignée. Il la réalisait d'un seul coup de couteau, si rapide qu'on n'apercevait guère que l'éclat de la lame. En un clin d'œil, il

bondissait vers la rangée suivante, alors qu'un ruisseau rouge vif se déversait par terre. Les hommes pataugeaient dans une véritable mare de sang, malgré les efforts des nettoyeurs qui devaient l'évacuer par les goulottes prévues à cet effet.

Depuis 1906, date de parution de *La Jungle* qui provoqua un véritable tollé en son temps, la seule chose qui ait réellement changé, c'est que l'on tue maintenant beaucoup plus d'animaux : 60 milliards chaque année pour ce qui est des animaux terrestres selon les statistiques de la FAO, plus de 100 milliards selon d'autres estimations[4]. Melanie Joy a calculé que si 10 millions de personnes, correspondant au nombre d'animaux terrestres tués chaque année aux États-Unis, s'alignaient en file indienne, la file ferait 80 fois le tour de la Terre[5].

Lorsqu'une société accepte comme allant de soi la pure et simple utilisation d'autres êtres sensibles au service de ses propres fins, n'accordant guère de considération au sort de ceux qu'elle instrumentalise, ses principes moraux sont mis à rude épreuve.

La dévalorisation des êtres humains conduit souvent à les assimiler à des animaux et à les traiter avec la brutalité que l'on réserve habituellement à ces derniers. L'exploitation des animaux s'accompagne d'un degré de dévalorisation supplémentaire : ils sont réduits à l'état de produits de consommation, de machines à faire de la viande, de jouets vivants dont la souffrance amuse ou fascine les foules. On ignore sciemment leur caractère d'êtres sensibles pour les ravaler au rang d'objets.

Ce point de vue fut exprimé crûment au XIXe siècle par Émile Baudement, détenteur de la première chaire de zootechnie à l'Institut agronomique de Versailles :

Les animaux sont des machines vivantes, non pas dans l'acception figurée du mot, mais dans son acception la plus rigoureuse telle que l'admettent la mécanique et l'industrie. […] Ils donnent du lait, de la viande, de la force : ce sont des machines produisant un rendement pour une certaine dépense[6].

Plus cynique encore, un dirigeant de la firme américaine Wall's Meat déclarait récemment :

> La truie reproductrice devrait être conçue comme un élément précieux d'équipement mécanique dont la fonction est de recracher des porcelets comme une machine à saucisses, et elle devrait être traitée comme telle[7].

La vision du système est résumée par le directeur d'une entreprise de volailles américaines de 225 000 poules pondeuses, Fred C. Haley : « Le but de la production d'œufs est de faire de l'argent. Quand nous perdons ça de vue, nous manquons notre objectif[8]. »

Dans les systèmes de production industrielle, la durée de vie des animaux d'élevage est d'environ 1/4 pour les bovidés et de 1/60e pour les poulets de ce qu'elle serait dans des conditions naturelles. Dans ce dernier cas, c'est comme si l'espérance de vie d'un Français n'était que d'un an et quatre mois[9]. On confine les animaux dans des boxes où ils ne peuvent pas même se retourner, on les castre, on sépare à la naissance les mères de leurs petits, on commence à dépecer des animaux conscients qui ont momentanément survécu à ce qui était censé les mettre à mort ou on les broie vivants dans des vis sans fin (c'est le sort réservé à des centaines de millions de poussins mâles chaque année). Dans d'autres circonstances, on les fait souffrir pour nous divertir (corridas, combats de chiens, de coqs), on les attrape avec des pièges qui leur broient les membres dans des mâchoires d'acier ou on les écorche vifs.

En un mot, on décide quand, où et comment ils doivent mourir sans nous soucier le moins du monde de ce qu'ils ressentent.

L'étendue des souffrances que nous infligeons aux animaux

Les hommes ont toujours exploité les animaux, d'abord en les chassant puis en les domestiquant. Mais ce n'est qu'au début du XXe siècle que cette exploitation a pris une ampleur colossale. Parallèlement, elle en est venue à disparaître de notre vie quotidienne puisqu'elle est délibérément perpétrée à l'abri des regards. Dans les pays riches, selon les espèces, de 80 à 95 % des animaux que nous mangeons sont «produits» dans des élevages industriels où leur courte vie n'est qu'une succession ininterrompue de souffrances. Tout cela est rendu possible dès l'instant où nous considérons d'autres êtres vivants comme des objets de consommation ou des réserves de viande que nous pouvons traiter comme bon nous semble. Upton Sinclair poursuit son récit :

> On dirigeait d'abord les troupeaux vers des passerelles de la largeur d'une route, qui enjambaient les parcs et par lesquelles s'écoulait un flux continuel d'animaux. À les voir se hâter vers leur sort sans se douter de rien, on éprouvait un sentiment de malaise : on eût dit un fleuve charriant la mort. Mais nos amis n'étaient pas poètes… Ils n'y voyaient qu'une organisation d'une prodigieuse efficacité. […] «Rien ne se perd ici, expliqua le guide, on utilise tout dans le cochon, sauf son cri.»
>
> À l'entrée, se dressait une immense roue en fer d'environ vingt pieds de circonférence, avec des anneaux fixés sur le pourtour. […] Les hommes attachèrent l'extrémité d'une chaîne autour de la jambe du cochon le plus proche et accrochèrent l'autre bout à l'un des anneaux de la roue. Celle-ci étant en rotation, l'animal fut brutalement soulevé de terre. […] Le cochon avait entamé un voyage sans retour. Une fois parvenu au sommet de la roue, il fut aiguillé sur un rail et traversa la pièce, suspendu dans le vide. Pendant ce temps, on hissait un autre de ses congénères, puis un deuxième, puis un troisième et ainsi de suite jusqu'à ce qu'ils forment deux rangées. Les animaux ainsi pendus par une patte se débattaient frénétiquement en couinant. Le vacarme était

effroyable, à vous déchirer les tympans. […] Après quelques instants d'accalmie, le tumulte reprenait de plus belle et s'enflait encore jusqu'à atteindre un paroxysme assourdissant. […]

Au fur et à mesure de la progression des bêtes, les cris diminuaient en même temps que le sang et la vie s'échappaient de leur corps. Enfin, après un dernier spasme, elles disparaissaient dans une gerbe d'éclaboussures à l'intérieur d'une énorme cuve d'eau bouillante. […] Cette machine à tuer continuait imperturbablement sa besogne, qu'il y ait ou non des spectateurs. C'était comme un crime atroce perpétré dans le secret d'un cachot, à l'insu de tous et dans l'oubli général[10].

La rentabilité avant tout

De nos jours, rien qu'aux États-Unis, on tue plus d'animaux en *un seul jour* qu'en un an dans tous les abattoirs à l'époque de Sinclair. D'après David Cantor, fondateur d'un groupe d'étude pour une politique responsable à l'égard des animaux, c'est « un système cruel, expéditif, à la gestion serrée, orientée par le profit, où l'on considère à peine les animaux comme des êtres vivants, dont les souffrances et la mort ne comptent pas[11] ».

Les abattoirs sont devenus moins nombreux, mais beaucoup plus grands, capables de tuer chacun plusieurs millions d'animaux par an. Dans les pays de l'Union européenne, de nouvelles réglementations visent à réduire quelque peu les souffrances dans les élevages industriels. Aux États-Unis, des témoignages récents, comme celui de l'écrivain Jonathan Safran Foer[12], montrent que la différence, c'est que l'on tue maintenant plus d'animaux, plus vite, plus efficacement et pour moins cher.

Comme il serait plus onéreux de soigner ou même d'euthanasier les animaux affaiblis ou en mauvaise santé qui s'écroulent sans pouvoir se relever pour suivre les autres, dans la majorité des États américains, il est légal de les laisser agoniser de faim et de soif durant des jours, ou de les jeter vivants dans des bennes à ordures. Cela se produit tous les jours.

Les ouvriers sont constamment maintenus sous pression pour que la chaîne d'abattage continue d'avancer à plein régime : « Ils ne ralentissent la chaîne pour rien ni personne », confiait un employé à Gail Eisnitz, enquêtrice de l'Humane Farming Association[13] :

> Tant que la chaîne avance, ils se foutent de ce que vous devrez faire pour y faire entrer le cochon. Il faut suspendre une bête à chaque crochet si vous ne voulez pas que le contremaître vous botte le cul. [...] Tous les convoyeurs utilisent des tuyaux pour tuer les cochons qui ne veulent pas aller vers les rampes. Si un cochon refuse de passer et qu'il arrête la production, vous le battez à mort. Ensuite, vous le mettez de côté pour l'accrocher plus tard[14].

La compétition économique fait que chaque abattoir s'efforce de tuer plus d'animaux par heure que ses concurrents. La vitesse des convoyeurs dans les abattoirs permet de « traiter » 1 100 animaux à l'heure, ce qui signifie qu'un ouvrier doit tuer un animal toutes les trois secondes. Les ratés sont monnaie courante[15].

En Angleterre, le docteur Alan Long a qualifié ce qui se passe dans les abattoirs, où il se rend régulièrement en tant que chercheur, d'entreprise « implacable, impitoyable et sans remords[16] ». Certains ouvriers lui ont confié que le plus dur dans leur travail était de tuer les agneaux et les veaux, parce que « ce ne sont que des bébés ». « C'est un moment poignant, dit le docteur Long, quand un petit veau affolé, qu'on vient d'arracher à sa mère, se met à téter les doigts du boucher dans l'espoir d'en tirer du lait, et ne reçoit que de la méchanceté humaine. »

L'hypocrisie des «soins»

En 2008, une disposition du Conseil européen de la recherche (CER) recommande «la prise en compte du bien-être des animaux» et insiste sur la nécessité «d'épargner au maximum la douleur, la détresse ou la souffrance aux animaux destinés à l'abattage». Mais, en dépit de quelques progrès mineurs, on est encore très loin du compte. Si les professionnels conseillent parfois aux éleveurs d'éviter telle ou telle pratique cruelle, c'est en raison de ses répercussions négatives sur la prise de poids des animaux. Si on les incite à traiter moins durement les animaux conduits à l'abattoir, c'est parce que les meurtrissures font perdre de la valeur à la carcasse : alors qu'il faudrait éviter de maltraiter les animaux parce que c'est, en soi, immoral[17]. La seule précaution que l'on prend, c'est d'éviter que les animaux meurent avant d'avoir engendré un profit matériel. Une fois qu'ils ont servi, on les détruit comme des objets encombrants et on les évacue comme des ordures.

Quant aux vétérinaires employés par l'industrie, leur rôle principal est de contribuer à la maximisation du profit. Les médicaments ne sont pas utilisés pour guérir les maladies mais pour se substituer à des systèmes immunitaires détruits. Les éleveurs ne cherchent pas à produire des animaux sains mais à éviter qu'ils ne meurent trop tôt : il faut qu'ils restent en vie à tout prix jusqu'au moment de les tuer[18]. Ainsi que nous l'avons déjà mentionné, les animaux sont gavés d'antibiotiques et d'hormones de croissance. 80 % des antibiotiques utilisés aux États-Unis sont destinés à l'élevage. Comme le remarque Élisabeth de Fontenay :

> Le pire se dissimule dans la formidable hypocrisie qui consiste à préconiser et mettre en œuvre une prétendue éthique du bien-être, comme s'il s'agissait d'une limitation apportée par respect de l'animal aux exactions de l'élevage industriel, alors qu'elle profite nécessairement au bon fonctionnement et à la rentabilité de l'entreprise[19].

Entrée interdite

Dans les années 1990, l'artiste peintre Sue Coe déploya pendant six ans des trésors d'ingéniosité pour s'introduire dans les abattoirs de différents pays, principalement aux États-Unis. Elle eut constamment à faire face à une hostilité marquée, allant d'injonctions telles que : « Vous n'avez rien à faire ici ! » jusqu'à des menaces de mort si elle publiait le nom de l'abattoir visité. On ne l'a jamais autorisée à utiliser son appareil photo, au mieux, seuls ses croquis étaient tolérés : « Les abattoirs, en particulier les plus grands, sont gardés comme des bâtiments militaires. Je parvenais à y entrer généralement parce que je connaissais quelqu'un qui avait des relations commerciales avec l'usine ou l'abattoir. » Durant ses quinze années d'enquêtes dans les abattoirs en tant que représentant d'associations de protection animale, il est arrivé à Jean-Luc Daub d'être brutalisé et même frappé : « Les tentatives d'intimidation étaient nombreuses, les menaces de mort aussi. Je me souviens que sur un marché aux bestiaux, on m'avait menacé de me pendre sous la charpente en bois si je ne quittais pas le site[20]. »

Dans son livre *Dead Meat* [Viande morte], Sue Coe décrit ainsi sa visite dans un abattoir de Pennsylvanie[21] :

> Le sol était très glissant, et les murs et tout le reste étaient couverts de sang. Le sang séché avait formé une croûte sur les chaînes. Je n'ai aucune envie de tomber dans tout ce sang et ces intestins. Les ouvriers portent des bottes antidérapantes, des tabliers jaunes et des casques. C'est un spectacle de chaos contrôlé, mécanisé.

Comme la plupart des abattoirs, « cet endroit est sale — crasseux, même —, des mouches volent partout ». Selon un autre témoignage, les salles de refroidissement sont pleines de rats et, la nuit, ils courent sur la viande et la grignotent[22].

Vient l'heure du déjeuner, les ouvriers se dispersent. Sue reste seule avec six corps décapités qui pissent le sang. Les murs sont éclaboussés et il y a des gouttes de sang sur son carnet. Elle sent quelque chose bouger à sa droite et s'approche du box d'abattage pour mieux voir. À l'intérieur, il y a une vache. Elle n'a pas été assommée, elle a glissé dans le sang et elle est tombée. Les hommes sont allés déjeuner en la laissant là. Les minutes passent. De temps à autre, elle se débat, heurtant de ses sabots les parois de l'enclos. Un instant elle lève suffisamment la tête pour regarder dehors et retombe. On entend le sang qui goutte, de la musique sort d'un haut-parleur.

Sue commence à dessiner…

Un homme, Danny, revient de son déjeuner. Il donne trois ou quatre coups de pied violents à la vache blessée pour la faire lever, mais elle ne peut pas. Il se penche dans le box métallique et tente de l'assommer de son pistolet pneumatique, puis lui tire une balle de douze centimètres dans la tête.

Danny attache une chaîne à l'une des pattes arrière de la vache et la soulève. Mais la vache n'est pas morte. Elle lutte, ses pattes s'agitent tandis qu'elle s'élève, la tête en bas. Sue remarque que certaines vaches sont totalement assommées mais d'autres pas du tout. « Elles se débattent comme des folles pendant que Danny leur tranche la gorge. » Danny parle à celles qui sont encore conscientes : « Allez, ma fille, sois gentille ! » Sue regarde le sang gicler « comme si tous les êtres vivants étaient des récipients mous qui n'attendaient que d'être percés ».

Danny s'approche de la porte et fait avancer les vaches suivantes à coups de bâton électrique. Les vaches terrifiées résistent et donnent des coups de sabots. Tandis qu'il les force à pénétrer dans l'enclos où elles vont être assommées, Danny répète d'une voix chantante : « Allez, ma fille ! »

Sue visite ensuite un abattoir de chevaux au Texas. Les chevaux en attente d'être abattus sont dans un état terrible. L'un d'eux a la mâchoire fracturée. Les coups de fouet pleuvent sur eux avec des claquements qui s'accompagnent d'une odeur de brûlé. Les chevaux tentent de s'échapper de la zone d'abattage, mais des hommes les frappent à la tête jusqu'à ce qu'ils fassent demi-tour. Le compagnon de Sue voit une jument blanche en train de donner naissance à un poulain devant l'enclos. Deux employés la fouettent pour la forcer à aller plus vite vers la zone d'abattage et jettent le poulain dans un bassin destiné aux abats. Sur une rampe, au-dessus d'eux, le patron observe nonchalamment la scène, coiffé d'un chapeau de cow-boy.

En sortant d'une autre usine qui lui rappellera l'Enfer de Dante, Sue Coe voit une vache à la patte cassée gisant en plein soleil. Elle s'approche d'elle, mais le personnel de sécurité l'arrête et l'oblige à quitter les lieux : « La Shoah ne cesse de me revenir à l'esprit, ce qui m'ennuie furieusement[23] », écrit Sue.

Une entreprise globale

Le sort des autres animaux d'élevage industriel n'est guère meilleur. En Amérique, on tue chaque année 150 fois plus de poulets qu'il y a 80 ans, grâce au développement de l'élevage en batterie. Tyson Foods, la plus grosse compagnie au monde de poulets, en abat plus de 10 millions *par semaine.* 50 milliards de volailles sont tuées chaque année dans le monde.

Chaque poulet dispose, pendant sa courte vie, d'un espace de la taille d'une feuille de papier à lettres. L'air qu'il respire est chargé d'ammoniaque, de poussières et de bactéries[24]. L'entassement est la cause de nombreux comportements anormaux — déplumage, coups de bec agressifs et cannibalisme. « La batterie devient une maison de fous pour gallinacés », remarque le naturaliste texan Roy Bedichek[25]. La croissance artificiellement accélérée des poulets peut être comparée à celle d'un enfant qui atteindrait le poids de 150 kg à l'âge de 10 ans.

Pour réduire ces comportements qui leur coûtent cher, les éleveurs maintiennent les poulets dans une quasi-obscurité et, pour les empêcher de se blesser ou de se tuer, ils leur sectionnent le bec. Dans les années 1940, on brûlait les becs au chalumeau. Aujourd'hui, les éleveurs utilisent une guillotine munie de lames chauffantes. Les moignons qui résultent de cette amputation expéditive forment souvent des névromes qui provoquent de vives douleurs[26].

Dans une ferme américaine où s'entassaient 2 millions de poules pondeuses réparties dans des hangars qui en abritaient chacun 90 000, un responsable expliqua à des journalistes du *National Geographic* : « Quand la production [d'œufs] baisse sous le seuil de rentabilité, les 90 000 poules sont vendues en bloc à un transformateur qui en fera du pâté ou de la soupe au poulet[27]. » Et on repart de zéro.

Les transports sont également source de longues souffrances. Aux États-Unis, on estime que 10 à 15 % des poulets meurent pendant le voyage. Parmi ceux qui arrivent aux abattoirs, un tiers présentent des fractures récentes dues à la façon dont ils ont été manipulés et transportés.

Les abattoirs sont censés étourdir les poulets dans un bain électrisé. Mais pour faire des économies, ils emploient généralement un voltage trop faible (1/10e de la dose requise pour étourdir). En conséquence, de nombreux poulets arrivent encore conscients dans la cuve à ébouillanter[28].

Les poussins mâles des poules pondeuses sont détruits — 50 millions en France, 250 millions aux États-Unis par an. « *Détruits* ? Voilà un mot au sujet duquel il paraît intéressant d'en savoir plus », se demande Jonathan Safran Foer :

> La plupart des poussins mâles sont tués après avoir été aspirés le long d'une succession de tuyaux jusqu'à une plaque électrisée. [...] D'autres sont jetés, pleinement conscients, dans des broyeurs (imaginez une déchiqueteuse à bois pleine de poussins). Cruel ? Cela dépend de votre définition de la cruauté[29].

Quant aux cochons, pour les empêcher de se mordre la queue entre eux, on la leur coupe avec un instrument qui écrase le moignon en même temps afin de réduire le saignement. En France, l'arrêté du 16 janvier 2003 autorise le meulage à vif des canines de porcelets de moins d'une semaine. Les truies sont confinées dans des boxes métalliques à peine plus grands que leur corps où elles sont attachées pendant deux ou trois mois par un collier qui les empêche de se tourner et de faire plus d'un pas en avant ou en arrière. Quand la truie est prête à mettre bas, on la place dans un dispositif appelé « vierge d'acier », un cadre métallique qui interdit toute liberté de mouvement. Les mâles sont castrés sans anesthésie. On leur incise la peau des bourses avec un couteau, on dénude les testicules et on tire dessus jusqu'à rompre le cordon qui les retient[30]. Des truies de 300 kg, qui ont très peu bougé durant leur courte vie, se retrouvent suspendues par une patte arrière à un crochet. Elles sont ensuite égorgées et agonisent à mesure que leur sang se vide, en se débattant désespérément. Selon Jocelyne Porcher, chargée de recherche à l'INRA : « Tout ce système est une immense fabrique de souffrance[31]. »

Foer relate que « les porcelets qui ne grandissent pas assez vite — les plus faibles — coûtent cher en ressources et n'ont pas leur place dans l'élevage. On les attrape par les pattes arrière, puis on leur éclate la tête sur le sol en béton ». Une pratique courante : « Il nous est arrivé d'en exploser jusqu'à cent vingt en un seul jour », raconte un ouvrier d'un élevage du Missouri[32].

Les veaux souffrent d'être séparés de leur mère et sont enfermés dans des boxes qui les empêchent d'adopter leur position naturelle de sommeil, la tête sous le flanc. Les boxes sont aussi trop étroits pour permettre au veau de se tourner ou de se lécher. Leurs aliments sont délibérément appauvris en fer, car les consommateurs apprécient la viande « pâle » dont la couleur est due au fait que les animaux ont été volontairement anémiés[33]. De ce fait, les veaux lèchent n'importe quelle pièce en fer présente dans leur box. Voilà pourquoi les boxes sont en bois afin de garder toute pièce en fer hors de leur portée[34].

Tous les jours, toute l'année…

Dans le cas de bovins, le plus souvent, un pistolet pneumatique tire une tige en acier dans le crâne de l'animal, ce qui est censé le rendre inconscient ou le tuer. Mais nombre d'animaux restent conscients, ou se réveillent alors que l'on commence à les dépecer. Écoutons à nouveau Jonathan Foer :

> Parlons clairement : les animaux sont saignés, écorchés et démembrés alors qu'ils sont encore conscients. Cela arrive tout le temps, et l'industrie comme les autorités le savent. Plusieurs abattoirs accusés de saigner, écorcher ou démembrer des animaux vivants ont défendu leurs actes en affirmant que ces pratiques étaient courantes[35].

Quand Temple Grandin, professeur d'éthologie à l'université du Colorado, a réalisé un audit de l'ensemble de la profession en 1996, elle a conclu qu'un abattoir de bovins sur quatre est incapable de rendre les animaux inconscients du premier coup de façon fiable. La vitesse de la chaîne a augmenté de près de 800 % en un siècle et le personnel, souvent formé de manière expéditive, travaille dans des conditions cauchemardesques : les erreurs sont inévitables.

Ainsi, il est fréquent que les animaux ne soient pas étourdis du tout. Dans un abattoir, des employés outrés ont tourné clandestinement une vidéo qu'ils ont transmise au *Washington*

Post. Plus de vingt ouvriers ont signé des déclarations sous serment affirmant que les violations dénoncées dans le film sont fréquentes et que les responsables sont parfaitement au courant. L'un des employés témoigne : « J'ai vu des milliers et des milliers de vaches subir vivantes le processus d'abattage. […] Elles peuvent se trouver depuis sept minutes dans la chaîne et être encore en vie. J'ai travaillé à l'écorchage et j'en ai vu qui étaient encore vivantes. » À cette étape, on retire la peau de la tête de l'animal à partir du cou. Et quand la direction daigne écouter les salariés qui se plaignent, c'est souvent pour les licencier ensuite. Un ouvrier témoigne :

> Une génisse de trois ans est arrivée dans la zone de tuerie. Et elle était en train de vêler, juste là, le veau était à moitié sorti. Je savais qu'elle allait mourir, alors j'ai tiré le veau. Bon sang, mon patron était fou de rage. […] Ces veaux, ils les appellent des « avortons ». Ils se servent du sang pour la recherche sur le cancer. Et il le voulait, ce veau. […] Ce n'est pas rien d'avoir une vache qui pend devant vous, et de voir le veau à l'intérieur qui se débat, qui cherche à sortir. […] Mon patron voulait ce veau, mais je l'ai renvoyé vers le parc à bétail. […] Vous savez, je suis un ancien marine. Moi, le sang et les tripes, ça ne me dérange pas. Mais le traitement inhumain, il y en a tout simplement trop.
>
> Après l'écorcheur de tête, la carcasse (ou la vache) atteint les « coupeurs de pattes » : « Quand il y en a qui se réveillent, explique un employé de la chaîne, on a l'impression qu'elles cherchent à grimper le long des murs. » Quand les vaches arrivent au niveau des coupeurs, les coupeurs de pattes n'ont pas le temps d'attendre que leur collègue vienne assommer de nouveau la vache. Donc, ils leur coupent simplement le bas des pattes avec les pinces : « Les bêtes deviennent folles, elles donnent des coups de pied dans tous les sens[36]. »

De même, le courant électrique utilisé pour tuer les poulets dans le bac à étourdissement n'est pas toujours efficace et souvent réglé à une intensité trop faible. Résultat, d'après un rapport du Compassion in World Farming Trust (CIWF) : « Dans l'Union européenne, 39,6 millions de poulets pourraient être égorgés sans avoir été convenablement étourdis[37]. » Virgil Butler, un ancien employé d'un « petit » abattoir de la chaîne Tyson Food, qui à l'époque de ce témoignage, en 2002, fournissait la chaîne de restauration rapide KFC, témoigne[38] :

La machine à tuer ne parvient jamais à trancher la gorge de tous ceux qui défilent, surtout de ceux qui n'ont pas été correctement insensibilisés par le bac électrique. Il y a donc un « tueur » dont la tâche consiste à attraper ces poulets de manière à éviter qu'ils soient ébouillantés vivants dans le chaudron. (Évidemment, le tueur ne peut les attraper tous.)

Voici la situation : votre supérieur vous informe que cette nuit c'est vous qui êtes de service dans la salle de mise à mort. Vous vous dites, « Merde ! Cette nuit, ça va être dur ! » Quel que soit le temps dehors, il fait chaud dans la salle de mise à mort, entre 32 et 38 degrés. Les chaudrons maintiennent aussi le taux d'humidité autour de 100 %. La vapeur d'eau forme dans l'air une sorte de voile permanent. Vous mettez votre tablier en plastique pour vous couvrir tout le corps et le protéger contre le sang qui gicle, contre l'eau chaude qui asperge la lame de la machine à tuer et nettoie le sol. Vous mettez vos gants d'acier et prenez le couteau. […]

De la pièce d'à côté viennent les cris des poulets en train d'être suspendus par les pattes dans les pinces d'acier, ainsi que le cliquettement de ces pinces. Vous entendez le bruit des moteurs qui font avancer les poulets sur la chaîne. Le tout est tellement fort que vous pouvez hurler sans vous entendre vous-même. (J'ai essayé, juste pour voir.) Vous communiquez donc par signes si quelqu'un vient dans votre salle, mais cela n'arrive pas souvent, on n'y vient que par obligation. […]

Les poulets arrivent à la vitesse de 182 à 186 par minute. Il y a du sang partout… sur votre visage, sur votre cou, vos bras, sur toute la surface de votre tablier. Vous êtes couvert de sang.

Vous ne pouvez pas les prendre tous, mais vous essayez. Chaque fois que vous en manquez un, vous « entendez » les cris terribles qu'il fait en se débattant dans le chaudron, se heurtant aux parois. Merde, encore un « poulet rouge ». Vous savez que pour chaque poulet que vous voyez souffrir ainsi, il y en a jusqu'à dix que vous n'avez pas vus. Vous le savez, tout simplement. […]

Au bout d'un moment, l'ampleur démesurée des meurtres que vous accomplissez et du sang dans lequel vous baignez vous affecte vraiment, surtout si vous ne parvenez pas à débrancher toutes vos émotions et à vous transformer en un zombie de la mort. Vous avez l'impression d'être un rouage dans une grande machine de mort. C'est ainsi d'ailleurs qu'on vous traite, pour une grande part. […] Il n'y a que vous et les poulets en train de mourir. […] Vous êtes en train d'assassiner des oiseaux sans défense par milliers — 75 000 à 90 000 par nuit. Vous êtes un tueur.

Vous ne pouvez vraiment en parler à personne. Les gars avec qui vous travaillez vous prendront pour un tendre. Votre famille et vos amis ne veulent pas en entendre parler. Cela les met mal à l'aise, ils ne savent pas très bien que dire ni que faire. Ils peuvent même vous lancer des regards bizarres. Certains ne veulent plus trop vous fréquenter quand ils savent ce que vous faites pour vivre. Vous êtes un tueur. […]

Vous vous mettez à ressentir un dégoût envers vous-même, envers ce que vous avez fait et continuez à faire. Vous avez honte de dire aux autres ce que vous faites la nuit pendant qu'eux dorment dans leur lit. Vous êtes un tueur. […]

Vous finissez par débrancher toutes les émotions. […] Vous avez des factures à payer. Il faut manger. Mais vous ne voulez pas de poulet. Ça, il faut vraiment que vous ayez faim pour en manger. Vous savez de quoi est faite chaque bouchée. […]

Vous vous sentez à part de la société, vous n'avez pas l'impression d'en faire partie. Vous êtes seul. Vous vous savez différent des autres gens. Ils n'ont pas dans leur tête ces visions de mort horrible. Ils n'ont pas vu ce que vous avez vu. Et ils ne veulent pas le voir. Ni même en entendre parler.

Sinon, comment feraient-ils, après, pour avaler leur bout de poulet ?

Bienvenue dans le cauchemar dont je me suis échappé. Je vais mieux maintenant. Je m'adapte avec les autres, au moins la plupart du temps…

À qui la faute ? D'après une étudiante vétérinaire, Christiane M. Haupt, qui relate son expérience de stagiaire dans un abattoir, ce sont les consommateurs qui contribuent à entretenir ce système et sont donc, en fin de compte, responsables :

Il me vient à penser que — à part quelques exceptions — les personnes qui travaillent ici ne réagissent pas de façon inhumaine, elles sont simplement devenues indifférentes, comme moi aussi avec le temps. C'est de l'autoprotection. Non, les vrais inhumains sont ceux qui ordonnent quotidiennement ces meurtres de masse et qui, à

> cause de leur voracité pour la viande, condamnent les animaux à une vie misérable et à une lamentable fin, et forcent d'autres humains à accomplir un travail dégradant qui les transforme en êtres grossiers. Moi-même, je deviens progressivement un petit rouage de ce monstrueux automatisme de la mort[39].

Cent millions d'animaux sont également tués chaque année pour leur fourrure. Dans un documentaire filmé en caméra cachée par une équipe d'enquêteurs suisses[40], on voit des éleveurs chinois qui étourdissent des visons en les faisant tournoyer, tenus par leurs pattes arrière, et en leur cognant la tête sur le sol. Puis ils les écorchent vifs et une fois que toute la peau est enlevée avec la fourrure, ils jettent les animaux dont la chair est entièrement à vif sur une pile où gisent leurs congénères. Le regard de ces visons qui agonisent lentement, silencieux et immobiles, est insupportable à toute personne douée ne serait-ce que d'une once de pitié. Le contraste est d'autant plus saisissant que, tout en continuant à « éplucher » ces animaux comme des courgettes, les éleveurs conversent entre eux, la cigarette au bec, comme si de rien n'était.

Ces descriptions et, plus encore, la vision de documentaires montrant cette triste réalité sont peut-être insoutenables pour nombre d'entre nous, mais il serait bon de nous demander pourquoi cela nous gêne à ce point. Ne serait-ce pas parce que nous le tolérons malgré tout ? Ou parce que nous craignons d'être submergé par une détresse empathique si nous entrons en résonance affective avec ces souffrances ?

Malheureusement, il ne s'agit pas là de quelques scènes d'horreur montées en épingle. Les chiffres dépassent l'imagination. Chaque année, plus d'un milliard d'animaux terrestres sont tués en France, 10 milliards aux États-Unis, et approximativement 60 milliards dans le monde. Plus récemment, la Chine, l'Inde et de nombreux pays émergents ont intensifié l'élevage industriel. En France, 95 % des porcs consommés sortent de l'élevage industriel. C'est aussi le cas de 80 % des poules pondeuses et des poulets de chair, et de 90 % des veaux. Quant aux 40 millions de lapins tués chaque année, ils sont quasiment tous élevés en cage[41]. Dans *Ces bêtes qu'on abat*, l'enquêteur Jean-Luc Daub écrit : « À ceux qui ne le savent pas, je voudrais révéler ce fait : la plupart des animaux élevés de manière industrielle découvrent la lumière du jour lors de leur envoi à l'abattoir. C'est même, pour beaucoup, lors de ce transfert qu'ils ont l'occasion de faire leur premier pas. Voilà ce que nous cautionnons lorsque nous achetons une barquette de lard ou un poulet à plus bas prix[42]. »

Dans de nombreux pays, notamment au sein de l'Union européenne, de nouvelles lois devraient mettre fin aux pires de ces traitements, mais ceux-ci sont encore pratiqués dans beaucoup de systèmes de production animale ailleurs dans le monde.

Jean-Luc Daub a constaté maintes fois que si certains abattoirs se conforment aux règles, d'autres s'en moquent. Il s'interroge donc sur l'action des pouvoirs publics dans ce domaine (les services vétérinaires, en l'occurrence). À la lecture de certains passages de son livre, on peut se demander, comme il le fait, « si les personnes qui commettent les actes que je décris n'ont pas perdu la raison, tant ce qu'elles accomplissent est impensable[43] ».

Mille milliards d'animaux marins

Quant aux poissons, crustacés et « fruits » de mer, une étude utilisant les données fournies par plusieurs organisations internationales concernant les prises annuelles, étude qui tient compte du tonnage des prises et d'une évaluation du poids moyen de chaque espèce, aboutit au chiffre astronomique d'environ 1 000 milliards de poissons et autres animaux marins tués[44]. L'écrasante majorité de ces prises est le fait non pas des populations qui pratiquent la pêche traditionnelle pour subvenir à leurs besoins, mais de la pêche industrielle.

Cette estimation n'inclut ni les très nombreuses prises qui ne sont pas enregistrées officiellement, soit au moins le double, ni le nombre immense d'espèces marines qui sont gravement affectées par l'industrie de la pêche. En France, le nombre de poissons et de crustacés tués chaque année se situe aux alentours de 2 milliards.

Comme le remarque Foer : « Aucun poisson ne connaît une mort douce. Pas un seul. Pas la peine de se demander si le poisson dans votre assiette a souffert. La réponse est toujours oui[45]. »

Élevage traditionnel, élevage bio… un moindre mal ?

Les agriculteurs qui pratiquent l'élevage dans un milieu naturel offrent aux animaux des conditions de vie incomparablement meilleures que celles qui règnent dans les systèmes de production industrielle et ils souffrent beaucoup moins. Toutefois, la situation est loin d'être rose. Les animaux restent considérés comme des produits de consommation et la recherche du profit et de la rentabilité se fait toujours à leur détriment.

L'éleveur traditionnel, comme l'explique Jocelyne Porcher, entretient avec ses bêtes une relation beaucoup plus humaine, il les connaît individuellement et tout n'est pas organisé autour d'une maximisation obsessionnelle du profit, l'animal n'étant pas réduit à une « chose » que l'on exploite sans merci[46]. Néanmoins, comme le souligne le philosophe Thomas Lepeltier : « Derrière l'image très idéalisée d'une relation de confiance fondée sur une sorte de contrat tacite, il y a une réalité souvent bien plus glauque […] L'élevage traditionnel reste une activité qui repose sur l'exploitation des animaux. Ce qui engendre immanquablement de la cruauté[47]. »

En particulier, naissance après naissance, les éleveurs traditionnels arrachent toujours aux vaches, aux chèvres et aux brebis leurs petits veaux, chevreaux et agnelets, afin de prendre leur lait. Les nouveau-nés qui ne sont pas destinés à devenir des futures mères ou des géniteurs, sont rapidement envoyés à l'abattoir. Quant aux animaux adultes, ils subissent le même sort, dès qu'il n'y a plus d'intérêt économique à les exploiter. Des conditions temporairement meilleures n'épargnent pas aux animaux les traumatismes du transport vers le lieu de leur mise à mort où ils subissent les mêmes souffrances que celles qu'endurent leurs congénères dans le système industriel. L'affirmation selon laquelle les éleveurs traditionnels ne pratiquent pas l'élevage pour gagner de l'argent sur le dos des animaux, mais pour vivre avec eux est donc contestable, puisque cet élevage reste une entreprise de mort programmée[48].

De plus, bien des appellations qui attirent le consommateur bien intentionné sont souvent trompeuses. Le label « bio » attribué aux volailles ne signifie nullement qu'elles sont élevées dans la nature, mais seulement qu'elles sont *nourries* avec des céréales bios. Même les volailles cataloguées « élevées en plein air » vivent en vérité dans de sordides hangars où 9 à 12 oiseaux s'entassent sur chaque mètre carré. De temps en temps, on les fait circuler dans un couloir grillagé, ou on les laisse sortir brièvement à l'extérieur pour qu'elles puissent marcher un peu. Nous sommes donc loin des « poules heureuses » que nous vantent les publicités. Quant à l'élevage en « libre parcours », il suppose un accès à un terrain vaste et ouvert, recouvert en partie de végétation. Toutefois, même dans ces conditions beaucoup plus vivables, les animaux subissent toutes sortes de sévices — castrations avec ou sans anesthésie, séparation des mères et des petits, élimination des poussins mâles dès la naissance, « réforme » (c'est-à-dire mise à mort) des poules qui pondent moins afin de ne plus avoir à s'en occuper, etc.

Lors d'un débat organisé par Ecolo-Ethik au palais du Luxembourg, au Sénat, j'ai cité la phrase de George Bernard Shaw : «Les animaux sont mes amis et je ne mange pas mes amis.» Un éleveur bio qui participait à la même table ronde et qui m'avait montré avec fierté la photo d'un veau qui venait de naître le matin même dans son élevage, précisa ensuite dans son discours : «Je ne suis pas l'ami de mes bêtes. Je les élève pour les tuer.»

Une telle affirmation, pour cohérente et franche qu'elle soit, remet directement en question la finalité de l'élevage qui est la mort de l'animal. Serait-il possible de proposer une forme d'élevage non-violent qui ne prenne aux vaches que leur lait, aux moutons leur laine et aux poules leurs œufs, mais laisse à tous la vie sauve ? En attendant mieux, cela permettrait sans doute de rapprocher les *welfaristes* qui visent, par des réformes, à améliorer la condition des animaux utilisés par l'homme sans pour autant remettre le système en cause, et les *abolitionnistes* qui prônent la suppression de toute forme d'instrumentalisation des animaux. Pour donner un exemple historique, les *welfaristes* parlaient de rendre la traite des esclaves plus «humaine». Les abolitionnistes, traités alors d'extrémistes ou de fous, n'ont pas cherché à aménager la traite des esclaves, mais à l'abolir purement et simplement. Ils ont, fort heureusement, fini par triompher.

Tuer humainement ?

Il est vrai qu'ici ou là certaines améliorations sont intervenues. Aux États-Unis, où l'élevage industriel a longtemps été exempté de l'application de toutes les lois sur la protection des animaux, la situation s'est un tout petit peu améliorée grâce au travail de Temple Grandin qui a redessiné les plans des abattoirs afin que les animaux soient moins pris de panique à l'approche de la mort. La rampe qui conduit les animaux en file indienne vers l'endroit où ils seront tués s'appelle donc désormais « l'escalier vers le Paradis ». Dommage que les animaux ne sachent pas lire... S'il est incontestablement souhaitable d'atténuer toutes les souffrances des animaux, de quelque nature qu'elles soient, l'attitude qui consiste à se rassurer en se disant que, dorénavant, 100 milliards d'animaux par an seront « tués humainement » reste terrible.

Le juriste et auteur David Chauvet remarque à ce propos : « Pour la plupart des gens, le fait de tuer les animaux ne constitue pas un problème, du moment qu'on les tue sans souffrance. On parle alors de "tuer humainement". Bien entendu, personne n'accepterait d'être "tué humainement", sauf peut-être si c'est dans son intérêt personnel, par exemple s'il s'agit d'abréger ses propres souffrances. Mais ce n'est certainement pas l'intérêt des animaux d'être tués pour finir en pièces détachées dans les rayons des supermarchés[49]. »

Ce point n'a pas échappé à certains défenseurs des droits des animaux : se contenter de rendre plus « humaines » les conditions de vie et de mort n'est qu'une échappatoire pour se donner meilleure conscience tout en poursuivant le massacre des animaux. Ce qu'il faut, c'est y mettre fin.

La plupart des souffrances que nous infligeons à autrui n'ont rien d'inéluctable. Seule notre conception des autres les rend possibles. Si nous identifions un groupe ethnique à de la vermine, nous n'aurons aucun scrupule à vouloir l'éliminer. À partir du moment où d'autres êtres sensibles sont pour nous des êtres inférieurs dont le sort est négligeable, nous n'hésiterons pas à nous servir d'eux comme d'instruments au service de notre bien-être.

Certains objecteront : « Après tout, c'est la vie. Pourquoi tant de sentimentalité à l'égard de comportements qui ont toujours été les nôtres ? Les animaux eux-mêmes se sont toujours entre-dévorés. Ce sont les lois de la nature. À quoi bon vouloir les changer ? » On peut déjà répondre à cela que nous sommes censés avoir évolué depuis les époques considérées comme barbares, en devenant plus pacifiques et plus humains. Pourquoi sinon s'émerveiller des progrès de la civilisation ? Aujourd'hui encore, ceux qui utilisent systématiquement la brutalité et la violence ne sont-ils pas qualifiés de « barbares » ?

Il suffirait sans doute à la plupart d'entre nous d'être mieux informés, et de prendre conscience de ce qui se passe tous les jours dans les élevages industriels et les abattoirs, pour que nous changions naturellement d'opinion, et même de mode de vie. À de rares exceptions près, les médias n'informent guère le public et, de toute façon, il leur est quasiment impossible d'enquêter librement dans les abattoirs. On trouve cependant, sur Internet en particulier, des reportages montrant sans ambiguïté la réalité des lieux d'où provient la viande que nous mangeons[50].

D'après une étude cofinancée par le ministère de l'Agriculture[51], sur un échantillon représentatif de la population, si seuls 14 % des Français interrogés ne sont pas d'accord avec la proposition « Il est normal que l'homme élève des animaux pour leur viande », en revanche 65 % répondent « oui » à la question « Cela vous dérangerait-il d'assister à l'abattage des animaux ? » On veut donc bien que les animaux soient abattus, mais à condition de ne pas le voir. Loin des yeux, loin du cœur.

Être témoin peut être douloureux, mais cette douleur doit se transmuer en détermination à agir et en courage : le courage de la compassion. Comme l'a dit Elie Wiesel, lors de son discours de réception du prix Nobel de la paix : « La neutralité aide l'oppresseur, jamais la victime. Le silence encourage celui qui tourmente, jamais celui qui est tourmenté[52]. »

Est-il encore possible de garder les yeux fermés ? Cela ne dépend que de nous.

Chapitre 5

Les mauvaises excuses

Pour justifier l'exploitation des animaux, nous faisons appel à des croyances religieuses sur lesquelles la logique et la recherche scientifique n'ont que peu de prise, de même que nous invoquons toutes sortes de raisons qui ne résistent guère à la confrontation avec les connaissances scientifiques contemporaines, ou simplement une réflexion honnête. En d'autres termes, nous nous donnons toutes sortes d'excuses pour continuer à tuer ou à asservir les animaux tout en ménageant notre bonne conscience :

- Nous avons le droit d'exploiter les animaux comme bon nous semble car nous sommes beaucoup plus intelligents qu'eux.
- Nous devons de toute façon choisir entre eux et nous.
- Il y a tant de problèmes bien plus graves qui affectent l'humanité.
- Les animaux ne souffrent pas, ou du moins pas comme nous.
- La prédation et la lutte pour la vie font partie des lois de la nature : nous sommes tous rivaux, et les forts mangent les faibles.
- Il faut bien vivre de quelque chose, l'exploitation des animaux est donc nécessaire.

- L'homme a besoin de manger de la viande pour être en bonne santé.
- Tuer et manger les animaux fait partie de nos traditions ancestrales.

«Nous avons le droit d'exploiter les animaux comme bon nous semble car nous sommes beaucoup plus intelligents qu'eux»

Le fait d'être plus intelligent confère-t-il le droit d'exploiter ou de faire souffrir ceux qui le sont moins ? Sans parler des rapports entre les hommes et les animaux, imaginons que, parmi les humains, l'intelligence soit considérée comme le critère essentiel pour évaluer une personne, et qu'il faille en déduire que les plus intelligents ont le droit d'assujettir les autres. Cela nous paraîtrait, bien sûr, inacceptable.

Grâce à leur intelligence hors du commun, les humains ont le pouvoir de faire le plus grand bien, mais aussi le plus grand mal. Ils disposent d'un immense potentiel de créativité, d'amour et de compassion, mais aussi de haine et de cruauté. Le fait que l'espèce humaine ait produit les cantates de Bach et les poèmes de Baudelaire l'autorise-t-elle à faire souffrir les animaux ? Jean-Jacques Rousseau répondait par la négative :

> Il semble, en effet, que, si je suis obligé de ne faire aucun mal à mon semblable, c'est moins parce qu'il est un être raisonnable que parce qu'il est un être sensible : qualité qui, étant commune à la bête et à l'homme, doit au moins donner à l'une le droit de n'être point maltraitée inutilement par l'autre[1].

Le philosophe et moraliste Henry Sidgwick lui fait écho : «La différence de rationalité entre deux espèces d'êtres sensibles ne permet pas d'établir une distinction éthique fondamentale entre leurs douleurs respectives[2].»

L'intelligence constitue un critère approprié pour choisir un professeur de philosophie ou un expert-comptable, tout autant que le talent artistique pour recruter un chef d'orchestre ou la force physique pour embaucher un docker. Mais on ne peut accepter qu'elle serve à déterminer si un être sensible peut ou non être maltraité, privé de liberté et mis à mort. Le seul fait qui devrait guider nos choix est que tous les êtres conscients éprouvent le désir naturel de vivre et de ne pas souffrir. Comme l'écrivait Shantideva, l'éminent sage bouddhiste indien :

> Je dois combattre la douleur d'autrui parce qu'elle est douleur comme la mienne. Je dois œuvrer au bien des autres parce qu'ils sont comme moi, des êtres vivants[3].

Par ailleurs, chaque espèce jouit de l'« intelligence » et des capacités particulières dont elle a besoin pour survivre et parvenir à ses fins. Certaines facultés animales surpassent largement celles des hommes. Les chauves-souris se dirigent à l'aide d'un sonar extrêmement sophistiqué, les saumons peuvent, en se fiant à leur seul odorat, retrouver leur rivière natale après une très longue migration dans l'océan, les oiseaux migrateurs traversent la planète en s'orientant par rapport aux étoiles ou à la polarisation de la lumière : autant d'exploits dont nous sommes bien incapables. Comme l'écrit le philosophe américain Tom Regan :

> Quant à la faculté de comprendre, de nombreux animaux comprennent, comme les humains, le monde dans lequel ils vivent et se déplacent. Autrement, ils ne pourraient pas survivre. Sous les différences se cache donc la similitude. Comme nous, les animaux ne sont pas seulement *au* monde, ils sont *conscients du* monde. Comme nous, ils incarnent le mystère et la merveille de la conscience. Comme nous, ils sont le centre psychologique d'une vie qui n'appartient qu'à eux[4].

Dans *La Libération animale,* l'ouvrage qui a sans doute le plus contribué à améliorer le sort des animaux au cours des trente dernières années, Peter Singer soutient lui aussi que c'est la sensibilité, l'aptitude à souffrir qui doit être prise en considération pour déterminer la manière dont nous traitons les êtres : « Si un être souffre, il ne peut y avoir aucune justification morale pour refuser de prendre en considération cette souffrance. Quelle que soit la nature d'un être, le principe d'égalité exige que sa souffrance soit prise en compte de façon égale avec toute souffrance semblable[5]. »

Singer reconnaît bien sûr que les êtres sont inégaux, notamment du point de vue de leur intelligence et de leur capacité d'agir sur le monde. Il parle d'un principe d'« égale considération des intérêts » qui n'exige nullement que nous traitions les animaux comme nous traitons les humains. Une vache n'a pas intérêt à apprendre à lire et à écrire, mais à vivre dans un pré avec ses semblables, en paix jusqu'à la fin de ses jours.

Cette idée avait déjà été clairement énoncée par le philosophe, juriste et économiste anglais Jeremy Bentham dans sa célèbre déclaration :

> Le jour viendra peut-être où le reste des créatures du monde animal acquerra ces droits que seule la main de la tyrannie aura jamais pu lui refuser. Les Français ont déjà découvert que la noirceur de la peau n'est en rien une raison pour qu'un être humain soit abandonné sans recours au caprice d'un bourreau. Un jour viendra peut-être où l'on reconnaîtra que le nombre de pattes, la pilosité de la peau, ou la façon dont se termine le sacrum sont des raisons également insuffisantes pour abandonner un être sensible à ce même sort.
>
> Quel autre critère devrait tracer une ligne infranchissable ? Est-ce la faculté de raisonner, ou peut-être celle de discourir ? Mais un cheval ou un chien adultes sont des animaux incomparablement plus rationnels, et aussi plus causants, qu'un enfant d'un jour, ou d'une semaine, ou même d'un mois. Même s'ils ne l'étaient pas, qu'est-ce que cela changerait ? La question n'est pas : peuvent-ils raisonner ? Ni : peuvent-ils parler ? Mais : peuvent-ils souffrir[6] ?

L'aptitude à souffrir, et non l'intelligence, est donc la raison principale qui donne à tous les êtres le droit d'être considérés de façon égale. Cela n'implique pas que tous les êtres, humains et non-humains, doivent avoir les mêmes droits en toute chose. Les moutons et les veaux, par exemple, n'ont pas besoin du droit de vote — encore que si l'on ouvrait les yeux sur la façon dont ils manifestent leurs sentiments par leurs cris et leur langage corporel, on pourrait comprendre qu'ils « votent » contre la souffrance qu'on leur inflige. Ils expriment leurs souffrances d'innombrables manières, et c'est *nous qui choisissons d'être sourds et aveugles* à leurs messages et décidons que leurs souffrances ne méritent pas d'être considérées.

« Nous devons de toute façon choisir entre eux et nous »

Un tel dilemme peut certes se présenter, mais il est peu fréquent. S'il faut choisir entre écraser un chien qui traverse la route et diriger la voiture familiale vers un ravin, personne ne se demandera quel est le meilleur choix. La vie humaine est évidemment plus précieuse. Ce type de décision se présente aussi lorsque l'homme doit se protéger des prédateurs. Mais dans la vie quotidienne, le choix auquel sont confrontés la plupart d'entre nous n'est pas de faire le bien des humains *ou* de faire le bien des animaux. Nous pouvons faire les deux. Être végétarien n'est nullement incompatible avec le fait de s'occuper des sans-logis.

Comme le remarquait justement Henri Lautard, écrivain de la fin du XIXe siècle, cet argument n'est généralement qu'un moyen de ne s'inquiéter de personne, ni des animaux ni des hommes :

> Et les hommes! nous dit-on. Et les êtres humains qui se traînent dans le prolétariat ou dans la misère! Vous allez donc les négliger pour songer aux bêtes? Ne faudrait-il pas se préoccuper plutôt d'eux?

> Cette objection nous est faite, le plus souvent, par ceux qui ne pensent pas plus à l'humanité souffrante qu'à l'animalité. C'est une diversion, c'est l'égoïsme qui se dérobe. Tel celui qu'on quête, qui dit : « J'ai mes pauvres » et qui, quand un pauvre se présente, lui donne… des conseils[7].

La vérité est qu'en général l'homme n'a pas à choisir entre *lui* ou *eux* pour sa survie, il décide purement et simplement que la vie des animaux n'est pas digne de considération *en soi*. Il estime que, dans la mesure où le travail que fournissent les animaux, de même que la privation de leur liberté, leur chair, leur peau, leur fourrure, leur os, leurs cornes et leurs souffrances lui sont utiles d'une façon ou d'une autre, aussi futile soit-elle, il jouit sur eux d'un droit sans appel.

« Il y a tant de problèmes bien plus graves qui affectent l'humanité »

Se préoccuper du sort des animaux est souvent perçu comme une distraction déplacée au regard des besoins pressants de l'humanité et des tragédies qui l'affectent. Trois milliards d'êtres humains vivent avec moins de deux dollars par jour. Mettre fin aux abus en tout genre, à la discrimination subie par les femmes, à la pauvreté, aux épidémies et aux guerres semble plus urgent que de s'inquiéter du sort des animaux à fourrure dépecés vivants dans les élevages chinois. Dans le meilleur des cas, notre société accorde au sort des animaux un degré de priorité très bas dans l'échelle de ses préoccupations.

Nous présupposons ainsi que le bien des hommes est, par nature, en compétition avec celui des bêtes. Pourtant, le fait d'inclure dans nos préoccupations le sort des autres espèces n'est nullement incompatible avec la détermination de faire notre possible pour remédier aux problèmes humains. Le combat contre la cruauté envers les animaux procède de la même démarche que le combat contre la torture des êtres humains. La philosophe Florence Burgat et le juriste Jean-Pierre Marguénaud expliquent dans une tribune parue dans *Le Monde* :

> À ceux qui considèrent que les avancées législatives en matière de protection des animaux, et plus encore l'idée de leur reconnaître des droits, comme une insulte à la misère humaine, il faut répondre que la misère humaine résulte de l'exploitation ou de l'indifférence à la souffrance des plus faibles et que c'est au contraire l'insulter, sinon la légitimer, que de prôner l'indifférence farouche à l'égard de la souffrance d'autres êtres plus faibles encore et qui ne peuvent jamais consentir. […] La protection des animaux et celle des plus faibles des hommes relèvent du même et noble combat du Droit pour aider ceux à qui il peut être fait du mal[8].

Il y a mille façons de s'abstenir de nuire aux animaux et de veiller à les protéger sans porter le moindre préjudice à l'espèce humaine, sans diminuer d'une minute le temps que l'on consacre à sa famille et sans utiliser la plus petite part des ressources destinées à ceux qui sont dans la précarité. Jean-Luc Daub, qui a enquêté pendant des années dans les abattoirs, écrit :

> On entend encore quelques réflexions comme : « Et qu'est-ce que vous faites des enfants ? des handicapés ? des prisonniers de Guantanamo ? etc. etc. » Comme si le fait de faire de la protection animale nous rendait responsables des autres souffrances humaines, ou du moins devrait nous culpabiliser. Alors que la plupart des gens qui font ce genre de réflexion n'accomplissent rien dans leur vie. […] En ce qui concerne ma profession, je suis éducateur technique spécialisé. J'accompagne dans mon travail des personnes handicapées mentales dans leur vie de tous les jours. Mais bon, là, je suis en train de me justifier, alors qu'il n'y a pas lieu de le faire, et toute personne suffisamment intelligente ne posera pas de questions basses et idiotes[9] !

La mauvaise foi de ceux qui reprochent aux défenseurs des animaux de ne pas consacrer leur temps à se préoccuper de problèmes humains paraît d'autant plus absurde lorsque l'on constate qu'il ne leur viendrait pas à l'esprit de faire cette même remarque à l'encontre de ceux qui font de la peinture, du sport, du jardinage ou collectionnent les timbres.

Réduire l'exploitation des animaux peut même présenter des avantages mutuels appréciables, comme l'explique Peter Singer à propos du végétarisme : « Cela ne prend pas plus de temps d'être végétarien que de manger de la chair animale. En fait, ceux qui disent se préoccuper du bien-être des êtres humains et de la préservation de notre environnement devraient, ne serait-ce que pour cette seule raison, devenir végétariens. Ce faisant, ils augmenteraient les quantités de grain disponibles pour nourrir les gens ailleurs dans le monde, réduiraient la pollution, économiseraient l'eau et l'énergie et cesseraient de contribuer à la déforestation. De plus, puisqu'une alimentation végétarienne coûte moins cher qu'une alimentation à base de viande, ils auraient plus d'argent à consacrer au soulagement de la famine, au contrôle des naissances ou à toute autre cause sociale ou politique qu'ils estimeraient la plus urgente[10]. » Personnellement, je consacre mes ressources et une grande partie de mon temps à des activités humanitaires au travers de Karuna-Shechen[11], une association composée d'un groupe de volontaires dévoués et de généreux bienfaiteurs, qui construit et gère des écoles, des cliniques, des hospices au Tibet, au Népal et en Inde et a accompli plus de 130 projets. Cela ne m'empêche en aucune façon d'œuvrer de mon mieux à la cause des animaux.

Même si l'on peut reconnaître qu'il y a des choses plus importantes à faire que de s'occuper des animaux, conclut Thomas Lepeltier, « on peut au moins attendre de ceux qui mettent en avant cet argument qu'ils arrêtent de les massacrer ou de les faire massacrer par d'autres[12] ».

«Les animaux ne souffrent pas, ou du moins pas comme nous»

Cette idée atteignit son apogée avec Descartes pour qui, nous l'avons vu, les animaux «ne sont que de simples machines, des automates. Ils ne ressentent ni plaisir, ni douleur, ni quoi que ce soit d'autre». Selon Malebranche, admirateur du précédent, les hurlements des animaux que l'on découpe avec un couteau, ou leurs contorsions au contact d'un fer chaud, ne sont que des réflexes mécaniques qui ne correspondent en rien à ce que nous autres, hommes, appelons une sensation de douleur. Dans *La Fable des abeilles* (1714), Bernard Mandeville lui répond :

> Peut-on, sans être touché de compassion, se représenter un bœuf déjà grand, quoiqu'encore jeune, renversé et tout étourdi d'une dizaine de grands coups qu'il a reçue de son bourreau? [...] Contemplez ses débattements, ses abois, et les derniers efforts qu'il fait pour s'arracher à une mort qu'il ne peut éviter; mouvements qui sont des marques assurées de la fatalité de sa destinée qui approche. Quand une créature donne des preuves aussi convaincantes, et aussi incontestables des terreurs qu'elle éprouve, des douleurs et des tourments qu'elle ressent, peut-il y avoir de sectateur de Descartes si endurci au sang, qui saisi de compassion n'abandonne la ridicule philosophie de ce vain raisonneur [13]?

Anticipant les analyses darwiniennes et les recherches éthologiques contemporaines, Hippolyte Taine écrivit à propos de l'amour que La Fontaine portait aux animaux :

> Il suit leurs émotions, il refait leurs raisonnements, il s'attendrit, il s'égaye, il prend part à leurs sentiments. C'est qu'il a vécu avec eux. [...] L'animal contient tous les matériaux de l'homme, sensations, jugements, images[14].

Nous savons maintenant qu'au cours de l'évolution les animaux ont acquis différentes formes de sensibilité adaptées aux conditions environnantes et nécessaires à leur survie.

Comme nous l'avons dit, nombre d'entre eux ont acquis des facultés sensorielles qui, dans certains domaines, sont bien supérieures à celles des humains. L'expérience de la douleur, en particulier, s'est formée et affinée pendant des millions d'années, car c'est une aptitude essentielle à la survie. Elle constitue un signal d'alarme qui incite l'animal à éviter au plus vite ce qui met en danger son intégrité physique. Les souffrances subjectives qui, elles, sont apparues avec les émotions, sont présentes chez un grand nombre d'espèces : «Nous avons vu, écrit Darwin, que les sens et les intuitions, les diverses émotions et facultés, telles que l'amour, la mémoire, l'attention et la curiosité, l'imitation, la raison, etc., dont s'enorgueillit l'homme, peuvent se voir à l'état naissant, ou même parfois dans un état pleinement développé, chez les animaux inférieurs[15].» Autrement dit, ni la douleur, ni la souffrance psychologique, ni les émotions ne sont apparues chez l'homme *ex nihilo*.

Contemporain de Darwin, le grand entomologiste Jean-Henri Fabre affirmait, lui aussi :

> L'animal, bâti comme nous, souffre comme nous, trop souvent victime de nos brutalités. Celui qui, sans motif, fait souffrir les bêtes, commet une action barbare, je dirais volontiers «inhumaine», car il torture une chair, sœur de la nôtre, il brutalise un corps qui partage avec nous le même mécanisme de la vie, la même aptitude à la douleur[16].

Pourquoi les animaux posséderaient-ils l'ensemble des mécanismes physiologiques et des substances biochimiques nécessaires non seulement à la perception, mais aussi à l'inhibition de la douleur s'ils n'en ressentaient aucune ? De plus, si tous les mécanismes de détection et de contrôle de la douleur sont déjà présents chez les animaux, il n'y a aucune raison pour que l'*expérience* de la douleur et la souffrance psychologique soient apparues soudainement et exclusivement chez les humains. Voltaire demandait déjà : «Réponds-moi, machiniste, la nature a-t-elle arrangé tous les ressorts du sentiment dans cet animal afin qu'il ne sente pas ? A-t-il des nerfs pour être impassible ? Ne suppose point cette impertinente contradiction dans la nature[18].» Bernard Rollin, professeur de philosophie et de sciences animales à l'université du Colorado conclut : «Il est extrêmement improbable que les animaux soient de simples machines si nous-mêmes ne le sommes pas[17].»

Cette incohérence finit par sauter aux yeux, comme le montre l'anecdote suivante rapportée par Rollin. Dans un congrès scientifique, alors qu'il suggérait que si les vétérinaires administraient des produits anesthésiques et des analgésiques aux animaux, c'est bien parce que ces derniers ressentaient la douleur, un chercheur se leva pour déclarer : «L'anesthésie et l'analgésie n'ont rien à voir avec la douleur, ce sont des méthodes de contention chimique.» Ce à quoi un chercheur australien rétorqua : «Il est timbré ! Pourquoi diable les animaux ont-ils besoin d'être contenus s'ils ne ressentent aucune douleur[19] ?» N'oublions pas, comme le rappelle Boris Cyrulnik, que jusque dans les années 1960, on pensait que les nouveau-nés n'éprouvaient pas de douleur, et l'on pratiquait sur eux des interventions chirurgicales sans anesthésie[20].

Quant au degré de sensibilité à la douleur, il est déterminé par la complexité du système nerveux, ainsi que par la quantité de neurotransmetteurs et d'hormones libérés par le corps quand ce dernier subit une agression externe ou un dysfonctionnement interne. L'appréhension et le rejet de la douleur, de même que l'anxiété qui les accompagne, sont déjà présents chez les animaux. Tous ces sentiments sont bien sûr amplifiés chez les êtres humains lorsque s'y rajoutent des constructions mentales qui rendent l'expérience de la souffrance beaucoup plus complexe.

Selon les cas, l'intelligence ou ses limitations peuvent l'une comme l'autre augmenter l'impact psychologique provoqué par un danger : «La connaissance humaine, remarque

J.-B. Jeangène Vilmer, peut elle-même être source de souffrance, ce qui double la charge : le condamné à mort souffre de savoir qu'il va mourir dans six mois, tandis que le bœuf l'ignore. L'ignorance animale peut également être source de souffrance, puisque l'animal sauvage, contrairement à l'homme, ne peut pas distinguer entre une tentative de le capturer pour le détenir et une tentative de le tuer[21]. »

De plus, de nombreux animaux sont très stoïques, et leur comportement risque de ne pas nous apparaître comme une manifestation de souffrance. Un animal domestique qui souffre cesse de jouer, il a tendance à dormir et modifie considérablement ses habitudes. Il peut devenir nerveux, agressif envers ses congénères et ses maîtres ou, au contraire, rester abattu, prostré, se cacher. Un chat dont un membre a été fracturé aura tendance à se cacher plutôt qu'à hurler de douleur. Un chien qui a subi des traumatismes internes à la suite d'une collision avec une voiture ne manifestera rien d'autre qu'un comportement plus placide et plus résigné. Chez les bovins et les chevaux, le grincement de dents est généralement le signe d'une douleur générale[22]. Faute d'avoir su interpréter ces messages, il y a peu de temps encore, les soins vétérinaires ne prenaient pas la peine de recourir à l'analgésie.

Les poissons sont les ultimes « sans voix ». Ils ne crient pas comme les cochons qu'on égorge, ils sont dépourvus d'expressions faciales qui pourraient révéler leurs sensations et nous émouvoir lorsqu'on les tire hors de l'eau et qu'ils se « noient » dans l'air comme nous nous noyons dans l'eau. Toutefois, si l'on observe attentivement un poisson qui agonise, ses efforts désespérés pour respirer, ses yeux affolés et ses derniers soubresauts disent assez les affres qu'il subit. Pris dans des filets ou accrochés à des lignes de pêches (longues parfois de plusieurs dizaines de kilomètres), les poissons peuvent rester vivants pendant des heures, voire des jours[23]. Lorsqu'ils sont remontés rapidement des profondeurs, la décompression fait éclater leur vessie natatoire, leurs yeux sortent de leurs orbites, leur bouche vomit leur œsophage et leur estomac.

Il y a quelques années encore, des scientifiques sérieux mettaient en doute la capacité des poissons à ressentir la douleur. Depuis, de nombreuses études ont montré que les poissons ont un système neurologique de détection et de perception de la douleur similaire à celui des vertébrés, et qu'ils produisent les enképhalines et les endorphines qui jouent le rôle d'antidouleur chez les humains. On a donc pu montrer qu'ils étaient capables de ressentir la douleur, mais aussi la peur et la détresse[24].

En outre, leur niveau d'intelligence est bien supérieur à ce que l'on pensait. Des poissons de Tanzanie utilisent l'observation et le raisonnement déductif pour déterminer le rang social de leurs adversaires et s'en souvenir. Plus tard, en cas de conflit territorial, l'individu qui aura eu l'occasion d'observer un affrontement entre deux congénères choisira d'affronter le perdant, pour augmenter ses chances de l'emporter[25]. On a montré également que les perches à grande bouche apprennent rapidement à éviter les hameçons en observant simplement les autres s'y laisser prendre[26].

Quant aux homards, crabes, crevettes, et autres crustacés, ils possèdent un système sensoriel très développé, bien que différent de celui des vertébrés, et répondent instantanément à des stimuli douloureux. Plusieurs travaux de recherches montrent que les crabes tirent les leçons d'une expérience douloureuse (une décharge électrique par exemple) et modifient leur comportement de façon durable lorsqu'ils se trouvent à l'endroit où le choc a été initialement reçu : ils restent moins longtemps en ce lieu et s'y nourrissent plus rapidement qu'à l'ordinaire si on leur donne une de leurs proies préférées[27]. De l'avis des chercheurs, un simple réflexe nociceptif à un stimulus extérieur ne pourrait pas engendrer de tels comportements. D'autres chercheurs ont observé qu'une espèce de crevette nettoie soigneusement l'antenne (et pas l'autre) sur laquelle on a déposé de l'acide acétique, mais qu'elle ne réagit pas si on applique au préalable un produit anesthésique. Ce comportement indique qu'il s'agit d'une réaction à la douleur, et non pas d'un simple réflexe déclenché par le contact avec une substance chimique étrangère. Il faut savoir que lorsqu'on plonge un homard dans l'eau bouillante, il reste encore vivant pendant près d'une minute[28]. Même chez les vers de terre, on trouve des substances associées au processus de la douleur, les endorphines en particulier. Dans son ouvrage intitulé *Les animaux souffrent-ils ?* Philippe Devienne fait ainsi appel au bon sens :

> Voir un animal blessé gémir, trembler, c'est savoir directement qu'il a mal. Nous disons simplement : « Il souffre », et ce n'est ni une affaire d'opinion ni une question de connaissance. La structure de la réalité apparaît ainsi dans nos phrases. Nous apprenons que souffrir s'emploie chez les êtres humains et chez les animaux, mais ne s'emploie pas pour les stylos, les ordinateurs et les chaises. On peut dire qu'un robot qui a des détecteurs électroniques fonctionne mal, ou tombe en panne, mais un chien ou un cheval, ne tombe pas en panne : il devient aveugle, il est malade, perd connaissance, souffre[29].

Quant à la souffrance psychologique des animaux, la nier est absurde. « Si les meuglements de la vache laitière séparée de son veau ne constituent pas l'expression d'une douleur physique, ils n'en témoignent pas moins d'une profonde détresse[30] », remarque Alexandrine Civard-Racinais. Des études canadiennes ont mis en évidence la détresse et le traumatisme des vaches quand on les sépare de leur veau le lendemain même de la naissance et qu'on les mène aussitôt dans la salle de traite. Comme le note Boris Cyrulnik : « En procédant de la sorte, on vide le monde de la mère et du tout jeune animal, et l'on provoque une souffrance très intense, un vrai désespoir. Ce ne sont pas les voies nociceptives qui sont cette fois stimulées, mais bien la représentation. Tous deux sont privés de ce qui faisait sens pour eux[31].»

L'expression du deuil existe chez de nombreuses espèces. Elle est particulièrement remarquable chez les éléphants : quand l'un d'entre eux est sur le point de mourir, ses congénères se pressent autour de lui, tentent de le relever, parfois même de le nourrir. Puis, quand ils constatent qu'il est mort, ils vont chercher des branches qu'ils déposent sur son corps et tout autour, parfois jusqu'à le recouvrir. L'éthologue Joshua Plotnik rapporte le cas d'une vieille éléphante de 65 ans qui était tombée dans un endroit très boueux de la jungle, en Thaïlande, et n'arrivait pas à se relever. Durant des heures, mahouts et bénévoles essayèrent de la soulever. Pendant tout ce temps, sa proche compagne, Mae Mai, une femelle plus jeune et non apparentée, refusa de s'éloigner d'elle. Les hommes ayant échoué, Mae Mai, dans un grand état d'agitation, se plaça contre le flanc de sa vieille amie et tenta à plusieurs reprises de la remettre debout en la poussant de la tête, terminant chacune de ses tentatives infructueuses par de grands coups de trompe frustrés sur le sol. Quand, au bout de plusieurs jours, la vieille femelle mourut, Mae Mai urina à maintes reprises et se mit à mugir de façon retentissante. Lorsque les mahouts voulurent utiliser un grand cadre en bois pour soulever la vieille femelle, Mae Mai s'interposa, écartant systématiquement le cadre de la morte. Elle passa les deux jours suivants à arpenter le parc en poussant des mugissements stridents, auxquels répondait le reste du troupeau[32].

Jane Goodall décrit comment Flint, un jeune chimpanzé de huit ans qui était très attaché à sa mère, tomba dans une profonde dépression à la mort de celle-ci. Trois jours plus tard, il grimpa vers le nid de branches où sa mère se reposait habituellement, le contempla longuement, puis redescendit et se coucha dans l'herbe, prostré, les yeux grands ouverts regardant dans le vide. Il cessa pratiquement de s'alimenter et mourut trois semaines plus tard[33].

«La prédation et la lutte pour la vie font partie des lois de la nature»

Beaucoup raisonnent ainsi : «Nombre d'animaux s'entre-dévorent et il en a toujours été ainsi depuis l'apparition de la vie sur terre. Il est donc vain d'aller contre les lois de la nature, aussi dures soient-elles.» Lord Chesterfield parle de «l'ordre général de la nature, laquelle a institué la prédation universelle du plus fort sur le plus faible comme l'un de ses premiers principes[34]».

Benjamin Franklin fut un temps végétarien. Puis, ayant remarqué que des poissons qu'il avait attrapés en avaient mangé d'autres, il se dit : «Si vous vous mangez les uns les autres, je ne vois pas pourquoi nous ne devrions pas vous manger.» Du coup, il abandonna son régime végétarien. Toutefois, il n'était pas dupe de la faiblesse de son raisonnement, puisqu'il ajouta que l'un des avantages d'être une créature raisonnable est de trouver une justification à tout ce que l'on a envie de faire[35]. Remarquons que si l'on pouvait justifier n'importe quel comportement par le simple fait que «d'autres le font», on pourrait, sans le moindre sentiment de culpabilité, dévaliser les banques, battre femme et enfants et rétablir l'esclavage.

La compétition et la prédation sont certes plus visibles et spectaculaires que la coopération et l'entraide. Pourtant, il est raisonnable d'affirmer que le monde du vivant est davantage tissé de coopération que de compétition. De fait, comme l'explique Martin Nowak, directeur du département de la dynamique de l'évolution à Harvard, l'évolution a besoin de la coopération pour être en mesure de construire de nouveaux niveaux d'organisation[36]. Darwin écrivait à propos de la coopération :

> Quelque complexe que soit la manière dont ce sentiment est né, comme il est très important pour tous les animaux qui s'aident et se défendent les uns les autres, il se sera développé au cours de la sélection naturelle ; car ces communautés, qui comprenaient le plus grand nombre des individus les plus compatissants, pouvaient mieux prospérer et élever un nombre plus élevé de descendants[37].

Les humains traitent de « bestial » celui qui se conduit brutalement. Pourtant, la quasi-totalité des animaux tuent pour se nourrir, tandis que les humains sont pratiquement les seuls à tuer par haine, par plaisir ou par cruauté : « Et après cela, écrivait Plutarque, vous appelez bêtes féroces les dragons, les panthères et les lions, tandis que, souillant vos mains par des meurtres, vous ne vous montrez pas moins féroces qu'eux. Ils tuent les autres animaux pour vivre, et vous les égorgez pour vous livrer à vos cruels délices[38]. »

Ce recours aux « lois de la nature » fait partie de ce que Jean-Baptiste Jeangène Vilmer appelle *l'alibi historique* qui « consiste à justifier l'alimentation carnée et la chasse au prétexte que l'homme était, à l'origine, carnivore et chasseur. Certes, mais il était aussi parfois cannibale, et nous n'en déduisons pourtant pas qu'il est acceptable d'être cannibale aujourd'hui. Le comportement de l'homme primitif était justifié par son mode de vie primitif. Dès lors que ce mode de vie disparaît, certains aspects du comportement ne sont plus forcément nécessaires[39] ». La civilisation consiste à passer de la barbarie à l'humanité, de l'esclavagisme à la liberté individuelle, du cannibalisme au respect de l'autre, mais aussi de l'exploitation sans limite des animaux au respect de tous les êtres sensibles.

Dans une démocratie, les lois protègent les citoyens contre la violence de leurs semblables. Pourquoi ne pas inclure les autres êtres ? La démocratie se dit garante de la liberté. Mais faute de prendre en compte l'*ensemble* des êtres, il s'agit d'une curieuse liberté que celle qui use du droit du plus fort pour se nourrir de la mort des autres et faire de nos estomacs leur cimetière.

« Il faut bien vivre »

L'alibi économique est aussi fréquemment invoqué : « Les défenseurs de la chasse au phoque, écrit Jeangène Vilmer, et en premier lieu le gouvernement canadien, mettent en avant le fait qu'il s'agit d'une industrie importante d'une valeur de plus de 20 millions de dollars, créatrice d'emplois dans des régions où le chômage est particulièrement élevé, notamment en Terre-Neuve et au Labrador. En France, les producteurs de foie gras invoquent les 30 000 emplois de la filière, les aficionados rappellent que la corrida fait vivre des dizaines de milliers de personnes, etc.[40] »

Pourtant, la légitimité d'une activité ne se juge pas à l'aune des profits qu'elle engendre et des emplois qu'elle peut créer, sinon les trafiquants d'armes et de drogue pourraient eux aussi revendiquer le droit de poursuivre leur commerce. L'esclavage était une industrie profitable et l'argument économique a été maintes fois mis en avant pour refuser l'abolition de la traite des Noirs.

Récemment, les aficionados espagnols ont fait savoir que si la corrida était interdite, ils porteraient plainte pour atteinte au droit de travailler, droit fondamental inscrit dans la Constitution espagnole. Encore faudrait-il que ce travail ne nuise pas à d'autres. Sinon, un tueur à gages, qui vit après tout de son métier, pourrait se prévaloir de ce même droit. Le lobby des entreprises de pêche en eaux profondes, ce chalutage des grands fonds qui, rappelons-le, détruit brutalement une biodiversité très riche, a lui aussi fait valoir que quelques centaines d'emplois seraient perdus si l'Union européenne interdisait cette pêche. Claire Nouvian, de l'association BLOOM[41], nous apprend que dix chalutiers en eaux profondes peuvent raser l'équivalent de la surface de Paris en deux jours. C'est un peu comme si on détruisait Notre-Dame et la cathédrale de Chartres au bulldozer en quelques heures, et que l'on réponde à ceux qui protestent : «Ah, mais les conducteurs de bulldozers risquent de perdre leur emploi.»

«L'homme a besoin de manger de la viande pour être en bonne santé»

Cet argument est souvent utilisé par ceux qui souhaitent simplement continuer à se nourrir de viande, ou convaincre leurs enfants récalcitrants de le faire. Il y a environ 550 à 600 millions de végétariens dans le monde, et ils se portent tout aussi bien, sinon mieux, que les mangeurs de viande.

Comme le souligne Aymeric Caron : «Pas de viande = pas de protéines. Voilà une idée reçue qu'il faut démentir une bonne fois pour toutes[42].» L'aliment qui fournit le plus de protéines est le soja qui en contient environ 40%, soit deux fois plus que la viande (de 15 à 20%). D'autres légumineuses sont des sources importantes de protéines : les haricots secs, les lentilles et les pois chiches (autour de 20%), ou encore l'arachide (près de 30%). En ce qui concerne les céréales, on trouve entre 10 et 15% de protéines dans le riz, le blé, l'orge, le millet, le seigle, le sarrasin, l'avoine, le quinoa, le maïs, le kamut et l'épeautre. On en trouve 25% dans le germe de blé et 30% dans le seitan, qui est produit à partir du gluten de blé. Les épinards, le brocoli ou les algues sont également riches en protéines. Les aliments à protéines végétales ont de surcroît un avantage : ils contiennent des glucides — absents de la viande — et des fibres alimentaires.

Les huit acides aminés qui ne peuvent être synthétisés par l'homme sont présents dans tous les aliments qui contiennent des protéines, qu'ils soient d'origine animale ou végétale. Seule la lysine ne se trouve qu'en faible proportion dans les protéines végétales. Pour obtenir suffisamment de lysine dans un régime végétarien, il importe de privilégier, au cours d'une journée (pas nécessairement au cours d'un même repas), les associations de légumineuses avec des céréales, comme les font les cultures traditionnelles : riz et *dal* (lentilles) en Inde, riz et soja en Extrême-Orient, maïs et haricots rouges en Amérique centrale et dans les Andes, millet et haricots en Afrique.

Quant à la vitamine B12, indispensable à la formation de l'hémoglobine du sang, elle est pratiquement absente des plantes, mais on la trouve dans le lait et les œufs. Les végétaliens ont, par conséquent, besoin de s'en procurer sous forme de compléments alimentaires, qui peuvent être fabriqués à partir de cultures de bactéries[43].

Ironie du sort, des études menées sur de vastes échantillons de population montrent, comme nous l'avons vu, que la consommation de viande rouge augmente le risque de cancer et de maladies cardio-vasculaires. Selon un travail de recherche publié en 2014, un groupe de seize chercheurs a suivi aux États-Unis plus de 6000 sujets âgés de 50 à 65 ans. Après avoir analysé et suivi en détail leurs habitudes alimentaires, ils les ont divisés en trois groupes en fonction de leur consommation en protéines — élevée, moyenne et faible. Cette étude a montré que le groupe de ceux qui consommaient un taux élevé de protéines animales présentait, au cours des 18 années durant lesquelles l'étude s'est poursuivie, une augmentation globale de 75 % de mortalité et, plus spécifiquement, une augmentation du risque de décès par cancer quatre fois supérieure. Ces augmentations disparaissent ou diminuent si les protéines consommées sont d'origine végétale[44].

Et pour ceux qui penseraient que le fait d'être végétarien affecte les performances physiques, pourrait constituer un handicap pour un sportif de haut niveau, le journaliste Aymeric

Caron a établi une liste de grands champions végétariens : Carl Lewis, titulaire de neuf médailles d'or aux Jeux olympiques et de huit titres de champion du monde, continue à promouvoir les bienfaits du végétarisme et du végétalisme[45]. Parmi les sportifs professionnels qui ont adopté le régime végétarien ou végétalien, on trouve l'Américain Bode Miller, médaillé olympique et champion du monde de ski alpin, Edwin Moses, invaincu 122 fois d'affilée sur le 400 mètres haies, et Martina Navratilova, détentrice du plus grand nombre de titres dans l'histoire du tennis. L'ultramarathonien américain Scott Jurek, devenu végétarien en 1997, puis végétalien deux ans plus tard, a établi un record en 2010 en parcourant 266 kilomètres en vingt-quatre heures. Citons également Fauja Singh, un Indien végétarien qui est devenu le premier centenaire à finir un marathon (il réalisa cet exploit à Toronto en 2011).

Durant de longues périodes de son histoire, celle des chasseurs-cueilleurs en particulier, la survie de l'homme a largement dépendu de son habileté à chasser ou à pêcher les animaux. Aujourd'hui, en raison notamment de l'expansion considérable de la population humaine et de l'exploitation intensive des ressources naturelles partout dans le monde, l'utilisation des sols et produits agricoles en vue de la production de viande n'est non seulement plus une nécessité pour la survie de l'espèce humaine, mais constitue un usage suboptimal de ces ressources alimentaires. Il est donc probable que le végétarisme se répandra davantage dans nos sociétés, non pas en édictant des règles normatives que certains suivront et que d'autres ignoreront, mais à la suite d'une prise de conscience fondée sur la raison et sur la compassion. Comme l'écrit Wulstan Fletcher dans son Introduction aux *Larmes du Bodhisattva* :

> L'objectif n'est pas de réprimer le désir de viande ou de mettre fin à l'usage de produits animaux par un acte volontaire draconien, mais d'engendrer une compassion sincère et une sensibilité authentique à

la souffrance des animaux pour que le désir de les exploiter et de les manger disparaisse naturellement. [...] C'est, avant tout, en sensibilisant notre esprit et non en l'engourdissant par des arguments spécieux que nous progresserons. En suivant cette voie, nous atteindrons le point où nos besoins physiques et nos choix de vie ne seront plus source de terreur et de douleur pour les êtres vivants, quels qu'ils soient[46].

«Nous tenons à nos traditions ancestrales»

Au Népal, où je vis, des centaines de milliers d'animaux, des millions certaines années, sont sacrifiés de manière sanglante pour attirer les faveurs des divinités locales. En 2010, les appels de quelques ONG et de groupes de citoyens à abandonner ces rituels ont soulevé des tollés d'indignation, et certains ministres népalais ont objecté qu'il s'agissait là d'une «tradition ancestrale» qui ne saurait être remise en question. En France, l'un des arguments avancés par les fabricants de foie gras et les aficionados de la corrida est qu'il s'agit d'une tradition à laquelle nous tenons.

Une tradition? La belle affaire. Les Aztèques sacrifiaient jusqu'à quarante personnes par jour au dieu du Soleil, les sacrifices humains ont longtemps existé chez les Hébreux, les Grecs, en Afrique et en Inde; parfois, les Phéniciens brûlaient vifs leurs propres enfants afin de se concilier le dieu Baal. En 1996, à Kandahar en Afghanistan, un couple adultère fut lapidé sur la place publique devant des milliers de personnes, y compris des enfants. Les spectateurs parlèrent avec enthousiasme de cette mise à mort, estimant «que c'était une bonne chose à faire[47]». N'est-ce pas le propre d'une société civilisée que d'abandonner une tradition quand elle est source de telles souffrances?

En France, les traditions de la corrida et du foie gras sont inscrites dans le patrimoine, culturel pour la première, et gastronomique pour la seconde. La fabrication du foie gras est un calvaire pour les oies et les canards. Après avoir été élevés quelque temps en plein air, ces derniers sont en général enfermés dans de minuscules cages individuelles. Deux fois par jour, un tuyau est enfoncé dans leur gosier et, en quelques secondes, environ 450 grammes d'une épaisse bouillie est injectée sous pression dans leur œsophage. C'est comme si on obligeait une personne adulte à ingurgiter 7 kg de pâtes deux fois par jour[48]. Le poids de leur foie passe de 60 à 600 grammes en douze jours, ce qui ne va pas sans causer de nombreux maux : diarrhées, respiration difficile, lésions du sternum, fractures, au point que, selon les évaluations des éleveurs eux-mêmes, la période de gavage engendre huit fois plus de décès que la période d'élevage[49].

À l'occasion d'un débat à l'Assemblée nationale lors du vote, en 2006, d'une loi destinée à protéger l'industrie du foie gras, un député dénonça « la machine infernale du bien-être animal pour démonter les traditions qui sont les nôtres, notamment dans le sud de la France[50] ». Infernale pour qui ? Sans doute pour les estomacs des gastronomes et l'escarcelle des éleveurs, mais pas pour les animaux dont on abuse[51].

Nous constatons ainsi que la plupart des raisons avancées pour justifier l'absence de considération que nos sociétés affichent à l'égard des animaux se résument donc à de mauvaises excuses forgées pour balayer nos scrupules et continuer à exploiter et maltraiter les animaux tout en gardant la conscience tranquille.

Chapitre 6
Le continuum du vivant

L'intelligence, l'empathie et l'altruisme présents chez l'homme sont le fruit de millions d'années d'évolution graduelle. En conséquence, il est tout à fait compréhensible que l'on observe chez les animaux des signes précurseurs, voire des équivalents de toutes les émotions humaines. Telle était la pensée de Darwin lorsqu'il écrivait dans *La descendance de l'homme et la sélection sexuelle* :

> Si aucun être organisé, l'homme excepté, n'avait possédé quelques facultés de cet ordre, ou que ces facultés eussent été chez ce dernier d'une nature toute différente de ce qu'elles sont chez les animaux inférieurs, jamais nous n'aurions pu nous convaincre que nos hautes facultés sont la résultante d'un développement graduel. Mais on peut facilement démontrer qu'il n'existe aucune différence fondamentale de ce genre[1].

Une vision globale de l'évolution des espèces permet de mieux comprendre que tout est une question de diversification et de degrés de complexité. Dans le sillage de Darwin, qui consacra un traité entier à ce sujet, *L'expression des émotions chez l'homme et les animaux*[2], nombre d'éthologues ont mis en évidence la richesse de la vie mentale et émotionnelle des animaux. Comme l'ont observé Jane Goodall, Frans de Waal et bien d'autres, les signaux élémentaires que nous utilisons pour exprimer la douleur, la peur, la colère, l'amour, la joie, la surprise, l'impatience, l'ennui, l'excitation sexuelle et bien d'autres états mentaux et émotionnels ne sont pas propres à notre espèce.

La légitimité de nos discriminations à l'encontre des animaux est donc remise en cause lorsqu'on prend conscience de la continuité entre les espèces, depuis les plus rudimentaires jusqu'à l'homme, en passant par d'innombrables autres espèces dotées de capacités complexes, *différentes* des nôtres (animaux migrateurs, animaux sociaux, etc.). Cette continuité se manifeste dans tous les domaines : génétique, anatomique, physiologique et psychologique. Comme l'écrivait, dès le XVIIIe siècle, Julien Jean Offray de La Mettrie : « L'homme n'est pas pétri d'un limon plus précieux ; la nature n'a employé qu'une seule et même pâte dont elle a seulement varié les levains[3]. »

Selon Gilles Bœuf, directeur du Muséum d'histoire naturelle de Paris, biologiquement, nous sommes profondément identiques aux animaux. Nous avons les mêmes cellules, le même type d'ADN, etc. Il y a sur Terre 1,6 million d'espèces d'animaux, dont 5 000 espèces de mammifères, 10 000 espèces d'oiseaux, 35 000 espèces de poissons, et 1,1 million d'espèces d'insectes, dont 80 000 espèces de coléoptères. « Si Dieu existe, commente Gilles Bœuf, il aime beaucoup les coléoptères. » Nous avons 24 000 gènes, seulement deux fois plus que la mouche. « Il faut une seconde pour écraser une mouche, ajoute Gilles Bœuf, et des milliards d'années pour que la mouche existe[4]. »

Si, au plan de la génétique, 50 % de l'ADN de la mouche est déjà identique au nôtre, avec le chimpanzé ce degré de similarité génétique passe à 98,7 %. Nous avons certes fait des merveilles avec les 0,3 % qui nous sont propres mais, du point de vue de l'évolution, seuls quelques pas nous séparent de l'ancêtre commun que nous avons avec les grands singes. D'après les données dont nous disposons, la lignée évolutive des ancêtres communs de l'homme et des grands singes s'est séparée de celle des petits singes il y a environ dix millions d'années. L'humain partage avec les grands singes actuels des ancêtres communs qu'on ne connaît pas. Le génome des humains ne diffère donc que de 0,27 % de celui des chimpanzés, et de 0,65 % de celui des gorilles. Ces chiffres conduisent à estimer que notre lignée s'est séparée de celle des chimpanzés il y a environ cinq millions d'années, et des gorilles il y a environ sept millions d'années.

La principale évolution caractérisant l'Homme par rapport aux autres primates est la position debout qui a induit un certain nombre de modifications morphologiques. La main peut dorénavant servir à manipuler des outils divers. Le crâne, en équilibre au sommet de la colonne vertébrale, peut se développer, ce qui permet une augmentation de la masse cérébrale. Le larynx plus dégagé facilite l'acquisition d'un langage évolué. Toutefois, la définition du genre *Homo* reste assez floue, le principal critère étant le volume de la boîte crânienne. L'homme de Néandertal avait d'ailleurs une capacité crânienne moyenne de 1 500 cm^3, légèrement supérieure à celle de l'humain moderne.

Le genre *Homo*, qui regroupe toutes les espèces d'hominidés, est apparu en Afrique il y a environ 2,4 millions d'années. Les espèces les plus archaïques de ce genre, parmi lesquelles *Homo ergaster*, *Homo erectus* et *Homo antecessor*, furent suivies par *Homo heidelbergensis* apparu en Afrique, il y a un peu moins d'1 million d'années. Ce dernier est considéré comme étant l'ancêtre commun à l'homme moderne et à l'homme de Néandertal.

Parmi toutes les espèces qui peuplent la Terre de nos jours, il n'y aurait aucun « ancêtre » de l'une ou l'autre de ces espèces, mais simplement des espèces plus ou moins apparentées entre elles. Le bonobo est simplement plus proche de l'Homme que ne l'est le requin ou la mouche. Du point de vue purement biologique, aucune espèce ne peut vraiment être considérée comme étant «plus évoluée» qu'une autre. Les bactéries et les fourmis par exemple sont parfaitement adaptées à leurs milieux respectifs et ont connu un succès prodigieux dans la biosphère. Parler en termes de «supériorité» relève de jugements de valeur subjectifs, que la science ne peut observer empiriquement.

Du point de vue chronologique, si l'on réduit à une année les quinze milliards d'années que l'on attribue à notre univers, l'homme civilisé, *Homo sapiens*, ne fait son apparition que le 31 décembre à 23 h 59. Celui qui se prend pour le «centre de l'univers» est donc un arrivant de dernière minute.

Dans la mesure où l'on ne conçoit pas l'être humain comme une création divine et que l'on ne rejette pas l'ensemble de la théorie de l'évolution, on peut donc considérer l'homme comme le point d'aboutissement actuel de millions d'années d'évolution au cours desquelles ses facultés se sont peu à peu affinées pour atteindre l'extraordinaire degré de complexité qui est le nôtre.

Mais il y a plus encore. Au cours de son histoire, l'évolution ne s'est jamais «figée». Des espèces disparaissent, tandis que d'autres prospèrent et continuent d'évoluer parce que les plus aptes à survivre dans de nouvelles conditions et circonstances sont sélectionnées au fil du temps. Nous n'avons donc aucune raison d'affirmer avec certitude qu'*Homo sapiens* a cessé d'évoluer. Si dans quelques millions d'années, nous n'avons pas dévasté notre planète au point de provoquer notre propre disparition, il n'est pas invraisemblable d'imaginer l'émergence d'un *Homo sapientissimus*, qui nous surpasserait par ses facultés intellectuelles, par la richesse de ses émotions, par une créativité fabuleuse, un sens artistique inouï et par d'autres aptitudes dont nous ne soupçonnons pas encore l'existence. Si tant est qu'il ne nous ait pas tout simplement remplacés, regardera-t-il alors l'*Homo sapiens* avec condescendance ?

La variété des facultés mentales

On retrouve cette continuité entre l'animal et l'homme lorsqu'on examine le système nerveux des animaux et les mécanismes cellulaires et biochimiques qui leur permettent de percevoir le milieu extérieur, de ressentir des émotions et de les exprimer. Les facultés mentales, au même titre que l'anatomie, se sont développées de façon graduelle. Elles se sont également diversifiées de façon considérable, puisque le «monde» d'une abeille, d'un oiseau migrateur ou d'un poisson des grands fonds est à l'évidence fort différent du «monde» dont nous faisons l'expérience subjective. Comme l'a souligné le philosophe Thomas Nagel, nous n'avons pas la moindre idée de l'effet que cela fait d'être une chauve-souris[5].

Même si, explique Darwin, il y a un intervalle considérable entre les facultés intellectuelles d'une lamproie et celles d'un primate, cet intervalle est comblé par d'innombrables gradations qui montrent que tant sur le plan de la physiologie que sur celui des capacités à interagir avec le milieu environnant, il est possible de retracer l'historique d'une complexification graduelle et continue. Il en vient à conclure : «Certains faits prouvent que les facultés intellectuelles des animaux considérés comme très inférieurs à nous sont plus élevées qu'on ne le croit ordinairement[6].» Nous sommes donc loin de l'assertion péremptoire de Buffon : «La poule ne connaît ni le passé ni l'avenir et encore se trompe sur le présent[7].»

De plus, comme le souligne le philosophe et éthologue Dominique Lestel dans *Les origines animales de la culture* :

> Nous ressentons toujours une grande difficulté à accepter l'idée que le comportement animal peut être extrêmement complexe même si cette complexité n'est pas de la même nature que celle du comportement humain. L'intelligence animale n'est pas une intelligence humaine *moins évoluée* que celle de l'homme, mais tout simplement une intelligence *différente*[8].

Le fait que la conscience soit éminemment utile à la survie nous conduit inévitablement à penser qu'elle doit être présente chez de nombreuses espèces animales, comme elle l'a été chez nos ancêtres. « Plus un animal comprend son environnement physique, biologique et social, explique le physiologiste animalier Donald R. Griffin, plus il peut ajuster son comportement à la réalisation de buts importants pour sa vie, quels qu'ils soient, y compris ceux qui contribuent à son aptitude évolutive[9]. » Une fois acceptée la réalité de notre relation évolutive aux autres espèces d'animaux, il est incohérent de supposer une dichotomie rigide, au vu de laquelle les expériences mentales auraient un effet important sur le comportement des humains, mais n'en auraient aucun sur celui de toutes les autres espèces[10]. « À la lumière des liens évolutionnistes et des similitudes comportementales entre humains et animaux supérieurs, conclut l'éthologue Stephen Stich, il est difficile de croire que la psychologie pourrait expliquer le comportement humain, mais pas le comportement animal. Si les humains ont des croyances, alors les animaux en ont aussi[11]. »

Dans les dernières décennies, de multiples études ont montré que, non seulement les grands singes, mais aussi les oiseaux, les poissons et les autres animaux sont capables d'empathie et de raisonnements complexes. L'éthologue Francine Patterson cite le cas de Michaël, un gorille orphelin ramené d'Afrique, qui avait appris le langage des signes. Un jour, il montra qu'il était triste. Quand Patterson lui demanda pourquoi, il répondit en utilisant les signes qui voulaient dire « mère tuée », « forêt » et « chasseurs[12] ». Le primatologue Roger Fouts a enseigné un langage symbolique américain à plusieurs chimpanzés, dont la célèbre Washoe qui disposait d'un vocabulaire de 350 signes. Il s'avéra que ces grands singes étaient capables de communiquer *entre eux* avec ce langage, et les chercheurs ont enregistré plusieurs centaines de leurs conversations. Les premiers mots que Washoe communiqua par signes à son jeune fils adoptif Loulis furent : « Venir embrasser. Vite ! » Les signes sont devenus pour eux un moyen d'exprimer leurs émotions, et pour nous, de les comprendre. On connaît également le cas de mères orangs-outans qui ont appris le langage des signes à leurs petits[13]. « Parle, et je te baptise ! », s'écriait au XVIIIe siècle le très cartésien cardinal de Polignac, s'adressant à un orang-outang confiné dans une cage, au Jardin du roi[14].

Alex, le perroquet du Gabon, utilisait couramment une centaine de mots et en comprenait un millier. Il comprenait des concepts comme « plus grand » ou « plus petit que », « pareil que » ou « différent de ». Quand l'éthologue Irene Pepperberg, qui collabora avec Alex pendant trente ans, montrait un objet à ce perroquet, il pouvait décrire correctement sa forme, sa couleur et la matière dont il était fait[15]. Il comprenait, par exemple, ce qu'était une clef, et identifiait correctement cet objet, quelles que fussent sa taille et sa couleur : il discernait ce qui la différenciait d'un autre objet[16]. Il demanda un jour de quelle couleur il était lui-même. C'est ainsi qu'il apprit le mot « gris » après que Pepperberg le lui eut répété six fois[17]. Les dernières paroles d'Alex à Pepperberg, quand celle-ci le quittait pour la nuit, étaient : « Portez-vous bien. À demain. Je vous aime. »

L'éthologue Richard J. Herrnstein a mis en évidence que des pigeons étaient capables d'assimiler le concept général d'« être humain[18] ». Il montra à des pigeons un grand nombre de photographies, certaines représentant des êtres humains, d'autres des animaux ou des objets. Les pigeons recevaient de la nourriture s'ils poussaient du bec un bouton devant une photo d'être humain, et rien s'ils pressaient le bouton devant la photo représentant autre chose. Les êtres humains figurant sur les photos étaient des deux sexes, de toutes races, de tous âges, dans différentes postures, nus ou habillés. Très vite, les pigeons ont appris à reconnaître correctement la présence de ces humains sur les photos. Cela montre que, même sans posséder de langage, ils sont capables de former des concepts généraux, comme celui d'« être humain ». Il s'avère que les pigeons peuvent aussi reconnaître des individus particuliers, des arbres, de l'eau, des poissons sous l'eau, etc., ce qui indique une capacité de distinguer des caractéristiques aussi bien générales que particulières. Mieux encore, lors d'une d'expérience réalisée par Shigeru Watanabe, les pigeons ont réussi à reconnaître des peintures selon leur style, en distinguant, par exemple, les tableaux de Picasso de ceux de Monet. Ils étaient même capables de faire des généralisations et de reconnaître des « familles » de style, Picasso et Braque d'une part, Monet et Cézanne, de l'autre[19] !

Le primatologue japonais Tetsuro Matsuzawa a montré que la mémoire à court terme des chimpanzés était meilleure que celle d'un humain adulte. Placés devant un écran où apparaissaient dans le désordre, et pendant 2/10e de seconde chaque fois, des chiffres de 1 à 9 dans neuf cases vides, les chimpanzés étaient ensuite capables de remettre ces chiffres dans les cases vides appropriées avec un taux d'erreur de 10 %, soit un taux moitié moindre que celui des hommes. Les chimpanzés savent compter (ils peuvent additionner et soustraire des nombres simples) et peuvent écrire sur un clavier des suites de mots complexes comme « trois crayons rouges[20] ».

Des poissons arc-en-ciel apprennent au bout de cinq essais à trouver un orifice leur permettant de s'échapper d'un filet et, plus surprenant encore, réussissent l'exercice du premier coup onze mois plus tard[21]. À ce jour, plus de 600 études scientifiques ont déjà été effectuées sur les capacités d'apprentissage des poissons.

Stanley Curtis, de l'université de Pennsylvanie, a appris à des cochons à jouer à un jeu vidéo en se servant d'une manette modifiée de façon à s'adapter à leur groin. Non seulement ils apprenaient vraiment à jouer, mais ils y parvenaient nettement plus vite qu'un chien dressé, et aussi vite qu'un chimpanzé, témoignant ainsi d'une étonnante capacité de représentation abstraite[22]. Kenneth Kephart, professeur émérite dans la même université, rapporte que les cochons sont aussi capables que des chiens de soulever un loquet pour sortir de leur enclos, qu'ils s'y mettent souvent à deux et qu'ils vont même jusqu'à ouvrir les enclos d'autres cochons pour les laisser sortir[23]. Suzanne Held, de l'université de Bristol, a également montré que les cochons pouvaient se représenter ce qu'un de leurs congénères peut voir ou ne pas voir, et donc adopter le point de vue de l'autre lorsqu'ils sont en compétition pour la recherche de nourriture[24].

Quant aux preuves d'empathie, les exemples abondent, même entre espèces différentes. L'éthologue Ralph Helfer rapporte avoir observé un grand éléphant qui tenta à plusieurs reprises de sauver un bébé rhinocéros qui s'était enlisé dans une boue épaisse. Le pachyderme s'agenouilla et glissa ses défenses sous lui pour le soulever. La mère rhinocéros, qui n'avait pas compris que l'éléphant voulait sauver son petit, fit irruption et chargea l'éléphant, qui s'éloigna. Ce manège se répéta pendant plusieurs heures. Chaque fois que la mère rhinocéros regagnait la forêt, l'éléphant revenait pour essayer d'arracher le petit à la boue, puis il y renonçait devant la charge de la mère. La horde d'éléphants finit par s'en aller, et par chance le petit rhinocéros parvint à s'extraire de la boue et à rejoindre sa mère[25].

De même, on a observé à plusieurs reprises des hippopotames venir au secours d'animaux attaqués par des prédateurs. Une scène saisissante fut filmée dans le Parc national Kruger en Afrique du Sud. On y voit une antilope impala attaquée par un crocodile alors qu'elle s'abreuve au bord de l'eau. Le reptile tire sa victime à l'eau et la maintient fermement dans sa mâchoire en cherchant à la noyer, tandis que l'impala s'efforce de garder la tête hors de l'eau. Soudain, un hippopotame, qui se trouvait sur le rivage, rentre dans l'eau au galop et fonce sur le crocodile, qui lâche sa proie. Gravement blessée, l'antilope réussit à se hisser sur la berge, fait quelques pas et s'écroule. L'hippopotame la suit et, loin de lui nuire, la touche délicatement de son museau, lèche ses blessures et, à plusieurs reprises, place délicatement la tête de la moribonde dans sa grande gueule comme pour lui réinsuffler un peu de vie. Mais les blessures de l'impala sont trop profondes et elle finit par mourir. Ce n'est qu'alors que l'hippopotame se retire[26]. Pour Tom Regan, un grand nombre d'animaux ressemblent donc aux humains : « Comme nous, ils possèdent différentes capacités sensorielles, cognitives, conatives et volitives. Ils voient et entendent, croient et désirent, se rappellent et anticipent, dressent des plans et ont des intentions. De plus, ce qui leur arrive leur importe. Ils éprouvent plaisir et douleur physiques… mais aussi peur et contentement, colère et solitude, frustration et satisfaction ; ils font également preuve d'astuce et d'imprudence. Prises collectivement, ces facultés permettent de définir la vie mentale de ces “sujets-d'une-vie” (selon ma terminologie) que nous connaissons mieux sous le nom de ratons laveurs et lapins, castors et bisons, écureuils et chimpanzés, vous et moi[27]. »

Prendre conscience, à la lumière de ces découvertes, que l'être humain résulte d'un extraordinaire développement qui s'est produit au cours de millions d'années ne revient pas à diminuer sa valeur. Ceux qui persistent, malgré tout, à vouloir faire de l'homme une catégorie entièrement à part et invoquent, à cette fin, une différence de nature fondamentale tout en restant partisans de l'évolution, devront assumer la charge de la preuve.

Spécisme, racisme et sexisme

Nous attachons naturellement beaucoup d'importance à tout ce qui relève de nos préoccupations immédiates, et nous avons tendance à fermer les yeux sur ceux qui ont la malchance de ne pas appartenir à notre sphère d'intérêts. Notre préférence innée pour notre famille, notre communauté, notre tradition, notre pays, notre race, etc., nous conduit à estimer qu'il est de notre devoir de les protéger et de les défendre, tout en abandonnant à leur sort ceux qui n'en font pas partie. À la liste de nos catégories préférées, nous ajoutons notre espèce, puisque seuls les humains nous semblent importants[28].

Nous avons vu qu'en 1970, Richard Ryder, psychologue à Oxford, lança le concept de « spécisme », dans une brochure qu'il fit circuler sur le campus de l'université. Il explique ainsi sa démarche :

> Depuis Darwin, les scientifiques admettent qu'il n'y a aucune différence essentielle, « magique », entre les humains et les autres animaux, biologiquement parlant. Pourquoi, dès lors, faisons-nous moralement une distinction radicale ? Si tous les organismes procèdent d'un seul continuum biologique, nous devrions aussi procéder de ce même continuum[29].

Dans un essai collectif publié l'année suivante, Ryder écrivit :

> Si nous acceptons comme moralement inacceptable de faire souffrir délibérément des êtres humains innocents, alors il est logique de trouver inacceptable de faire souffrir délibérément des êtres innocents appartenant à d'autres espèces. Le temps est venu d'agir conformément à cette logique[30].

Le mot spécisme (*speciesism* en anglais) est entré dans le *Oxford English Dictionary* en 1985 et, dans l'édition de 1994, il est défini ainsi : « Par analogie avec le racisme et le sexisme, ce terme désigne l'attitude consistant à refuser indûment le respect de la vie, de la dignité et des besoins des animaux appartenant à d'autres espèces que l'espèce humaine. » Pour sa part, Peter Singer le caractérise comme étant « un préjugé ou une attitude de parti pris en faveur des intérêts des membres de sa propre espèce et [qui va] à l'encontre des intérêts des membres des autres espèces[31] ».

Ces définitions semblent claires. Pourtant, certains ont utilisé différentes interprétations de la notion de spécisme pour lui intenter un mauvais procès et, du même coup, s'attaquer à la cause de la libération animale. L'analogie avec le racisme et le sexisme permet sans doute de clarifier le débat. En effet, ne pas être raciste ou sexiste n'implique pas que l'on nie ou que l'on ignore les différences entre les races et les sexes, ce qui serait absurde. En l'absence de différences, le racisme et le sexisme n'auraient jamais existé. L'usage de ces deux notions se justifie lorsque les différences de toutes natures servent de support à une *discrimination égoïste* fondée sur l'appartenance à un groupe — la race blanche ou le sexe masculin, par exemple — ainsi qu'à la *perpétuation d'une hiérarchie de pouvoir* et à l'exercice de ce pouvoir dans le but d'*opprimer* ceux qui appartiennent à l'*autre* groupe.

Les exemples tragiques ne manquent pas. Oliver Wendell Holmes, professeur d'anatomie et de physiologie à Harvard au XIXe siècle, trouvait naturel que le Blanc haïsse l'Indien et le « pourchasse comme une bête sauvage de la forêt », afin que « cette esquisse au crayon rouge soit effacée et que la toile soit prête pour un homme qui soit un peu plus à l'image de Dieu ». Lors du massacre de Nankin, en 1937, les généraux japonais disaient à leurs troupes : « Vous ne devez pas considérer les Chinois comme des êtres humains, mais plutôt comme quelque chose d'une valeur inférieure à un chien ou un chat. » Considérer un animal comme une « machine à faire des saucisses» relève de la même démarche. Assimiler les animaux à des objets facilite évidemment le travail de ceux qui les font souffrir à longueur de journée : cette démarche leur permet de se convaincre que ceux sur lesquels ils commettent leurs atrocités ne sont pas des êtres sensibles et tend à les déculpabiliser.

Le spécisme qui consiste donc à attribuer des valeurs et des droits à certains êtres sur le seul fondement de leur appartenance à une espèce donnée ne se limite pas, comme l'explique J.-B. Jeangène Vilmer, à discriminer entre les humains et les autres espèces vivantes :

> Le spécisme consiste également à discriminer les animaux entre eux. Vous êtes spéciste si, d'un côté, vous protestez contre le fait de tuer et de consommer des chiens et des chats en Asie, et contre la chasse aux bébés phoques ou à la baleine mais, d'un autre côté, vous acceptez le fait de tuer et de consommer des vaches et des cochons, ainsi que la chasse à la perdrix ou la pêche à la carpe. Vous êtes spéciste parce que vous privilégiez certaines espèces (les chats, les chiens, les bébés phoques et les baleines) parce qu'elles sont «mignonnes» et «sympathiques», donc sur la seule base de leur appartenance à une espèce. C'est ce que Gary Francione appelle très justement la schizophrénie morale, qui consiste à aimer les chiens et les chats tout en plantant nos fourchettes dans des vaches et des poulets[32].

Melanie Joy enseigne la psychologie et la sociologie à l'université de Massachusetts. Chaque semestre, elle consacre l'un de ses cours à aider ses étudiants à explorer leurs relations avec les animaux. Elle commence par demander aux étudiants de dresser une liste des caractéristiques des chiens et des porcs. Pour les chiens, les adjectifs les plus fréquemment utilisés sont «fidèles», «familiers», «intelligents», «joueurs», «protecteurs», parfois «dangereux». Les porcs, en revanche, sont qualifiés de «sales», «stupides», «paresseux», «gras», «laids», «dégoûtants». Ensuite, le dialogue s'instaure à peu de chose près de la façon suivante[33] :

– Pourquoi les porcs sont-ils stupides ?

– C'est qu'ils sont comme ça.

– En fait, d'après les scientifiques, les porcs sont plus intelligents que les chiens. [...] Tous les porcs sont laids ?

– Oui.

– Et les porcelets ?

– Les porcelets sont mignons, mais les porcs sont dégoûtants.

– Pourquoi dites-vous que les porcs sont sales ?

– Parce qu'ils se roulent dans la boue.

– Et pourquoi donc se roulent-ils dans la boue ?

– Parce qu'ils aiment la saleté. Ils sont crasseux.

– En fait, comme ils ne transpirent pas, ils se roulent dans la boue pour se rafraîchir quand il fait chaud.

Après un certain nombre de questions-réponses de ce genre, Melanie Joy aborde les questions clés :

– Alors, pourquoi mangeons-nous les porcs et pas les chiens ?

– Parce que le lard a bon goût (rires)...

Un autre élève : Parce que les chiens ont des personnalités. Vous ne pouvez pas manger quelque chose qui a une personnalité. Ils ont des noms, ce sont des individus.

– Pensez-vous que les porcs ont des personnalités ? Sont-ils des individus, comme les chiens ?

– Ouais, j'imagine que si vous apprenez à les connaître, ils en ont probablement.

– Avez-vous déjà rencontré un porc ?

(Mis à part un étudiant, la majorité n'en a jamais vu.)

– Alors, d'où vous viennent vos informations sur les porcs ?

– Dans les livres, à la télévision, dans les publicités, les films... Je ne sais pas. Par l'intermédiaire de la société, je suppose.

– Comment percevriez-vous les porcs si vous les considériez comme des personnes intelligentes, et non pas comme des goinfres paresseux, si vous les connaissiez intimement, comme vous connaissez les chiens ?

– Je trouverais bizarre de les manger. Je me sentirais probablement un peu coupable.

– Alors, pourquoi mangeons-nous des porcs et pas des chiens ?

– Parce que les porcs sont élevés pour être mangés.

– Pourquoi élevons-nous les porcs pour les manger ?

– Je ne sais pas. Je n'y ai jamais réfléchi... Je suppose que c'est simplement parce que c'est comme ça...

Examinons un moment cette déclaration. Nous envoyons une espèce à l'abattoir et accordons notre affection à une autre pour la seule raison que « c'est comme ça ». L'incohérence saute aux yeux. « Nombre d'entre nous, remarque Melanie Joy, passent de longues minutes dans une pharmacie à se demander quel dentifrice acheter. Et pourtant, nous ne consacrons pas un seul instant à considérer quelles sont les espèces d'animaux que nous mangeons et pourquoi. Pourtant, nos choix de consommateurs entretiennent une industrie qui tue [aux États-Unis seulement] dix milliards d'animaux par an. » Comme l'écrit avec humour Aymeric Caron dans *No steak* : « Autre bizarrerie à noter, dans la famille des mollusques gastéropodes, on mange certes les escargots, mais pas les limaces. Le fait qu'elles n'aient pas de maison sur le dos doit apparemment être suspect. Non au gastéropode SDF ! Vous y comprenez vraiment quelque chose ? [...] Avec les animaux, nous agissons en schizophrènes, capables du pire comme du meilleur[34]. »

L'antispécisme recèle-t-il une contradiction interne ?

Le philosophe humaniste Francis Wolff estime que l'antispécisme entre nécessairement en contradiction avec ses propres principes, puisque seul l'homme *peut* être antispéciste (les animaux ne pouvant pas élaborer ce concept) : « C'est comme si l'on disait que seule telle race (la race « blanche » par exemple) ne doit pas être raciste[35]. » Il ajoute que si l'on pouvait montrer que l'homme devait traiter les animaux comme il se traite lui-même, « tout ce qu'on aura montré, c'est que l'homme doit se comporter vis-à-vis des autres animaux d'une manière différente de celle dont ils se traitent entre eux ou dont ils traitent les hommes[36] ». Cela revient donc à « adopter pour sa propre espèce d'autres normes que celles qu'on défend pour les autres. Faisant ainsi exception à la règle, l'homme tire ses normes et ses valeurs des caractères propres de son humanité ».

Il est tout à fait exact que l'antispécisme est le fait des humains, à l'instar de toute autre forme de discriminations réfléchies et délibérées. Seul l'homme peut ériger en dogme qu'une race est inférieure et que le monde se porterait mieux en son absence. Mais seul l'homme peut aussi s'insurger contre ces dogmes et en montrer l'ignominie. Être capable de nourrir des préoccupations morales complexes qui concernent un grand nombre d'individus, y compris des personnes lointaines dans l'espace et le temps (les générations à venir par exemple), et qui peuvent s'étendre aux autres espèces est assurément une caractéristique humaine. Seul l'homme peut devenir spéciste et seul l'homme peut aussi comprendre qu'il ne devrait pas l'être, puisqu'il n'est pas défendable d'instrumentaliser les autres espèces pour *la seule raison* qu'elles ne sont pas humaines, si telle est la justification qu'il avance.

Cette position n'exige pas que les objets de nos préoccupations morales soient en mesure de faire preuve de réciprocité à notre égard. Les futures générations humaines ne peuvent évidemment rien faire pour nous mais, pour autant, est-il moral de saccager la planète dont elles vont hériter ?

Dès lors qu'un individu jouit des facultés intellectuelles lui permettant de prendre conscience des effets délétères du spécisme, on peut s'attendre à ce qu'il y renonce en raison des souffrances inutiles que cette théorie engendre. L'antispécisme ne consiste nullement à dire que toutes les espèces sont égales, ont la même valeur et doivent être traitées de la même façon, mais qu'il est blâmable de profiter des capacités qui nous sont propres pour nuire sciemment à d'autres espèces sous prétexte qu'elles ne sont pas humaines, lorsque notre vie n'est pas en danger. Il est clair que la grande majorité des formes d'exploitation des animaux que nous perpétrons aujourd'hui ne sont pas ou plus nécessaires à notre survie. Elles relèvent principalement d'un manque de considération du sort des autres êtres sensibles. L'antispécisme procède de l'altruisme et n'exige aucune forme de «donnant-donnant». La réciprocité ne peut être exigée des animaux, des enfants et personnes qui ne jouissent pas de toutes leurs facultés mentales ni des générations à venir, humaines et non humaines.

Du respect de la vie et des capacités propres à chaque espèce

Nombre de penseurs appellent à respecter la vie avant toute autre considération, c'est-à-dire à laisser la vie des autres êtres suivre son cours jusqu'à son terme naturel. David Chauvet, juriste et cofondateur de l'association Droits des animaux, emploie l'argument imparable suivant :

> On pourrait être tenté d'établir une hiérarchie entre le noble (vivre pour vivre, projet que seuls les humains, conscients de leur temporalité, peuvent former) et l'ignoble (vivre uniquement pour se nourrir ou se reproduire, par exemple). [...] Qu'importe la portée des projets des animaux ou leur simplicité. On n'exige pas des humains qu'ils réalisent de grandes choses pour mériter de vivre[37].

Certains soutiennent qu'il est moralement acceptable de tuer des animaux si on le fait de manière indolore, puisqu'ils n'ont pas vraiment de «projet de vie» et n'ont pas conscience, en temps normal, de leur finitude, ni ne sont préoccupés par leur éventuelle disparition. Dans l'un de ses romans, J. M. Coetzee, prix Nobel de littérature, leur répond : «Vous dites que la mort n'importe pas aux yeux de l'animal parce que l'animal ne comprend pas la mort. [...] Si c'est ce que la philosophie humaine a de mieux à offrir, me suis-je dit, je préfère aller vivre parmi les chevaux[38].»

D'autres ont poussé cet argument encore plus loin en arguant que, la mort étant un passage dans le néant, si l'on tue l'animal de façon rapide et sans douleur, il n'existe plus en tant que «sujet» susceptible de souffrir ou de «perdre» quelque chose. Si ce genre d'argument était recevable, il serait acceptable de tuer dans son sommeil, de façon indolore, quelqu'un qui vit seul et ignoré de tous, puisque personne au monde n'en souffrirait. Pourtant, le fait de vivre sa vie jusqu'au bout et d'en actualiser pleinement le potentiel mérite en soi d'être respecté, à moins de considérer que la vie ne vaut, à aucun moment, la peine d'être vécue.

Pour utiliser pleinement le potentiel offert par l'existence, l'animal doit jouir d'un certain degré de liberté. Martha Nussbaum, professeur de droit et d'éthique à l'université de Chicago, a établi une liste de capacités qui, selon elle, doivent être respectées chez l'animal. *La vie*, en premier lieu : tous les animaux ayant le droit de continuer à vivre, ainsi que de préserver leur *santé* et leur *intégrité corporelle*. Viennent ensuite les capacités qu'ont les animaux de *jouir de leurs sens*, de leur *imagination* et de l'exercice de leur *pensée*. Il faut pour cela assurer aux animaux l'accès aux sources de leurs plaisirs, c'est-à-dire la liberté de mouvement dans un environnement susceptible de plaire à leurs sens. On doit également respecter l'aptitude des animaux à *ressentir des émotions*. À cette fin, ils doivent avoir la liberté de s'attacher à d'autres et d'en prendre soin. En conséquence, il est inacceptable de les forcer à vivre isolés[39].

Nombre de ces capacités ne peuvent être garanties que si l'on respecte également l'environnement des animaux. Les cétacés sont perturbés par le bruit des moteurs des bateaux qui sillonnent les mers, la pollution attaque les yeux et la peau des poissons, l'accumulation de mercure dans leur chair les empoisonne. Partout, les animaux sauvages souffrent de la disparition graduelle de leurs habitats naturels.

Anthropomorphisme ou anthropocentrisme ?

Les scientifiques qui ont le plus clairement mis en évidence la richesse des émotions animales ont souvent été accusés d'anthropomorphisme — un péché capital chez les spécialistes des comportements animaux. On a même reproché à Jane Goodall de donner des noms aux chimpanzés qu'elle étudiait. Pour bien faire, elle aurait simplement dû leur attribuer des numéros. De même, on a reproché à Frans de Waal d'employer un vocabulaire « réservé » aux humains pour décrire le comportement des chimpanzés ou des bonobos : « Tout le monde sait, répond-il, que les animaux ont des émotions et des sentiments, et qu'ils prennent des décisions semblables aux nôtres. À l'exception, semble-t-il, de quelques universitaires. Si vous allez dans un département de psychologie, vous entendrez dire : "Hum… Quand le chien gratte à la porte et aboie, vous dites qu'il veut sortir, mais comment savez-vous qu'il *veut* sortir ? Il a simplement appris que les aboiements et les grattements permettent d'ouvrir les portes[40]." »

De fait, nombre d'universitaires refusent encore d'utiliser pour les animaux des termes faisant référence à des états mentaux comme la colère, la peur, la souffrance, l'affection, la joie, ou toute autre émotion semblable aux nôtres. Comme l'explique Bernard Rollin, dans leur effort pour ne pas employer pour les animaux des termes qui décrivent aussi les émotions humaines, nombre de chercheurs ne parlent pas de peur mais de « comportements de retrait » ; ils ne parlent pas de la « souffrance » d'un rat placé sur une plaque brûlante, mais comptent le nombre de ses soubresauts ou de ses convulsions ; ils ne parlent pas de gémissements ou de cris de douleur, mais de « vocalisations[41] ». Le vocabulaire de l'évidence est remplacé par un jargon qui relève davantage du déni que de l'objectivité scientifique. Le psychologue Donald Olding Hebb et ses collaborateurs tentèrent pendant deux ans de décrire les comportements de chimpanzés aux Centre de recherches Yerkes sur les primates, près d'Atlanta, en évitant toute description qui pourrait être qualifiée d'anthropomorphique : il en résulta une série interminable de descriptions verbeuses dont aucune signification ne pouvait être extraite[42]. Au contraire, quand les chercheurs se permettaient des descriptions « anthropomorphiques » d'émotions et d'attitudes, ils pouvaient décrire rapidement et facilement les particularités de chaque animal et tomber d'accord sans ambiguïté sur le fait que tel animal était craintif et tel autre coléreux ou affectueux. C'est bien ce qu'avait déjà fait Darwin lorsqu'il écrivait :

> Les chiens possèdent ce qu'on pourrait appeler le sentiment de la plaisanterie qui est absolument distinct du simple jeu. En effet, si l'on jette à un chien un bâton ou un objet semblable, il se précipite dessus et le transporte à une certaine distance, puis il se couche auprès et attend que son maître s'approche pour le reprendre ; il se lève alors et s'enfuit un peu plus loin en triomphe pour recommencer le même manège, et il est évident qu'il est très heureux du tour qu'il vient de jouer[43].

Il n'est donc pas plus anthropomorphique de postuler l'existence d'états mentaux chez certains animaux que de comparer leur anatomie, leur système nerveux et leur physiologie à la nôtre. Quand un animal est visiblement joyeux ou triste, pourquoi ne pas appeler les choses par leur nom ?

Le biologiste Donald Griffin forgea le terme « mentaphobie » pour désigner l'obsession que manifestent certains scientifiques à dénier toute forme de conscience aux animaux de peur d'avoir à reconsidérer la façon dont les hommes les traitent et de se sentir eux-mêmes coupables de graves sévices à leur égard. Griffin considérait qu'il s'agissait là d'une faute scientifique et que « l'intense ferveur avec laquelle de nombreux psychologues et biologistes insistent sur le fait que la conscience non humaine est un sujet totalement inapproprié est si profond et émotionnel qu'il confine à l'aversion irrationnelle ou la mentaphobie[44] ». Dans *Contre la mentaphobie*, David Chauvet estime que « la conscience s'est très certainement substituée à l'âme pour donner à l'humain une valeur ontologique qui le distingue du reste du vivant[45] ». Affirmer que les animaux n'ont pas de conscience ne serait donc que la continuation de l'idée chrétienne et cartésienne selon laquelle les animaux n'ont pas d'âme.

Une telle obstination va à l'encontre du bon sens et méconnaît la nature même de l'évolution, laquelle implique que la psychologie, au même titre que l'anatomie, s'est développée de manière graduelle. Frans de Waal qualifie de *déni anthropocentrique* l'obstination à vouloir accorder à l'homme le monopole de certaines émotions[46] :

> Les individus s'empressent d'écarter une vérité qu'ils connaissent depuis l'enfance : oui, les animaux éprouvent des sentiments et ont le souci des autres. Comment et pourquoi cette certitude disparaît-elle chez la moitié des humains dès qu'il leur pousse de la barbe ou des seins, ce phénomène m'étonnera toujours. Nous tombons dans l'erreur courante de nous en croire seuls capables. Humains nous sommes, et dotés d'humanité également, mais l'idée que cette humanité puisse avoir des origines plus lointaines et que notre bonté s'inscrit dans un cadre infiniment moins restreint n'a toujours pas réussi à s'imposer[47].

En Occident, de multiples raisons culturelles contribuent à cet anthropocentrisme. Parmi celles-ci figurent les reliquats tenaces d'une certaine pensée judéo-chrétienne selon laquelle seul l'homme posséderait une âme. Dans son éloge à La Fontaine, Hippolyte Taine dénonce les préjugés de Descartes et de ses pairs :

> Dès lors toute beauté, toute vie, toute noblesse étaient reportées sur l'âme humaine ; la nature vide et dégradée n'était plus qu'un amas

de poulies et de ressorts, aussi vulgaire qu'une manufacture, indigne d'intérêt, sinon par ses produits utiles, et curieuse tout au plus pour le moraliste qui peut en tirer des discours d'édification et l'éloge du constructeur. Un poète n'avait rien à y prendre, et devait laisser là les bêtes, sans plus se soucier d'une carpe ou d'une vache, que d'une brouette ou d'un moulin. [...] Une poule est un réservoir d'œufs, une vache un magasin de lait, un âne n'est bon qu'à porter les herbes au marché[48].

Le mépris des penseurs du XVIIe siècle, pour qui les animaux n'étaient que des « automates de chair », se retrouve encore aujourd'hui, d'une certaine façon, dans l'orgueil anthropocentrique qui refuse d'inscrire l'homme dans la continuité de l'évolution des animaux, considérant que cela revient à faire injure à la dignité humaine car on s'attaque ainsi à son incommensurable supériorité. Élisabeth de Fontenay déconstruit cette prétention avec élégance et lucidité :

La tradition philosophique avec l'aide et même sans l'aide de la théologie porte une lourde responsabilité dans l'abaissement et la maltraitance des animaux. [...]

La plupart des philosophes ont forgé d'âge en âge un mur de séparation entre les vivants, ils ont opposé l'*existant* humain au *seulement vivant* animal, et ils ont érigé l'homme en propriétaire jouissant du droit d'user et d'abuser de tout ce qui n'était pas lui. Cette tradition dominante a inventé le propre de l'homme, sorte d'enflure, de boursouflure métaphysique. Elle a le plus souvent fait émerger le concept d'animalité pour stigmatiser tout qui est d'ordre non conscient, non libre, non réfléchi, en faisant une sorte de contre-épreuve à ce qui constitue le propre de l'homme[49]. [...]

Dans la suite des temps, il fut question de station verticale, de feu, d'écriture, d'agriculture, de mathématiques, de philosophie bien sûr, de liberté, donc de moralité, de perfectibilité, d'aptitude à imiter, d'anticipation de la mort, d'accouplement de face, de lutte pour la reconnaissance, de travail, de névrose, d'aptitude à mentir, de débat social, de partage de nourriture, d'art, de rire, d'inhumation... Les travaux de la génétique, ceux de la paléoanthropologie, de la

> primatologie et de la zoologie auront pulvérisé la plupart de ces îlots de certitude, et ridiculisé cette émulation fanfaronne, ces preuves d'une compétence à nulle autre pareille. Le langage du chimpanzé, le décapsulage des bouteilles de lait par les mésanges anglaises, la monogamie du gibbon, l'altruisme de la fourmi, la cruauté de la mante nous laissent désemparés[50]. […]
>
> Et si l'on fait apparaître sur la scène publique — philosophique et politique — la fragilité de tous ceux, humains et animaux, qui ne peuvent pas se défendre, on élargit le concept de tutelle, ce qui permettra d'assumer, de façon non pas seulement compassionnelle mais respectueuse, la protection de *tous* les vivants : homo sapiens n'étant plus «comme maître et possesseur de la nature», pour reprendre le mot de Descartes, mais *responsable et protecteur*. Car, s'il doit y avoir une singularité indéniable de l'homme, c'est bien dans la responsabilité qu'elle réside : la responsabilité est l'unique concept éthique auquel je puisse me rallier sans réticence parce qu'il prend en charge les animaux aussi.

Il y a sans doute une autre raison pour laquelle nombre d'entre nous s'accrochent avec ténacité à l'idée d'une frontière infranchissable entre les hommes et les animaux : reconnaître que les animaux ne sont pas *fondamentalement* différents de nous nous interdirait de les traiter comme des instruments au service de nos seuls intérêts. Pour preuve, ce que confiait un chercheur à Bernard Rollin : «Cela rend mon travail tellement plus facile si j'agis comme si les animaux n'avaient pas la moindre conscience[51].» Aujourd'hui, fort heureusement, un nombre grandissant de chercheurs reconnaît la présence d'émotions et de processus mentaux complexes chez les animaux.

Des cultures différentes

Depuis une vingtaine d'années, les éthologues parlent de «cultures animales». Comme l'explique Dominique Lestel, qui enseigne l'éthologie cognitive à l'École normale supérieure de Paris, il faut «penser le phénomène culturel dans une perspective évolutionniste et pluraliste, et non plus poussé par la volonté de dégager le "propre de l'homme" une fois pour toutes. Il ne faut plus penser la culture en opposition à la nature, mais prendre conscience de la pluralité des cultures chez des créatures d'espèces très différentes[52] ».

Dans le cas des humains, l'anthropologue américain Alfred Kroeber met en avant six conditions requises pour pouvoir parler de « culture » : des comportements *nouveaux* doivent émerger, ils doivent être *disséminés* dans le groupe à partir de l'inventeur, être *standardisés*, *durer* et être *diffusés* par l'intermédiaire de *traditions*[53]. Il s'avère que les chimpanzés de Gombe étudiés par Jane Goodall remplissent ces six conditions. Une synthèse des travaux de plusieurs équipes de chercheurs ayant travaillé sur sept sites particulièrement étudiés, accumulant l'équivalent de 151 ans d'expérience sur le terrain, recense 65 catégories de comportements, dont 39 peuvent être considérés comme culturels[54].

Selon Dominique Lestel, la notion de culture animale repose sur trois piliers : « L'innovation individuelle, sa transmission sociale au reste du groupe et l'imitation ou l'apprentissage social qui la rend possible[55]. » Les comportements culturels généralement cités par les philosophes et les anthropologues pour distinguer l'homme de l'animal — le fait que certains groupes adoptent des coutumes inconnues dans d'autres groupes et que les parents apprennent certaines techniques à leur progéniture — sont beaucoup plus répandus qu'on ne le pensait chez les animaux, des chimpanzés aux corneilles de la Nouvelle-Calédonie, en passant par les baleines, les ours et les loups, et même les poissons. Il existe donc bien des cultures animales, même si elles sont *différentes* des cultures acquises par les humains.

Dans les années 1960, la grande éthologue Jane Goodall fut la première à décrire la fabrication et l'usage d'outils chez le chimpanzé[56]. Ses collègues incrédules ne se rendirent à l'évidence que lorsqu'elle leur montra des images filmées. Avant de partir à la «pêche aux fourmis», le chimpanzé fabrique une sorte de sonde avec une branche qu'il coupe à la bonne taille et dont il retire les feuilles. Puis, tenant l'outil dans sa bouche (ou occasionnellement dans le creux de l'aisselle), il se rend jusqu'à une fourmilière dont il commence à agrandir l'entrée. Il introduit alors la sonde dans le trou et la ressort couverte des fourmis qui s'y sont spontanément agrippées. Il ne lui reste plus qu'à les consommer en léchant la sonde. Il lui arrive aussi de remuer vigoureusement la sonde dans le trou ou de marteler avec ses mains le tronc d'arbre dans lequel niche la fourmilière pour pousser les fourmis à sortir. Une fois rassasié, il cède la place à un congénère qui a patiemment et, parfois longuement, attendu son tour[57]. Quant aux plus jeunes, ils commencent à attraper ainsi les fourmis ou les termites vers l'âge de trois ans. Toutefois, encore maladroits, ils ne savent pas bien s'y prendre et choisissent généralement des bâtons trop court ou trop épais[58].

Il arrive aussi que le chimpanzé utilise plusieurs outils pour une même tâche — par exemple, en introduisant d'abord une éponge en feuille dans un trou d'arbre contenant de l'eau, puis un bâton pour récupérer l'éponge imbibée, et se désaltérer — ou un même outil pour plusieurs tâches différentes. On a observé une femelle chimpanzé qui utilisait successivement quatre outils pour extraire du miel d'un trou d'arbre[59]. En outre, lorsqu'un chimpanzé découvre une nouvelle technique efficace, celle-ci se répand rapidement dans le groupe, créant ainsi une culture propre à ce groupe.

Jane Goodall a recensé chez les chimpanzés une dizaine de façons différentes d'utiliser des outils. À ce jour, on en a identifié une quarantaine. Il est avéré que plus d'une centaine d'espèces animales utilisent des outils[60]. Le pinson des Galápagos s'aide d'une brindille pour débusquer les larves qui se cachent sous l'écorce des arbres, et la loutre de mer utilise une pierre pour ouvrir les huîtres[61]. La corneille de Nouvelle-Calédonie se sert de deux types d'outils pour capturer ses proies : une brindille qui a naturellement la forme d'un crochet et une feuille de *pandanus* qu'elle coupe et façonne en forme d'hameçon. Une fois ses instruments prêts, elle s'en sert pour fouiller l'écorce des arbres. Entre deux utilisations, elle les dépose en sécurité sur son perchoir, puis les emporte dans son bec pour les réutiliser lorsqu'elle vole d'un endroit à un autre[62].

On a également observé des mères chimpanzés qui facilitaient l'apprentissage de leurs petits en leur fournissant les bons outils pour casser des noix et en leur montrant comment s'y prendre. On a vu une mère prendre la noix que son jeune avait mal positionnée sur la grosse racine qui servait d'enclume, nettoyer l'enclume, puis y placer correctement la noix. Le jeune réussit alors à l'ouvrir sous le regard attentif de sa mère[63]. Dans la forêt de Taï en Côte d'Ivoire, lorsque c'est la saison, les chimpanzés passent en moyenne deux heures par jour à casser des noix *coula*. Après en avoir collecté suffisamment, ils les transportent vers l'une des enclumes dont ils ont l'habitude de se servir, puis les frappent avec des pierres plus ou moins lourdes selon la dureté de la noix. Il leur faut plusieurs années pour perfectionner l'apprentissage de cette technique[64].

Nobuo Masataka et ses collègues ont observé que les macaques à longue queue qui vivent en liberté en Thaïlande utilisent des cheveux humains ou un matériau équivalent comme fil dentaire pour nettoyer les espaces entre leurs dents. Il s'est avéré que les mères macaques passent deux fois plus de temps à utiliser le fil dentaire quand elles sont observées par leurs petits. En leur présence, elles font davantage de pauses, et répètent leurs gestes plus souvent que quand elles sont seules. Il semble donc qu'elles prolongent et accentuent délibérément l'utilisation du fil de manière à faciliter l'apprentissage de leur progéniture[65].

Les animaux utilisent également des moyens de communication qui peuvent être très riches, même s'ils ne sont pas fondés sur le langage tel que nous l'entendons. La danse des abeilles, mise en évidence par le grand entomologiste Karl von Frisch, est d'une grande complexité. Au moyen de différentes figures, une abeille indique à ses congénères la direction à prendre et la distance à laquelle elles pourront trouver du pollen (signalé par une danse particulière) ou du nectar (signalé par une autre danse)[66].

Les baleines exécutent des chants qui durent de quinze à trente minutes, comportent de deux à sept thèmes et sont chantés sur sept octaves. Ces chants sont entièrement renouvelés sur une période de cinq ans[67]. Lorsqu'une baleine adopte un nouveau chant et de nouveaux thèmes, ceux-ci sont copiés par d'autres et se répandent rapidement dans la population à des milliers de kilomètres[68]. Bien que leur signification ne soit pas pleinement comprise, ces chants jouent certainement un rôle important dans la communication entre individus et dans le maintien de leurs liens sociaux. En 1957, l'éthologue et évolutionniste allemand, Bernhard Rensch, rapporta le cas d'un éléphant qui pouvait distinguer 12 tonalités musicales et se souvenir de mélodies simples, même si elles étaient jouées sur des instruments différents et à des hauteurs différentes. Un an et demi plus tard, il était toujours capable de reconnaître ces mélodies[69].

Les chimpanzés savent aussi envoyer des messages précis à d'autres membres du groupe qui sont hors de leur vue. L'éthologue Christophe Boesch a montré qu'en tambourinant de manière rapide et variée avec leurs mains et leurs pieds sur plusieurs troncs d'arbre pendant une dizaine de minutes, l'un des mâles d'une tribu indiquait à ses congénères l'endroit où son groupe se trouvait, la direction qu'il avait décidé de prendre et le fait qu'ils s'arrêteraient à un point donné pour faire une pause. Boesch, qui a enregistré et déchiffré ces tambourinages pendant des mois, a observé des groupes de chimpanzés changer brusquement et silencieusement de direction après avoir entendu ces signaux sonores porteurs d'informations spatiales et temporelles[70].

Le jeu, la danse, le chant et le sens esthétique font aussi partie des cultures animales. Ainsi, Bernhard Rensch a pu montrer que les poissons préfèrent des formes irrégulières tandis que les oiseaux penchent plutôt pour des formes régulières, symétriques, pour une répétition rythmique des motifs et pour des couleurs brillantes et saturées, le bleu et le noir en particulier[71]. L'oiseau à berceau, pour séduire sa belle, « repeint » fréquemment son nid de couleurs vives en utilisant des écorces colorées (avec une nette préférence pour le bleu). Il rapporte également dans son nid toutes sortes d'objets de couleur[72]. Par ailleurs, nombre d'animaux aiment jouer. L'hiver, les perroquets kéas font des boules de neige qu'ils poussent devant eux, visiblement dans le seul but de s'amuser[73]. Les mammifères marins jouent aussi beaucoup entre eux. On a même observé des jeux entre espèces différentes, entre les corbeaux et les loups, par exemple, dans des régions du Grand Nord canadien où les loups ne mangent pas les corbeaux[74], entre un chien de traîneau et un ours blanc, ainsi qu'entre différentes espèces de singes. Jane Goodall a décrit la danse ludique à laquelle se livrent parfois les chimpanzés pendant une demi-heure lorsqu'une forte pluie d'orage commence à tomber[75].

Certains singes, ainsi que des éléphants, aiment dessiner[76]. Deux chimpanzés en captivité, Alpha et Congo, ont réalisé des centaines de dessins qu'ils ont ensuite coloriés. Ils tenaient le pinceau correctement et ne cherchaient nullement à s'en débarrasser. Ils étaient très concentrés sur leur travail et leur doigté ; leur sens de la composition s'améliorait de jour en jour. Fréquemment, après avoir terminé un dessin, Congo le tendait à l'éthologue Desmond Morris et demandait par le geste une autre feuille de papier[77].

Dominique Lestel réfute deux positions concernant les cultures humaines et animales : la thèse selon laquelle ces cultures seraient différentes par nature, et celle selon laquelle il n'y aurait entre elles que des différences de degrés. Il défend un troisième point de vue, qu'il juge plus réaliste :

> Les cultures animales et les cultures humaines ont une origine commune, mais elles sont séparées par des différences intrinsèques de même nature que celles qui séparent une société de fourmis et une société de chimpanzés. Les différences entres les deux cultures appartiennent à une même logique évolutionniste, mais elles ont des caractéristiques radicalement étrangères les unes aux autres[78].

Le continuum du vivant n'est donc pas organisé selon une hiérarchie qui conduirait à la supériorité absolue de l'espèce humaine. Il reflète simplement les mille voies qu'ont suivies, étape par étape, les innombrables espèces qui peuplent notre planète. Ce continuum reflète la façon dont la sélection naturelle a favorisé l'émergence de la diversité, de la complexité et de l'efficacité chez des formes de vies de mieux en mieux adaptées à leur milieu. On ne peut que s'associer aux propos de Claude Lévi-Strauss :

> Jamais mieux qu'au terme des quatre derniers siècles de son histoire l'homme occidental ne put-il comprendre qu'en s'arrogeant le droit de séparer radicalement l'humanité de l'animalité, en accordant à l'une tout ce qu'il refusait à l'autre, il ouvrait un cercle maudit, et que la même frontière, constamment reculée, servirait à écarter des hommes d'autres hommes, et à revendiquer au profit de minorités toujours plus restreintes le privilège d'un humanisme corrompu aussitôt né pour avoir emprunté à l'amour-propre son principe et sa notion[79].

Des humains aux grands singes, en passant par les oiseaux, les insectes, les poissons et les mammifères marins, nombre d'espèces utilisent leurs différentes facultés pour constituer des cultures qui leur sont propres, ce qui est la meilleure façon, pour chacune d'elles, de survivre et d'être « sujets » de leur vie. C'est cette diversité que nous devrions reconnaître et respecter, tout en appréciant pleinement les qualités particulières qui sont les nôtres.

L'exception humaine ?

La plupart des espèces ont donc des capacités qui leur sont propres et qui témoignent de leur remarquable adaptation à leur environnement. Les chauves-souris, les dauphins et d'autres cétacés sont capables de se diriger à la perfection dans le noir le plus complet. Si l'on se demande quelles sont les principales facultés de l'être humain, on pense immédiatement à sa maîtrise de langages complexes — écrits, parlés, mathématiques, symboliques, artistiques, etc. —, à son intelligence hors du commun et à son grand raffinement émotionnel. À cela, certains philosophes ajoutent également que l'homme est le seul être capable de connaissances scientifiques[80]. Sans diminuer le moins du monde le génie de l'esprit humain, j'aimerais toutefois rappeler que, de façon plus limitée, les animaux sont aussi capables d'acquérir des connaissances complexes. Certains chimpanzés sauvages reconnaissent jusqu'à deux cents espèces de plantes. Ils connaissent la fonction de chacune d'elles (dans le cas de plantes médicinales), les endroits où elles poussent dans la forêt et l'époque à laquelle certaines donnent des fruits[81]. D'autre part, l'homme n'est pas le seul être capable de conduite morale (les bases de la moralité ont été acquises au cours de l'évolution et sont déjà présentes chez certains animaux[82]), bien qu'il puisse, de surcroît, délibérer sur la moralité de son comportement, en son for intérieur ou avec autrui, et former une « communauté morale » qui peut s'étendre à l'humanité tout entière.

Selon le philosophe Francis Wolff, certains animaux ont certes des perceptions « conscientes », mais elles n'engendrent que des connaissances ou des croyances « au premier degré », du type « ici, un prédateur », « là, un partenaire sexuel », croyances qui se présentent comme des « données immédiates du monde ». L'une des spécificités de l'homme, ajoute-t-il, « est qu'il peut accéder à un second degré de connaissance, une croyance sur sa croyance[83] ». Il a la capacité de s'interroger sur la véracité ou la fausseté de ses croyances.

S'il est clair qu'un animal muni d'un système nerveux élémentaire, un ver de terre par exemple, ne perçoit que les « données immédiates » du monde extérieur, telles que la nourriture ou le danger, il ne semble pas en être de même des animaux doués de facultés plus complexes. Un chien prend peur ou devient agressif devant un animal empaillé, mais il revient sur sa première appréciation après un examen plus approfondi. Il scrute de loin cet être bizarre, s'en approche prudemment, le renifle et finit par conclure qu'il n'a rien à craindre.

À sa suite, Kant et bien d'autres philosophes ont estimé que seul l'homme peut émettre des jugements. Mais les connaissances acquises par l'éthologie infirment aujourd'hui cette idée. Une étude de Shinya Yamamoto et de son équipe a permis de montrer que les chimpanzés sont capables d'évaluer avec précision les besoins de l'autre[85]. Deux chimpanzés qui se connaissent sont placés dans des cages contiguës. Une petite fenêtre permet de faire passer des objets d'une cage à l'autre. Le premier chimpanzé reçoit dans sa cage une boîte avec sept objets : un bâton, une paille pour boire, un lasso, une chaîne, une corde, un gros pinceau plat et une ceinture.

On place alors le second chimpanzé dans une situation telle qu'il a besoin d'un outil spécifique qui, selon le dispositif expérimental, sera un bâton pour obtenir une portion de nourriture, ou une paille pour boire un jus de fruit. Le second chimpanzé signale au premier, par des gestes et par la voix, qu'il a besoin d'aide. Ce dernier regarde, évalue la situation, choisit neuf fois sur dix le bon outil sur les sept proposés, et le passe à son congénère par la fenêtre. Il ne reçoit lui-même aucune récompense.

Si on bloque le champ de vision du premier chimpanzé par un panneau opaque, celui-ci est toujours prêt à aider lorsqu'il entend l'autre lui demander de l'aide mais, faute de pouvoir évaluer visuellement son besoin précis, il passe n'importe lequel des sept objets dont il dispose. Cette expérience a été répétée avec plusieurs chimpanzés et, dans au moins un cas, le chimpanzé sollicité s'est déplacé pour aller regarder par un petit trou qu'il avait repéré dans le haut du panneau opaque, afin d'évaluer la situation de l'autre et de lui passer le bon outil !

De même, Thomas Bugnyar a observé que lorsqu'un grand corbeau s'approche d'une de ses propres caches de nourriture, il regarde attentivement à la ronde les autres corbeaux. S'il aperçoit un congénère susceptible de l'avoir vu engranger quelque chose, il se précipite vers la cachette pour être sûr de récupérer le butin avant l'autre. S'il ne voit que des individus *dont il sait qu'ils ne savent pas* où se trouve la cache, il prend tout son temps[86]. Il y a donc bien là une faculté d'évaluation et de jugement de *ce que l'autre sait ou ne sait pas.* Cette reconnaissance des facultés que possèdent d'autres animaux n'éclipse nullement le fait que nous jouissons de capacités exceptionnelles qui confèrent à l'expérience humaine une richesse que nous n'échangerions pour rien au monde, ni pour le sonar des chauves-souris ni pour l'odorat du saumon ou pour la vélocité du guépard. Toutefois, cette richesse ne nous fait pas sortir du règne animal, pas plus que la capacité de voler pendant 10 000 kilomètres en s'orientant sur les étoiles, la polarisation de la lumière ou le champ magnétique terrestre ne fait sortir l'oiseau migrateur du règne animal. Pour être fondamentalement « autres », il faudrait que nous ayons une origine entièrement différente, que nous soyons l'œuvre privilégiée d'un Créateur. Mais cela relève de la seule foi et va à l'encontre de l'observation scientifique. Si, en revanche, nous partageons avec les autres espèces une origine commune, si nous sommes les produits infiniment variés de l'évolution du vivant, alors, tout en nous émerveillant de nos éminentes qualités, nous ne pouvons qu'apprécier à leur juste mesure celles des autres espèces et nous efforcer de vivre en leur faisant le moins de tort possible.

Chapitre 7

La tuerie de masse des animaux

Génocide *versus* zoocide

Chaque génocide est unique par la spécificité des horreurs perpétrées. Comparer l'Holocauste, le génocide du Cambodge ou celui du Rwanda à toute autre tragédie est d'une certaine façon inacceptable, par déférence envers ceux qui l'ont subi. Toutefois, la singularité de chacun de ces génocides ne doit en aucun cas nous empêcher de comprendre ses causes et d'analyser les circonstances qui ont permis qu'il se produise et même se reproduise.

Qu'en est-il de la tuerie de masse des animaux ? Nous proposons de parler de zoocide, lorsque des animaux sont systématiquement mis à mort en grand nombre[1]. Le zoocide ne peut être mis sur le même plan que le génocide des humains — les différences sont essentielles — mais il existe des points communs qu'il est impossible de passer sous silence.

Il est clair que nous devons nous préoccuper sans relâche de tous les êtres humains qui souffrent, sont torturés, violentés, et privés de droits dans de multiples pays. Cela ne nous empêche en aucune façon de garder également les yeux ouverts sur les sévices que nous infligeons aux animaux. Les inconcevables souffrances que nous perpétuons année après année constituent un défi à l'éthique contemporaine. Feindre d'en ignorer l'existence ne fait que maintenir la distance créée par le silence et entretenir l'indifférence qui, dans le cas des génocides humains, conduisent à n'intervenir que trop peu, trop tard ou, dans le cas de la tuerie en masse des animaux, à ne pas intervenir du tout. Accorder une immense valeur à la vie humaine, ne doit pas nous amener à réduire à néant la valeur de la vie des animaux.

Rapprocher sans offenser

Par respect pour les victimes, il est important de rappeler d'emblée que les premières personnes qui ont été frappées par un certain nombre de points communs entre l'Holocauste et le massacre industriel des animaux n'ont pas été des défenseurs fanatiques de la cause animale, mais précisément des victimes de ce génocide — des survivants ou des personnes qui avaient perdu de proches parents. Elles ont décrit les cruelles réminiscences de la Shoah qui se sont imposées à elles, presque contre leur gré, lorsqu'elles ont été confrontées à la réalité des abattoirs. Elles ont été frappées par les similitudes entre le fonctionnement des camps et celui de l'élevage industriel : la magnitude et l'organisation méthodique de la tuerie, la dévalorisation de la vie d'autres êtres et, enfin, l'ignorance opportune dont font preuve les populations environnantes. Lucy, dont deux jeunes sœurs furent abattues par les nazis sous les yeux de leur père, témoigne :

> J'ai été hantée toute ma vie par les images de la Shoah, et il ne fait aucun doute que j'ai été attirée par le droit des animaux en partie à cause des similitudes que je sentais entre l'exploitation institutionnalisée des animaux et le génocide nazi[2].

Ces personnes sont trop nombreuses pour être toutes citées dans ce chapitre. La plus connue est sans doute l'écrivain de langue yiddish Isaac Bashevis Singer, prix Nobel de littérature, dont la mère et plusieurs membres de sa famille furent exterminés en Pologne. Dans *Le pénitent*, il affirme : « Le traitement qu'inflige l'homme aux créatures de Dieu ridiculise tous ses idéaux et son soi-disant humanisme[3].» Le personnage de l'une de ses nouvelles parle dans sa tête à un animal mort :

> Que savent-ils, tous ces érudits, tous ces philosophes, tous les dirigeants de la planète, que savent-ils de quelqu'un comme toi ? Ils se sont persuadé que l'homme, l'espèce la plus pécheresse entre toutes, est au sommet de la création. Toutes les autres créatures n'auraient été créées que pour lui procurer de la nourriture, des fourrures, pour être martyrisées, exterminées. Pour ces créatures, tous les humains sont des nazis ; pour les animaux, c'est un éternel Treblinka[4].

À Treblinka, 875 000 personnes furent exterminées et 67 seulement survécurent. Aujourd'hui, il ne reste qu'un survivant, Samuel Willenberg, et une terrible cicatrice dans l'âme de l'humanité[5]. À 67 personnes près, ce fut là, à Treblinka, que la «solution finale» voulue par Hitler fut la plus parfaitement réussie. Dans le cas des animaux, les humains ne désirent pas de «solution finale». Ils veulent pouvoir continuer, aussi longtemps que possible, et renouveler chaque année la tuerie de 60 milliards d'animaux terrestres et 1 000 milliards d'animaux marins. Le zoocide est un éternel recommencement.

Est-il alors tolérable de faire le rapprochement entre les deux tueries ? Non, parce qu'il y a des différences fondamentales. Oui, parce qu'il y a de nombreux points communs, entre autres, le fait que dans le génocide on finit justement par tuer les êtres humains comme s'ils étaient des animaux. Éluder ces points communs ne fait que permettre au massacre en masse des animaux de s'éterniser. C'est bien ce qu'expriment ces phrases de Jacques Derrida souvent citées :

> Personne ne peut plus nier sérieusement et longtemps que les hommes font tout ce qu'ils peuvent pour dissimuler ou pour se dissimuler cette cruauté, pour organiser à l'échelle mondiale l'oubli ou la méconnaissance de cette violence que certains pourraient comparer aux pires génocides. [...] De la figure du génocide il ne faudrait ni abuser ni s'acquitter trop vite[6].

Certains esprits malsains soutiennent que l'Holocauste ne s'est pas produit, ou du moins pas à l'échelle que nous connaissons. Le « négationnisme » est maintenant un crime aux yeux de la loi de plusieurs pays d'Europe. Dans le cas de la tuerie des animaux à une échelle industrielle, nous sommes en présence d'un négationnisme d'un tout autre ordre, qui *ne nie pas les faits, mais leur dénie toute importance.* La poursuite du carnage ne semble pas poser de problème.

La mise à mort de millions de bovins durant l'épidémie de fièvre aphteuse, par exemple, a nécessité la mise en place de moyens de destruction massive, y compris l'enterrement de milliers d'animaux encore vivants dans de vastes fosses communes[7]. Nombre d'éleveurs qui ne pouvaient se soustraire à ces procédures organisées par l'armée ont souffert de crises d'anxiété, de cauchemars, d'hallucinations, de sentiment de culpabilité et de troubles dépressifs ayant conduit certains jusqu'au suicide[8]. Le nombre colossal d'animaux abattus explique sans doute, selon l'enquête des vétérinaires Gaignard et Charron, les fréquentes allusions faites par ces éleveurs aux pratiques nazies d'« extermination » et à l'évocation des « fumées d'incinérateurs ».

Paradoxalement, certains responsables de l'élevage industriel admettent, à demi-mot, l'analogie avec les camps de la mort. Dans une émission télévisée des années 1970, un journaliste demandait à Raymond Février, alors Inspecteur général de la recherche agronomique à l'INRA : « Lorsqu'on visite les étables modernes, on a une sensation tout de même assez étonnante de société un petit peu… concentrationnaire. » Ce à quoi l'expert répondit candidement : « C'est exact, exact… Nous avons un pouvoir très grand sur la société des bovins[9]… »

Selon Jocelyne Porcher, « l'analogie avec les camps nazis, que j'entendais surtout exprimer au début de mes recherches par des éleveurs non industriels, est maintenant exprimée par un nombre croissant d'éleveurs et de salariés industriels. Le plus souvent, non pour la rejeter comme une outrance déplacée, mais pour la considérer en face». Cette chercheuse, elle-même ancienne éleveuse, estime pour sa part qu'il importe de distinguer entre *comparaison* et *analogie* : «La comparaison vise à mettre en évidence des différences et des ressemblances entre des objets, c'est une activité comptable, une mise en balance. L'analogie, au contraire, est un exercice de l'imagination qui vise à rapprocher des objets pensés *a priori* comme très différents.» Elle conclut que c'est l'analogie, et non la comparaison, entre l'élevage industriel — qui «engendre des charniers de milliards d'animaux» — et les camps d'extermination nazis qui ne peut pas être écartée sous prétexte qu'elle est extrêmement dérangeante. Elle poursuit ainsi :

> Le processus industriel de productions animales participe d'une déconstruction. Il vise à déconstruire l'animal, à le «désanimaliser» et à en faire une chose. Les productions animales sont une monstrueuse machine à fabriquer des choses. L'analogie avec les camps faite par les travailleurs s'appuie sur quatre points prépondérants : la perte d'identité et de singularité, en d'autres termes le traitement de masse des individus, la violence, la perte de communication, et le consentement à un travail de mort. […] Le consentement d'une partie des travailleurs et d'une grande partie de l'encadrement à la violence, et plus largement aux procédures du travail des systèmes industriels, alimente également cette analogie avec les camps d'extermination nazis. L'idéologie, l'obéissance aux ordres sont plus fortes que les valeurs morales des individus, alors même que le risque n'est pas celui que prenait un soldat qui aurait refusé d'obéir. Refuser d'obéir, c'était mourir. Ce n'est pas le cas dans les productions animales[10].

Si un Allemand s'opposait au programme nazi, si un Russe s'insurgeait contre le goulag, il risquait sa vie, comme risque sa liberté aujourd'hui un Chinois qui dénonce le *laogai*. Mais que risque de nos jours celui qui s'insurge contre la tuerie massive des animaux ? Au pire, d'être tourné en dérision ou de subir la pression des lobbies industriels.

Génocide et zoocide

Dans le cas des animaux, le terme «génocide» est inapproprié puisque ce dernier ne concerne que les humains. Selon la définition donnée par les Nations unies, le génocide concerne les actes «commis dans l'intention de détruire, en tout ou partie, un groupe national, ethnique, racial ou religieux en tant que tel[11]». En raison des multiples interprétations du mot «génocide» et des controverses engendrées par ce terme, Jacques Sémelin, historien et éminent spécialiste de cette question, pense que les notions générales de «violence de masse» ou de «violences extrêmes» sont souvent plus pertinentes, ou encore la notion de «massacre», qu'il définit comme «une forme d'action, le plus souvent collective, de destruction de non-combattants, hommes, femmes, enfants ou soldats désarmés[12]». Il ajoute que cette notion s'applique aussi à la tuerie des animaux qui se pratique depuis le Moyen Âge européen et conclut ainsi : «Ce rapprochement immédiat entre le massacre des animaux et celui d'êtres humains, rapprochement à la fois sur le plan historique et sémantique, n'est d'ailleurs pas anodin[13].»

Considérons tout d'abord la définition des actes qui, selon la Convention des Nations unies, constituent un génocide d'êtres humains :

a) meurtre des membres d'un groupe;
b) atteinte grave à l'intégrité physique ou mentale des membres du groupe;
c) soumission intentionnelle du groupe à des conditions d'existence devant entraîner sa destruction physique totale ou partielle;
d) mesures visant à entraver les naissances au sein du groupe;
e) transfert forcé d'enfants du groupe à un autre groupe.

Comment pourrait-on définir le zoocide sur la base des cinq points retenus par la Convention des Nations unies pour le génocide ? On voit que les alinéas a, b et e s'appliquent entièrement à la tuerie en masse des animaux et en particulier à l'élevage industriel.

En ce qui concerne l'alinéa c, dans le cas de l'élevage industriel, les conditions d'existence auxquelles les animaux sont soumis vise à les maintenir en vie tant qu'ils produisent des œufs ou du lait ou, dans le cas des animaux élevés pour leur viande, jusqu'à ce qu'ils aient atteint un poids suffisant pour être tués. Dans ce cas, le but n'est pas l'élimination de l'espèce ou du groupe, mais celle, indéfiniment et volontairement renouvelée, des membres d'un groupe que l'on fait prospérer pour les tuer en plus grand nombre.

Seul l'alinéa d de la Convention ne s'applique pas, puisque dans le cas des animaux, loin d'entraver les naissances, on les favorise à outrance pour disposer continuellement d'animaux à tuer.

On pourrait imaginer qu'un temps viendra où sera créée une Convention internationale sur le zoocide, qui pourrait être définie comme suit :

a) mise à mort des membres d'un groupe d'animaux ;
b) atteinte grave à l'intégrité physique ou mentale des membres du groupe ;
c) soumission du groupe à des conditions d'existence pénibles préludant à leur mise à mort programmée ;
d) mesures visant à encourager un maximum de naissances au sein du groupe dans le but d'une mise à mort subséquente.
e) transfert forcé de la progéniture du groupe à l'écart de leurs géniteurs.

Les différences

Les différences entre le massacre en masse des êtres humains et celui des animaux sont multiples. Elles tiennent notamment à la *valeur* de l'existence humaine, à la *motivation* qui anime les exécutants, à leur *finalité*, à l'*identité* et à la *représentation des victimes*, à la *durée* des persécutions, au *nombre* des victimes, à la *façon de réagir* face à la violence perpétrée et, enfin, à la *mémoire* de ceux qui ont été tués.

Valeur : Il est indéniable que l'existence humaine a une valeur incommensurable qui ne peut être mise sur le même plan que celle d'un animal. Nous l'avons dit, dans le chapitre 5, intitulé « Les mauvaises excuses », s'il faut choisir entre sauver une vie humaine et celle d'un animal, la question ne se pose pas. Toutefois, cette valeur ne saurait, en aucun cas, justifier le fait d'infliger, sans nécessité, des souffrances à un animal et de le mettre à mort.

Motivation : Le génocide est mû par la haine, alors que la tuerie des animaux est principalement motivée par l'avidité, la recherche du profit et du plaisir, et s'accompagne d'une indifférence quant au sort des animaux.

Finalité : Le but du génocide est de faire disparaître. Le but de l'exploitation des animaux, au contraire, est de faire croître et multiplier ces derniers le plus possible, le plus vite possible et le moins cher possible pour les utiliser et les tuer, générations après générations.

Identité des victimes : Les victimes de ce que l'on nomme « génocide » sont par définition des êtres humains, tandis que la notion de « tuerie en masse » peut s'appliquer à toutes les espèces vivantes.

Représentation des victimes : Les populations victimes de génocides sont diabolisées. On les présente comme des êtres nuisibles dont l'existence même est une menace pour les bons citoyens. On les qualifie souvent d'« impurs », de « vermine » dont il faut débarrasser la planète. Les animaux, eux, sont réduits à l'état de «choses», d'objets utilitaires, consommables, de «biens meubles», dont le fait d'être en vie est plutôt une gêne qu'un avantage — notre vague sentiment de mauvaise conscience serait moindre s'ils n'étaient pas vivants, mais ils doivent l'être pour fabriquer de la viande, fournir leur peau et leur fourrure, etc.

Durée : Chaque génocide prend fin un jour, alors que le massacre des animaux se poursuit partout, tous les jours et n'a aucune fin prévisible, à moins que nos points de vue ne changent radicalement.

Nombre de victimes : Elles sont considérables dans les deux cas. Les comparaisons quantitatives ne sont pas des comparaisons qualitatives. Toutefois, le nombre à peine imaginable des victimes animales devrait naturellement nous inciter à penser que leur massacre devrait prendre fin. Nous ne sommes nullement dans une situation où il faut absolument choisir entre «eux» et «nous». Notre choix est plutôt : «Devons-nous continuer ou non à tuer des centaines de milliards d'animaux par an, alors que ce n'est pas nécessaire à notre survie ?» (Les quelque 550 à 600 millions de végétariens sur Terre sont là pour nous le rappeler.)

Façons de réagir : Le monde a souvent été lent à réagir face aux génocides. Les gens sont d'abord incrédules, puis ils pensent que les faits sont exagérés et, enfin, ils se demandent comment intervenir. Néanmoins, au bout d'un certain temps, la réalité du génocide apparaît clairement aux yeux de tous, et l'on prend alors des mesures pour le faire cesser. Dans le cas de la tuerie des animaux, personne, ou presque, n'essaie d'y mettre fin.

La mémoire : Comme l'a dit Jacques Sémelin : «Les morts, les victimes des violences de masses sont, encore présents, vivants, gisants dans nos mémoires[14].» Quant aux animaux que l'on massacre, ils ne font l'objet d'aucune attention pendant qu'ils sont encore en vie. Inutile de dire qu'une fois abattus, ils ne restent présents dans aucune mémoire. Seul demeure, au mieux, le souvenir du morceau de leur corps qui a contribué à notre plaisir, sans que nous pensions une seconde qu'il faisait partie d'un être qui ne demandait qu'à vivre.

Les ressemblances

Les points communs entre un génocide et une tuerie d'animaux à grande échelle sont la *dévalorisation* des victimes, la *désensibilisation* des exécutants et la *dissociation mentale* qui s'opère en eux, les *méthodes* d'extermination, la *dissimulation* des faits par leurs auteurs et le *refus de savoir* de ceux qui sont en mesure de connaître les faits.

Dévalorisation : Les humains et les animaux sont tous deux dévalorisés. Les humains sont déshumanisés, on les considère et on les traite comme des animaux tels que des rats ou des cancrelats. Les animaux sont « désanimalisés », relégués au rang de « choses », de « machines à saucisses », de « produits industriels » ou de « biens de consommation ».

Désensibilisation et *dissociation mentale* : Dans les deux cas, on observe une *désensibilisation* de la part des bourreaux et un processus de *dissociation mentale* qui leur permet de mener à bien leurs exactions tout en continuant à fonctionner dans l'existence, d'être impitoyables avec leurs victimes et bons avec leur famille, leurs amis et autres membres de leur groupe.

Les méthodes : C'est au niveau des méthodes et des techniques d'extermination que les ressemblances sont les plus frappantes. Quand l'écrivaine américaine Judy Chicago se rendit à Auschwitz et vit une maquette d'un four crématoire, elle eut une révélation : « C'était en fait des usines de transformation géantes — sauf qu'au lieu de traiter des porcs, on y traitait des gens qui avaient été définis comme étant des porcs[15]. »

Les méthodes sont terriblement semblables : d'innombrables êtres vivants réduits à des numéros et dévalorisés sont d'abord entassés dans des lieux sordides, puis transportés sur de longues distances sans eau ni aliments, entraînés vers le lieu de leur mise à mort et abattus sans merci. Dans le cas des animaux, presque toutes les parties de leur corps sont transformées à des fins utilitaires en viande, vêtements, chaussures, engrais, voire en nourriture pour d'autres victimes du système (la farine de poisson servie au bétail, par exemple). Dans le cas des victimes humaines, leur argent, leurs bijoux, leurs dents en or et tous leurs autres biens sont récupérés. Dans les camps nazis, même leurs cendres étaient utilisées pour fabriquer du savon. On utilisait aussi leurs cheveux. Leurs corps vivants étaient destinés à subir des expériences médicales, et leur peau pouvait servir à fabriquer des abat-jour.

Dans l'un des romans de J. M. Coetzee, autre prix Nobel de littérature, l'héroïne, Elizabeth Costello dit à son public : « Chicago nous a montré la voie ; c'est dans les abattoirs de Chicago que les nazis ont appris comment gérer les corps[16]. » Parmi les principaux artisans de la « solution finale », plusieurs venaient des milieux de l'agriculture, de l'élevage et d'autres métiers liés à la gestion des animaux. Heinrich Himmler, le chef des SS, Richard Darré, le ministre de l'Alimentation et des paysans, et Rudolf Höss, le commandant d'Auschwitz, issu d'un milieu agricole, étaient tous de farouches partisans de l'eugénisme, de l'« amélioration » de la race allemande, comme on parlerait de l'amélioration de la race bovine[17].

Les analogies entre les camps de la mort et les abattoirs sont nombreuses. Dans les camps de Belzec, Sobibor et Treblinka, le « boyau », l'allée qui conduisait aux chambres à gaz, était appelé « la route du ciel ». À Sobibor, ce boyau était un sentier de trois ou quatre mètres de large sur cent cinquante mètres de long, flanqué de chaque côté de barbelés entremêlés de branchages afin que les condamnés ne puissent pas voir ce qui se passait à l'extérieur et que leur sort soit dissimulé aux regards des autres prisonniers. Les SS y poussaient leurs victimes nues jusqu'à l'entrée des chambres à gaz.

Aux États-Unis, les cochons entrent dans l'abattoir par le «couloir de la mort» qui fut amélioré par Temple Grandin, de l'université du Colorado, afin de maintenir le plus longtemps possible les animaux dans le calme. Ils empruntent ensuite une rampe inclinée qui les conduit vers le lieu de la mise à mort, rampe que Grandin baptisa, nous l'avons vu, «l'escalier vers le Paradis». Cette analogie des noms est sans aucun doute fortuite, cela ne l'empêche pas d'être des plus sinistres.

La dissimulation et *l'ignorance tacite* : La plupart des gens qui vivaient aux alentours des camps de concentration affirmèrent qu'ils ne savaient pas ce qui s'y passait ou, du moins, qu'ils n'en étaient pas sûrs. Certains confièrent qu'ils ne pouvaient pas se permettre de savoir, pour leur propre sécurité. Un survivant de l'Holocauste expliqua à la politologue américaine Kristen Monroe :

> La plupart des gens détournent le regard. Ils ne veulent pas voir parce que cela les dérange. [...] Je crois tout à fait les personnes qui ont vécu à côté des camps de concentration et qui ont dit : «Nous n'avons jamais rien vu.» Bien sûr qu'ils n'ont rien vu ! Ils ne voulaient pas voir. Vous ne voulez pas penser que votre fils est assis là-bas, en train de prendre son pied à torturer des gens ou à les pousser vivants dans un four crématoire[18].

L'historien américain Dominick LaCapra, spécialiste de l'Holocauste et de l'exploitation humaine des espèces animales déclarait dans une interview à la BBC :

> Dans des limites bien définies, il est utile d'établir une analogie avec l'Holocauste parce que certaines structures sont très semblables. La première est la structure du faux secret. Pendant l'Holocauste, en Allemagne, en Pologne et ailleurs, les gens savaient, jusqu'à un certain point, ce qui se passait. Ils en savaient assez pour savoir qu'ils ne voulaient pas en savoir plus. Ce n'est pas simplement de l'indifférence.

> C'est un processus très actif qui consiste à réduire vos pensées au silence. Cela s'apparente au fait de marcher dans une rue la nuit, tout en étant conscient que quelqu'un vous suit : vous préférez ne pas vous retourner[19].

L'amplitude des zoocides que les humains perpétuent à longueur d'année nous interdit de continuer à faire comme si de rien n'était. «Le système industriel, écrit Jocelyne Porcher, est une entreprise de déconstruction de l'animal et de construction de la chose. Mais cette entreprise est vouée à l'échec. Les animaux résistent et persistent à être des animaux et non des choses. En revanche, *nous* perdons notre sensibilité et notre humanité[20].» La perpétuation de la tuerie en masse des animaux pose donc un défi majeur à l'intégrité et à la cohérence éthique des sociétés humaines.

Chapitre 8

Petite digression dans la sphère des jugements moraux

La négation de la souffrance animale reflétée par le concept d'« animaux-machines » de Descartes et l'insensibilité quasi pathologique des jansénistes de Port-Royal auxquelles s'opposent la tristesse du plaidoyer élégiaque d'Ovide ou l'indignation militante de Voltaire ont sans conteste des motivations complexes. Comment juge-t-on qu'il est normal de faire souffrir les animaux ou comment est-on scandalisé par cette même cruauté ?

À l'heure actuelle, des recherches effectuées par des neuroscientifiques et des psychologues américains sur le jugement éthique et la décision morale apportent un éclairage nouveau et surprenant à cette interrogation souvent confondante.

Quand nous sommes confrontés à un choix éthique, plusieurs forces, souvent contraires, s'exercent sur notre jugement. Nous avons d'abord des réactions émotionnelles, parfois viscérales, quand, par exemple, nous voyons un enfant molesté par un adulte. S'y ajoutent, si les circonstances nous en laissent le temps, des raisonnements sur les tenants et les aboutissants de la situation qui nous permettent de prendre la décision la plus juste. Et tout cela est influencé par les normes sociales, religieuses et philosophiques qui prévalent en nous et autour de nous.

Les trois formes d'éthique

On distingue trois formes principales d'éthique : déontologique, conséquentialiste (qui comprend l'utilitarisme), et l'éthique fondée sur la vertu.

Selon l'éthique dite « déontologique », ou du *devoir*, certains actes ne doivent être commis en aucune circonstance, quelles qu'en puissent en être les conséquences. Emmanuel Kant est le tenant le plus éminent de cet « impératif catégorique » qui, parfois, peut avoir des implications inacceptables. Kant soutenait, par exemple, qu'il ne fallait jamais mentir, même à un criminel qui nous demanderait où sa victime potentielle s'est enfuie : en le faisant, on porterait atteinte à l'un des fondements de la vie en société, le crédit de la parole donnée, notamment dans le cadre des contrats. On commettrait alors, d'après Kant, une injustice à l'égard de l'humanité en général[1].

Une autre vision de l'éthique consiste à décider du bien-fondé d'un acte en fonction de ses *conséquences*. C'est notamment le point de vue utilitariste défendu par Stuart Mill et Bentham. Plus humain parce que plus proche de la réalité vécue, l'utilitarisme peut cependant conduire à des excès et des déviations. En visant au « bien-être du plus grand nombre » par l'agrégation du bien-être de chacun, on peut par exemple en venir, comme l'ont fait d'éminents penseurs de la Grèce antique, à estimer qu'il est bon d'avoir cent esclaves pour rendre plus heureux mille citoyens libres. On voit à quels extrêmes cette attitude peut aboutir si elle n'est pas tempérée par d'autres facteurs comme la justice, la sagesse ou la compassion.

L'éthique de la vertu est celle proposée, en autres, par le bouddhisme et certains penseurs de l'Antiquité grecque. Elle repose sur une *manière d'être* qui, confrontée aux différentes situations, s'exprime spontanément par des actes altruistes ou égoïstes. Comme l'écrivait le neuroscientifique et philosophe Francisco Varela, une personne véritablement vertueuse «n'agit pas selon une éthique mais l'incarne, tout comme un expert incarne ses connaissances. Le sage *est* éthique ou, plus explicitement, ses actes sont l'expression de décisions engendrées par sa manière d'être, en réponse à telle ou telle situation[2]».

Une éthique purement abstraite, qui ne repose pas sur une manière d'être et ne prend pas en compte la spécificité des circonstances n'a que peu d'utilité. Dans la vraie vie, nous opérons toujours dans un contexte particulier qui exige une réaction appropriée. Selon Varela, «la qualité de notre disponibilité dépendra de la qualité de notre être, et non pas de la justesse de nos principes moraux abstraits».

On peut remarquer avec le philosophe canadien Charles Taylor qu'«une bonne partie de la philosophie morale contemporaine s'est concentrée sur ce qu'il est bon de faire plus que sur ce qu'il est bon d'être. Elle a cherché à définir le contenu des obligations plutôt que la nature d'une vie bonne[3]». L'éthique se doit d'être concrète, incarnée et intégrée dans l'expérience vécue. Elle doit refléter le caractère unique de chaque être et de chaque situation. À notre époque, le mouvement de la sollicitude, du souci de l'autre (*care* en anglais), qui a connu un certain essor dans le monde anglo-saxon, nous fournit un exemple d'éthique de la vertu.

Selon le bouddhisme, l'éthique s'inscrit dans le projet de remédier à toute forme de souffrance. Cette démarche exige de renoncer aux multiples satisfactions égoïstes obtenues au prix de la souffrance de l'autre et de nous évertuer au bonheur d'autrui. Pour remplir son contrat éthique, l'altruisme doit, de ce point de vue, s'affranchir de l'aveuglement et s'éclairer d'une sagesse libre de malveillance, d'avidité et de partialité. L'éthique, en tant que manière d'être, doit s'enrichir d'amour altruiste et de compassion. Ici, le bouddhisme rejoint Platon, selon lequel : « L'homme le plus heureux est celui qui n'a dans l'âme aucune trace de méchanceté[4]. »

L'éthique à la lumière des neurosciences

Des expériences récentes ont apporté un éclairage nouveau à un débat qui préoccupe les moralistes depuis des siècles. Lors de recherches sur le jugement moral, Joshua Greene, philosophe et neuroscientifique de l'université de Harvard, a étudié les effets des choix et des comportements moraux sur l'activité des différentes aires cérébrales. Il voulait comprendre comment les jugements moraux sont façonnés par un mélange de processus automatiques (comme les réactions émotionnelles instinctives) et de processus cognitifs qui peuvent être contrôlés (comme le raisonnement et la maîtrise de soi). Au vu de ces recherches, il apparaît que le jugement moral dépend de l'intégration fonctionnelle de multiples systèmes cognitifs et émotionnels dont aucun ne semble être spécifiquement affecté au jugement moral.

Concernant la façon dont nous nous efforçons de résoudre les problèmes moraux, les philosophes « rationalistes », comme Platon et Kant, conçoivent le jugement moral comme une entreprise rationnelle, prenant en compte des raisons abstraites qui engendrent la bonne motivation et indiquent la direction à suivre. Contrairement aux précédents, les philosophes que Greene appelle « sentimentalistes », tels que David Hume et Adam Smith, ont fait valoir que les émotions forment la base principale du jugement moral. Les recherches de Greene confirment que les émotions et la raison jouent ensemble un rôle essentiel dans le jugement moral, et que leurs influences respectives ont été le plus souvent mal comprises.

Il avance la théorie du « double processus », selon laquelle les jugements moraux déontologiques (liés aux préoccupations de « droits » et « devoirs ») sont, contrairement à ce que l'on pourrait penser, déclenchés par des *réactions émotionnelles automatiques*, tandis que les jugements moraux de type utilitaire ou conséquentialiste (visant à promouvoir le « bien ») sont forgés par des *processus cognitifs plus maîtrisés*.

Pour ses recherches, Greene s'est servi du « dilemme du chariot » qui fut initialement conçu par les philosophes Philippa Foot et Judith Jarvis Thomson. Un chariot posé sur des rails dévale une pente en direction de cinq personnes qui ne le voient pas venir et seront tuées si personne n'intervient. Le dilemme peut se présenter de deux façons ;

- Le cas de l'interrupteur : vous pouvez actionner un interrupteur qui va manœuvrer un aiguillage, de sorte que le chariot sera détourné sur une autre voie où une seule personne sera tuée. Est-il moralement acceptable de détourner le chariot pour empêcher cinq morts au prix d'une ? La plupart des gens interrogés répondent « oui ».
- Le cas de la passerelle : la situation est la même, à la différence que vous êtes maintenant debout près d'un homme assis sur la rambarde d'une passerelle surplombant la voie ferrée. Le seul moyen de sauver les cinq personnes est de pousser cet homme de sorte qu'en tombant sur le levier de l'aiguillage, il fasse dévier le chariot sur une voie inoccupée. (La rambarde est trop haute pour que vous puissiez l'escalader à temps et sacrifier votre vie pour sauver les cinq personnes.) Est-il moralement acceptable de pousser cet inconnu pour en sauver cinq autres ? La plupart des gens répondent « non ».

Nous nous trouvons donc devant un problème : pourquoi semble-t-il normal à la plupart d'entre nous de sacrifier une personne pour en sauver cinq autres dans le cas de l'interrupteur, mais pas dans le cas de la passerelle ? Pour Joshua Greene, ces deux dilemmes mettent en œuvre des réactions psychologiques et des réseaux neuronaux différents. Selon le premier réseau, les deux dilemmes sont abordés de la même façon, en termes utilitaires : mieux vaut sauver autant de vies que possible. Ce système implique une grande maîtrise de soi et s'accompagne d'une relative impassibilité. Il semble dépendre du cortex préfrontal dorsolatéral, une partie du cerveau associée au contrôle cognitif et au raisonnement.

Le deuxième réseau neuronal répond de façon très différente à ces deux dilemmes : il réagit par une forte réponse émotionnelle négative à l'idée de pousser une personne du haut de la passerelle, mais ne réagit pas émotionnellement à l'idée d'appuyer sur un interrupteur, qui n'est qu'un objet émotionnellement « neutre », pour manœuvrer l'aiguillage. Pourtant, dans les deux cas, l'action choisie entraîne la mort d'un innocent et en sauve cinq autres. Il s'avère donc que lorsque le système émotionnel est fortement activé dans le cas où il s'agit de pousser *physiquement* quelqu'un, il domine le jugement. Cela explique pourquoi nous avons tendance à réagir de façon utilitaire dans le cas de l'interrupteur et de façon déontologique dans le cas de la passerelle.

Greene a émis l'hypothèse que les réponses sociales et émotionnelles que nous avons héritées de nos ancêtres primates sous-tendent chez l'homme les interdits qui sont au cœur de vues déontologiques comme celles d'Emmanuel Kant, lesquelles prohibent le franchissement de certaines frontières morales, quel que soit le bien qui puisse découler de leur transgression.

Par contraste, l'évaluation impartiale d'une situation – ce qui définit l'utilitarisme – est rendue possible par les structures des lobes frontaux du cerveau qui ont évolué plus récemment et permettent un contrôle cognitif élevé.

Comme le remarque Greene : « Si cette description s'avère correcte, elle impliquera ironiquement que l'approche kantienne "rationaliste" de la philosophie morale est, psychologiquement parlant, enracinée non dans la pure raison pratique, mais dans un ensemble de réactions émotionnelles ataviques qui se sont rationalisées a posteriori[5]. » C'est aussi ce qu'avance un nombre croissant de chercheurs, notamment le psychologue Jonathan Haidt qui affirme que dans de nombreuses situations, nous ressentons tout d'abord de façon instinctive, ou intuitive, si un comportement est ou non acceptable, puis nous justifions a posteriori nos choix par des raisonnements[6].

On comprend, à la lecture de ce qui précède, que les choix éthiques sont bien souvent complexes et parfois déchirants, en raison de la lutte, dans notre esprit, entre les émotions et la raison, les tabous déontologiques et la logique utilitaire. Nous devons donc veiller à ce que nos choix éthiques ne soient biaisés ni par notre détresse empathique ni par nos préjugés.

Dans le cas des animaux, l'éthique de la vertu devrait nous amener à les traiter avec bienveillance. Dans les faits, cependant, on ne peut que constater le caractère purement arbitraire qui nous fait adopter une position *déontologique* dans certains cas, et *utilitaire,* biaisée par les intérêts humains, dans d'autres. Celui qui tue son chat ou son chien en lui cognant la tête contre les murs fait face à l'opprobre de la quasi-totalité de ses semblables, mais lorsque les travailleurs des abattoirs font subir le même sort à des volailles ou à des porcelets, ce comportement n'est plus jugé répréhensible puisque, de toute façon, ces animaux ont perdu leur statut d'êtres sensibles dignes de considération et ont déjà entamé leur transformation en produit de consommation. Il arrive souvent que le cochon ou la chèvre d'une ferme soient traités presque comme des membres de la famille, jusqu'au jour où l'on décide que c'est le moment de les égorger. Le cheval de course vainqueur de nombreux prix est adulé et paradé sur les hippodromes, jusqu'au jour où, trop vieux et inutile, il est envoyé à l'abattoir, car cela coûterait trop cher de le nourrir jusqu'à sa mort. Ainsi, la valeur accordée aux animaux change du tout au tout à la suite d'une simple pirouette mentale de ceux qui les dominent.

« Farid de la Mortelle » est le pseudonyme sur Facebook d'un jeune Marseillais de 25 ans qui, en janvier 2014, s'est fait filmer en train de torturer un chat et a mis en ligne ses exploits sur YouTube. Devant des amis, on le voit jeter le plus haut et le plus loin possible un petit chat blanc et roux qui retombe lourdement sur le béton. Hilare, Farid réitère son acte quelques secondes plus tard, lançant violemment le chaton contre un mur, puis joue avec son corps inconscient. La France s'indigna, et une pétition pour punir le coupable reçut plus de 130 000 signatures en quelques jours. Les internautes se mobilisèrent pour identifier et retrouver le coupable, qui fut arrêté et condamné à un an de prison. Le petit chat, Oscar, survécut miraculeusement, en dépit d'une patte cassée et de multiples traumatismes. Recueilli par une bonne âme, il retrouva finalement ses propriétaires.

En 2007, on apprit que Michael Vick, une star du football américain, avait organisé pendant des années des combats de chiens sur sa propriété. La nouvelle indigna toute l'Amérique. Ces combats donnaient lieu à des paris avec des mises allant jusqu'à 26 000 dollars. Vick et ses associés achetaient des pitbulls, les testaient pour le combat, puis électrocutaient, pendaient, noyaient, battaient à mort ou tuaient par balle ceux qui s'avéraient trop peu combatifs. Vick plaida coupable et écopa de vingt-trois mois de prison ferme.

De tels actes de cruauté ne sont pas rares. Dans ce cas, l'opinion publique réagit de façon purement émotionnelle et déontologique, proclamant haut et fort qu'il est inadmissible de traiter les animaux de cette façon. Pourtant, le jour même où Farid a martyrisé le chaton, en France, près de 500 000 animaux étaient abattus au terme d'une courte vie de souffrances innommables dans l'indifférence quasi générale. Dans un abattoir d'un département de l'Ouest, où des porcelets trop petits étaient passés entre les rouages des machines utilisées pour les tuer, on a jeté ces animaux vivants dans un brasier[7]. Rationnellement, rien ne peut justifier une telle divergence d'attitude. Pour reprendre une expression du philosophe Gary Francione, qui prône l'abolition de l'instrumentalisation des animaux, nous souffrons ici d'une véritable schizophrénie morale à laquelle il est de notre devoir de remédier[8].

Chapitre 9

Le dilemme de l'expérimentation animale

On estime entre 50 et 60 millions le nombre d'animaux utilisés chaque année à travers le monde pour effectuer des expériences en laboratoire, dont 12 millions au sein de l'Union européenne et 2,5 millions en France[1]. La plupart souffrent d'une façon ou d'une autre (douleurs physiques, stress, privation de liberté, etc.) et sont mis à mort dès qu'ils ne servent plus.

C'est la recherche fondamentale qui utilise le plus grand nombre d'animaux, suivie par la recherche biomédicale et les essais de toxicité sur les produits ménagers et autres articles de consommation. Vient ensuite la génétique, qui est en forte croissance dans le domaine de la production d'animaux transgéniques[2]. Des entreprises commerciales font un gros profit en élevant et vendant des dizaines de millions d'animaux de laboratoire chaque année et n'ont donc pas intérêt à ce que l'on recherche des alternatives à l'expérimentation animale. La question de l'expérimentation sur des animaux vivants et de la vivisection continue de soulever, à juste titre, des débats passionnés. Ces méthodes sont largement utilisées en recherche fondamentale pour comprendre les mécanismes du vivant, et en recherche appliquée pour trouver des traitements aux maladies humaines, tester la nocivité de nouvelles substances, produire des animaux transgéniques ainsi que dans l'enseignement (dissection d'animaux en milieu scolaire, par exemple). Comme le constate Jean-Pierre Marguénaud, professeur de droit à l'université de Limoges :

> Longtemps la liberté de pratiquer des expériences sur les animaux a été une liberté absolue qui reposait sur le syllogisme suivant, dont la vivacité est toujours impressionnante : le bonheur de l'humanité passe par les progrès de la science ; or la science ne peut progresser qu'en élargissant les connaissances par des expériences sur les animaux ; donc la liberté d'expérimenter sur des bêtes vivantes est la condition préalable à l'amélioration du sort de l'humanité, si bien que tous ceux qui se hasarderaient à critiquer l'expérimentation animale s'exposeraient au péril d'être tenus pour de dangereux ennemis du genre humain, insensibles à la souffrance des enfants malades et à leur mort prématurée par excès d'attention à la sensibilité des animaux[3].

L'expérimentation animale est donc présentée comme un mal nécessaire, motivée par le désir de soulager les souffrances humaines. Comme le souligne Marguénaud : « De l'expérimentation douce à l'expérimentation terrifiante, toutes les déclinaisons sont possibles et il ne saurait être question de les confondre sous le feu des mêmes critiques[4]. » L'expérimentation « douce » est celle qui utilise les animaux pour des recherches scientifiques, imposant ainsi des contraintes sur leur mode de vie habituel, sans pour autant leur infliger des souffrances physiques ou psychologiques. Les chercheurs qui, comme ce fut le cas de Claude Bernard et d'innombrables collègues, ne font pas le moindre cas de la souffrance animale sont de plus en plus rares, mal vus par leurs pairs, et dorénavant punis par la loi. Claude Bernard s'illustra, entre autres, en faisant brûler vivants plus de 8 000 chiens[5]. En 1865, dans son *Introduction à l'étude de la médecine expérimentale, de l'expérimentation des êtres vivants*, il expliquait :

> Le physiologiste n'est pas un homme du monde, c'est un savant, c'est un homme qui est saisi et absorbé par une idée scientifique qu'il poursuit : il n'entend plus les cris des animaux, il ne voit plus le sang qui

coule, il ne voit que son idée et n'aperçoit que des organismes qui lui cachent des problèmes qu'il veut découvrir. [...] Le principe scientifique de la vivisection est d'ailleurs facile à saisir. Il s'agit toujours, en effet, de séparer ou de modifier certaines parties de la machine vivante, afin de les étudier, et de juger ainsi de leur usage ou de leur utilité.

Les attitudes ont indubitablement évolué depuis cette déclaration, mais en dépit de nouvelles réglementations et des mesures prises pour éviter autant que possible la souffrance animale, des millions d'animaux continuent d'endurer, principalement dans le domaine des tests de produits toxiques, de terribles souffrances et sont mis à mort. Bien que le nombre de ces « cobayes » reste considérable, il est largement inférieur à celui des animaux tués pour la consommation humaine, voire au nombre de rats régulièrement empoisonnés dans les égouts des villes par les autorités sanitaires.

Pour justifier l'expérimentation animale, on met donc en avant les recherches susceptibles de fournir les clés du traitement du cancer, de la schizophrénie et autres maladies, qui soulagent ainsi l'humanité d'immenses fléaux. On déplore parfois la mort d'un grand nombre d'animaux de laboratoire, mais ceux-ci acquièrent au moins le noble statut d'avoir, bien involontairement, servi une grande cause. Au Japon, il y a même un monument dédié aux animaux morts au champ d'honneur de la recherche scientifique, ce qui prouve qu'il existe au moins une certaine conscience de les avoir fait souffrir et de les avoir tués, alors qu'en Occident, un tel monument paraîtrait risible.

On explique également l'utilisation de centaines de millions d'animaux pour la recherche fondamentale, en rappelant qu'en sus de l'enrichissement des connaissances, c'est aussi de cette recherche que naissent des applications pratiques jusqu'alors insoupçonnées. Plus de soixante-dix prix Nobel ont récompensé des recherches effectuées sur des animaux. Parmi celles-ci figurent les expérimentations sur les cochons qui ont conduit à l'invention de l'IRM (Cormack et Hounsfield, lauréats 1979), des recherches sur des chiens qui ont permis la mise au point des techniques de transplantation d'organes (Murray et Thomas, lauréats 1990), et des recherches sur les souris qui ont mené à la découverte des prions, des protéines infectieuses responsables de diverses encéphalopathies spongiformes transmissibles (Prusiner, lauréat 1997).

Il est indéniable que les progrès considérables de la médecine au XXe siècle, ont, entre autres facteurs, contribué à faire passer, en France, l'espérance de vie à la naissance de 45 ans en 1900 à près de 80 ans aujourd'hui. Un chercheur que je connais bien, Wolf Singer, souligne que si quelqu'un refusait de prendre des médicaments qui ont été testés sur les animaux, il lui serait impossible de suivre le traitement d'un médecin ou de se rendre dans un hôpital pour se faire soigner, car la totalité des remèdes approuvés ont été testés sur des animaux. Pour être végétarien ou végétalien, il suffit de décider d'arrêter de manger les animaux eux-mêmes ou des produits issus de leur exploitation. Une telle décision ne prend qu'une fraction de seconde et il n'est pas difficile de trouver des alternatives aux produits animaliers. Mais on comprend qu'il serait presque impossible, dans le monde où nous vivons, de se priver totalement de soins médicaux classiques.

Nombre de médicaments testés sur les animaux pour l'usage humain sont également utilisés pour le bien des animaux par les vétérinaires. C'est une excellente chose, mais cette utilisation reste limitée aux animaux de compagnie et, dans le cas de l'élevage, elle vise surtout à maximiser le profit des exploitants. Ainsi que nous l'avons mentionné, on administre aux bovins des antibiotiques à haute dose afin qu'ils ne contractent pas de maladies infectieuses lors de leur si courte vie d'élevage. Antibiotiques que l'on retrouve à des niveaux résiduels dans « leur » viande destinée à la consommation. Par ailleurs, si certaines recherches ont pour but spécifique le traitement des maladies animales, dans la quasi-totalité des cas, leur finalité n'est pas le bien-être animal en lui-même, mais la santé des animaux utilisés par l'homme. D'innombrables personnes et ONG dans le monde, mues par la compassion, viennent en aide à des animaux malades ou blessés, et utilisent pour ce faire les connaissances de la médecine, mais ce sont là des initiatives individuelles et la recherche médicale destinée à soigner des animaux sans utilité pour l'homme reste peu développée.

Les buts de la science sont admirables, mais on en revient toujours à la même question : est-il admissible d'user de notre pouvoir pour faire souffrir des millions d'êtres sensibles ? Pour y répondre, il est fréquent que les déontologistes les plus convaincus, ceux qui prônent le respect absolu des droits de l'individu lorsqu'il s'agit des êtres humains, deviennent les utilitaristes les plus ardents lorsqu'on en vient à l'utilisation des animaux pour le bien de l'homme. Les arguments avancés pour ou contre l'expérimentation animale se répartissent en plusieurs catégories.

Le point de vue déontologique

Ceux, parmi les déontologistes, qui prennent en considération le sort des animaux étendent simplement aux autres êtres sensibles l'idée que l'homme ne peut s'autoriser, par principe, à utiliser des individus non consentants comme de simples moyens d'accomplir ses buts personnels au détriment de leur bien-être, voire au prix de leur vie. Pour un déontologiste, le respect de l'individu est non négociable et ne peut être mêlé de considérations utilitaires (telles que : « Il est acceptable de sacrifier le bonheur d'un innocent pour assurer le bonheur de dix personnes »). Le philosophe américain Tom Regan en particulier soutient que dans le cas de l'expérimentation animale, on transgresse les droits des animaux en négligeant leur valeur intrinsèque en tant que « sujets-d'une-vie », pour les instrumentaliser en faveur d'une augmentation du bien-être des humains. En renonçant à utiliser de force des animaux, on ne transgresse pas les droits des humains, les seuls droits de ces derniers étant que leur propre valeur intrinsèque soit respectée. On ne renonce donc à rien d'autre qu'au projet de promouvoir le bien-être humain au prix d'une transgression du droit des animaux à vivre et à ne pas souffrir.

Les utilitaristes anthropocentrés

Les utilitaristes soutiennent que la vie d'un million de personnes a, globalement, plus de valeur que celle de dix mille personnes. Le problème commence lorsqu'il s'agit de choisir les victimes, puisque, individuellement, chaque vie humaine a la même valeur qu'une autre.

La vision utilitariste est séduisante à première vue, mais elle laisse la porte ouverte à toutes sortes d'excès. Les régimes totalitaires, par exemple, ne s'embarrassent guère de ménagements pour faire triompher leurs vues utilitaristes. Mao Tsé-toung n'hésitait pas à dire que la vie de ses citoyens ne comptait guère pour instaurer l'âge d'or du socialisme[6].

Dans le cas des animaux, l'utilitarisme anthropocentré se soucie à peine du nombre colossal d'animaux sacrifiés pour promouvoir les intérêts de l'espèce humaine. Quant à l'expérimentation animale, les vertus incontestables qu'il y a à améliorer la santé et la longévité d'innombrables vies humaines restent donc moralement entachées par la dévalorisation concomitante des animaux utilisés contre leur gré. Cette dévalorisation peut atteindre des extrêmes déplorables. En 1974, au cours d'un programme de télévision, le journaliste américain Robert Nozick demanda à un groupe de scientifiques si le fait qu'une expérimentation particulière allait entraîner la mort de centaines d'animaux était parfois considéré comme une raison suffisante pour ne pas l'effectuer. L'un d'entre eux répondit : «Pas à ma connaissance.» Nozick insista : «Les animaux ne comptent-ils pas du tout?» Le docteur Adrian Peracchio du Yerkes National Primate Research Center (Centre de recherche Yerkes sur les primates, près d'Atlanta) répondit : «Pourquoi compteraient-ils?» Tandis que le docteur David Baltimore du MIT (Institut de technologie du Massachusetts) ajouta qu'il ne pensait pas que l'expérimentation sur les animaux pose un quelconque problème moral[7].

Selon ce point de vue, la vie humaine est «sans prix», ce qui signifie qu'elle a un prix infini, et la vie animale est «sans prix» dans le sens où ce prix est nul. Les choses ont certainement évolué depuis quarante ans, mais il reste beaucoup à faire.

Selon Mary Midgley, on accorde aux animaux une priorité extrêmement faible. Puisque l'on reconnaît aujourd'hui que la plupart des animaux sont conscients, ressentent la douleur et font l'expérience de la souffrance, ils ont droit à une *certaine* considération, mais ils doivent prendre place en bout de file, après que tous les besoins humains ont été satisfaits. La déconsidération des animaux n'est plus totale, mais relative. En pratique, constate Midgley, nombre des mesures réclamées pour améliorer le sort des animaux n'entrent pas en compétition avec les besoins humains et ne se trouvent donc pas dans la même file. Les Européens qui vont à la chasse par plaisir ne sont pas dans la même position que les Eskimos qui tuent pour assurer leur subsistance ou pour empêcher un ours blanc de les dévorer[8].

Semblables ou dissemblables ?

L'expérimentation animale souffre également d'un problème de logique interne, du fait qu'elle tente de réconcilier deux idées contradictoires :

1) La *ressemblance* entre les hommes et les animaux est suffisante pour valider l'idée que les conclusions de l'expérimentation sur les animaux pourront être appliquées à la compréhension et au traitement des maladies humaines. Nos corps sont faits des mêmes cellules, nos organes sont très similaires (on pourrait greffer sur un homme un cœur de cochon légèrement modifié génétiquement afin de ne pas être rejeté par le bénéficiaire) et les chimpanzés ont un génome identique au nôtre à 98,7 %.
2) La *dissemblance* entre les hommes et les animaux est suffisante pour justifier l'infliction aux animaux de sévices qu'on ne se permettrait en aucun cas d'infliger à des humains.

Ou bien l'animal n'est pas comme nous, auquel cas il n'y a pas de raison d'effectuer l'expérience, ou bien il nous est semblable, auquel cas nous ne devrions pas mener sur lui une expérience que l'on trouverait scandaleuse si on l'infligeait à des humains. La mouche, le chimpanzé et l'homme sont sur le même continuum du vivant : biologiquement, il n'y a entre ces trois êtres qu'une différence de degré. Comme nous l'avons vu, nous partageons avec de nombreux animaux dits « supérieurs » la plupart de nos émotions et une part non négligeable de nos facultés intellectuelles.

Selon Bernard Rollin, certains chercheurs, de plus en plus rares heureusement, se placent dans une position tout à fait contradictoire lorsque, d'un côté, ils dénient la douleur animale, et de l'autre, ils étudient les effets de stimuli pénibles sur les animaux, afin de mieux connaître les mécanismes de la douleur et d'extrapoler ces connaissances à l'être humain[9].

La liste des traitements qui ont été longtemps infligés aux animaux dans les laboratoires où l'on a étudié les effets de la douleur chronique inclut la stimulation électrique continue des nerfs ou de la pulpe dentaire à l'aide d'électrodes implantées ; des décharges électriques répétées administrées à travers le sol métallique de la cage; l'inflammation provoquée par l'injection sous-cutanée de térébenthine ou d'autres produits chimiques; la nécrose des tissus par injection sous-cutanée de formol; la perfusion continue de substances qui engendrent la douleur; l'induction d'arthrose par injection de substances toxiques; la fracture volontaire des os; l'induction de lésions dans le système nerveux central par injection de gel d'alumine; l'induction de convulsions, etc.[10]

Peter Singer relate une visite qu'il fit dans les bureaux de l'United Action for Animals à New York où se trouvaient des étagères remplies de dossiers contenant des rapports d'expériences publiés dans les revues scientifiques. Les étiquettes que portent les dossiers se passent de commentaires : « Accélération », « Agression », « Asphyxie », « Blessure à la moelle épinière », « Blessures multiples », « Brûlure », « Cécité provoquée », « Centrifugation », « Commotion », « Compression », « Congélation », « Décompression », « Écrasement », « État de choc », « Faim prolongée », « Frappe des pattes arrière », « Hémorragies », « Immobilisation », « Isolement », « Névrose expérimentale », « Privation d'espace », « Privation protéique », « Punition », « Soif », « Stress », « Surchauffe », « Test de médicaments », et bien d'autres encore[11].

Seule une dévalorisation extrême de l'animal en tant qu'être sensible permet d'expliquer le fait d'infliger de tels traitements.

Quelle est la validité scientifique de l'extrapolation à l'homme des connaissances acquises par l'expérimentation sur les animaux ?

Un très grand nombre de traitements qui ont été mis au point par le biais de l'expérimentation animale se sont avérés utiles à l'homme et, comme nous l'avons souligné, la quasi-totalité des médicaments que nous utilisons ont été testés sur les animaux. Toutefois, il est important de souligner qu'un nombre important de traitements qui ont prouvé leur efficacité chez l'animal ne fonctionnent pas chez l'homme. Les différentes espèces peuvent en effet réagir très différemment à une même substance chimique. Ainsi, des chercheurs de l'université du Missouri-Columbia ont montré que les lignées de rats de laboratoire utilisés par les industriels pour les évaluations toxicologiques du bisphénol A (BPA) étaient au moins 25 000 fois moins sensibles aux perturbations hormonales que la moyenne des autres animaux de laboratoires. Dans d'autres cas, certaines espèces animales se sont révélées 100 000 fois moins sensibles que d'autres à des produits toxiques[12].

En effet, si bon nombre d'expériences scientifiques conduisent à des résultats extrapolables à l'homme, cette extrapolation n'est pas toujours fiable et ses conséquences sont imprévisibles. Le cas le plus tristement célèbre est celui de la thalidomide, un médicament qui fut utilisé dans les années 1950-1960 comme sédatif et antinauséeux chez les femmes enceintes. Il avait été testé au préalable sur des chiennes, des chattes, des rates, des singes, des hamsters et des poules sans provoquer d'effets indésirables. Mais lorsque ce produit fut commercialisé et administré aux humains, il provoqua des difformités graves chez plus de dix mille nouveau-nés et la mort de milliers d'entre eux. Il fut de nouveau testé sur les animaux, et les chercheurs s'aperçurent qu'il ne provoquait des difformés que chez une lignée particulière de lapines[13]. Ce n'est là qu'un exemple tragique parmi de nombreux cas de divergence entre les effets engendrés par diverses substances sur les animaux et sur l'homme. Ce qui est un médicament pour l'un peut s'avérer être un poison pour l'autre.

L'aspirine, par exemple, est hautement toxique pour nombre d'animaux : elle entraîne des malformations congénitales chez les rongeurs et les chats meurent s'ils absorbent plus de 20 % de la dose humaine normale (rapportée à leur poids) tous les trois jours. L'ibuprofène, l'un des antidouleurs les plus utilisés dans le monde, provoque des défaillances rénales chez les chiens, même à faible dose. La pénicilline qui a sauvé des milliards de vies humaines a longtemps été mise de côté, car elle n'avait aucun effet antibactérien chez les lapins qui servaient à la tester. Alexander Fleming ne découvrit son pouvoir d'éradiquer les infections humaines chez l'homme que lorsqu'il l'administra finalement à un patient humain.

Parmi les tests de toxicité des produits chimiques susceptibles d'être utilisés par l'homme, le plus connu est le DL50, une abréviation pour « Dose létale médiane ». Ce test détermine la quantité d'un produit nécessaire pour tuer la moitié des animaux qui l'ingèrent. Ceux-ci souffrent énormément, bien avant que ne soit atteint le point où la moitié d'entre eux meurent. De plus, on utilise aussi le test DL50 pour évaluer des substances relativement inoffensives. Pour provoquer la mort des animaux, il faut alors leur faire ingurgiter des quantités massives de ces substances peu toxiques. Dans ce cas, leur mort résulte soit du volume démesuré qu'on leur a fait ingérer, soit de la concentration anormalement élevée de la substance, alors que celle-ci n'est pas, en elle-même, toxique. Comme le remarquait le docteur Elizabeth Whelan, directrice administrative du Conseil américain des sciences et de la santé : « Il n'est pas nécessaire d'être docteur ès sciences pour comprendre que le fait d'administrer à des rongeurs une quantité de saccharine équivalente à 1 800 bouteilles de limonade par jour est difficile à rapporter à la consommation quotidienne que nous en faisons, et qui se limite à quelques verres[14]. »

Un autre praticien, Christopher Smith, estime que « les résultats que donnent ces tests ne peuvent pas être utilisés pour prédire le degré de toxicité d'un produit ou pour diriger le traitement dans les cas d'exposition humaine. […] Je n'ai jamais utilisé de résultats de tests sur animaux pour déterminer la conduite à suivre face à un empoisonnement accidentel[15] ».

Les abus : l'utilisation de l'expérimentation animale pour des raisons futiles et injustifiables

Depuis quelques années, tout projet de recherche impliquant l'utilisation et la mise à mort d'animaux doit être soumis à un comité d'éthique et doit respecter des règles de plus en plus strictes. Bien qu'insuffisantes — seul le remplacement de l'expérimentation sur des animaux vivants par diverses alternatives, envisagées plus loin, serait vraiment satisfaisant —, ces règles permettent, dans les pays qui les observent, d'éviter les abus intolérables qui ont été fréquemment commis dans le passé.

En 1954, à l'université de Yale, Margaret A. Lennox et ses collèges placèrent 32 chatons dans un four où ils furent soumis à 49 séances de chauffage intense. Les chatons commençaient par se débattre puis étaient pris de multiples convulsions. La brillante conclusion des chercheurs fut que ces résultats étaient en accord avec ceux observés chez les humains souffrant de fortes fièvres et chez d'autres chatons antérieurement soumis au même traitement[16].

Quant au célèbre psychologue Harry Harlow, il étudia dans les années 1950 les effets de l'isolement social en incarcérant des singes, dès leur naissance, dans une chambre en acier inoxydable. Il montra ainsi qu'un isolement précoce, grave et prolongé avait réduit ces animaux à un état dominé par la peur et l'agressivité[17]. Plus tard, il eut, selon ses propres termes, la « fascinante idée » d'induire la dépression chez de jeunes singes en « permettant à des bébés singes de s'attacher à de fausses mères en peluche qui pouvaient se transformer en monstres ». Le premier de ces monstres était une mère singe en tissu qui, à intervalles réguliers ou sur demande, éjectait de l'air comprimé sous haute pression. La peau du bébé singe s'en trouvait presque arrachée. Que faisait-il alors ? Il s'agrippait plus fort encore au leurre maternel monstrueux, parce qu'un bébé effrayé s'agrippe à tout prix à sa mère[18].

Harlow fabriqua un autre ersatz maternel qui secouait le bébé si violemment qu'on entendait claquer ses dents. Le bébé se cramponnait toujours plus fort à la fausse mère. Finalement, Harlow fabriqua une « mère porc-épic » qui faisait saillir des piques acérées en laiton sur toute la surface de son ventre. Bien que les nourrissons fussent meurtris par ces piques douloureuses, ils attendaient simplement qu'elles se rétractent pour retourner se blottir contre leur mère. Comme le note Singer : « Depuis que Harlow commença ses études sur la privation maternelle, il y a une trentaine d'années, plus de 250 séries d'expériences de ce type ont eu lieu aux États-Unis. Plus de sept mille animaux ont de ce fait subi des procédures induisant la détresse, le désespoir, l'angoisse, la dévastation psychologique et la mort[19]. » La philosophe Vinciane Despret qualifie cette obstination malsaine de « répétitivité sans fin fondée sur une duplication maniaque[20] ».

Ces études, désormais classiques, ont éclairé certains points de nos connaissances sur l'attachement mère-enfant, mais on peut évidemment se demander s'il était légitime d'en passer par de telles tortures et d'en reproduire de subtiles variantes des années. Ironiquement, à la fin de sa carrière, Harlow lui-même, parlant des douze années durant lesquelles il dirigea le *Journal of Comparative and Physiological Psychology*, reconnut : « La plupart des expériences ne valent pas la peine d'être faites et les données obtenues ne valent pas la peine d'être publiées. » Et cela, après avoir examiné, selon son estimation, quelque 2 500 manuscrits soumis à publication, dont la plupart impliquaient des expérimentations douloureuses sur des animaux[21] !

Au début des années 1980, à l'université de Pennsylvanie, Thomas Gennarelli et son équipe frappaient des babouins sur la tête, pour étudier les lésions provoquées sur le cerveau en fonction de la force des coups. Le gouvernement fédéral américain finançait ces recherches à hauteur d'un million de dollars par an. Selon les documents approuvant ce projet de recherche, les singes devaient être anesthésiés avant de recevoir les coups et blessures à la tête. Deux enquêteurs du Front de libération animale (ALF) réussirent à s'introduire dans le laboratoire et à dérober les enregistrements vidéo de ces expériences. Ceux-ci montraient des babouins encore conscients qui se débattaient pendant qu'on les attachait pour les frapper. On voyait aussi les animaux se tordre de douleur au sortir d'une anesthésie, alors que des chercheurs opéraient sur leur cerveau mis à nu. On entendait également les expérimentateurs se moquer et rire des animaux terrifiés, plongés dans les affres de la douleur. Les vidéos furent remises aux médias. À la suite de la réaction outragée du public et de la campagne menée pendant plus d'un an par l'association PETA, soutenue par des centaines de citoyens, l'État coupa les subventions allouées à Gennarelli et son laboratoire fut fermé[22]. Concernant de tels excès, il est édifiant de visionner *Terriens*, un documentaire qui présente nombre de documents filmés en caméra cachée dans certains laboratoires de recherches[23].

On cite le cas d'un chercheur irascible, qui laissait exploser ses colères en attrapant le premier rat de laboratoire qui lui tombait sous la main et en le jetant contre un mur. Steven Pinker, professeur à Harvard, raconte avoir vu une photo, publiée dans un journal scientifique, montrant un rat qui avait appris à éviter des chocs électriques en se couchant sur le dos et en appuyant sur un levier avec ses pattes. La légende mentionnait « petit-déjeuner au lit[24] ». Le petit-déjeuner en question étant les chocs électriques qui étaient «servis» à l'animal.

Le «test de Draize», ou test d'irritation oculaire utilisé depuis plus d'un demi-siècle, vise à évaluer l'effet irritant ou corrosif de diverses substances sur les yeux de lapins. Ce test a été notamment utilisé avec d'innombrables produits ménagers et cosmétiques. La tête de l'animal est immobilisée dans un carcan et ses yeux sont maintenus ouverts en permanence par des pinces métalliques. On verse ensuite à intervalles réguliers dans l'œil du lapin des gouttes du produit chimique étudié. Les lapins n'ayant pas la faculté de sécréter des larmes, les produits vont donc rapidement engendrer des irritations, brûlures, infections et souvent des nécroses. «Il est inconcevable que pour embellir les femmes on injecte des produits toxiques dans les yeux des animaux!» s'exclame la célèbre éthologue Jane Goodall[25].

En septembre 2010, l'OCDE a validé une méthode alternative destinée à remplacer progressivement ce test. En attendant la généralisation de son usage, les lapins continuent de souffrir[26]. Le philosophe américain James Rachels critique ainsi la doctrine de l'exception humaine :

> Bien entendu, il existe quantité de différences impressionnantes entre les humains et les lapins. [...] Mais ces différences sont-elles pertinentes ? Nous demandons pourquoi il se trouverait des objections au fait d'utiliser des humains de cette façon. La réponse est que le procédé est assez douloureux, et que leurs yeux subiraient des dommages irréparables. C'est pour eux un mal, tant parce que la douleur est un mal que parce que les gens ont besoin de leurs yeux pour toutes sortes de raisons. [...]
>
> Avec ceci en main, nous pouvons alors nous tourner vers les lapins, et demander s'ils sont semblables aux humains sous les aspects pertinents. Peuvent-ils éprouver de la douleur ? Et la vue leur est-elle utile pour poursuivre leurs vies ? Si oui, nous avons alors les mêmes raisons de nous opposer à l'utilisation de lapins que de nous opposer à l'utilisation d'êtres humains. Et si quelqu'un objecte qu'à la différence

des lapins, les humains font des mathématiques, ou apprécient l'opéra, lapins, nous pouvons répliquer que même si ces différences sont pertinentes lorsqu'il est question d'autres formes de traitement, elles ne le sont pas pour la question du test de Draize[27].

On ne peut que se demander avec Peter Singer : « Comment tout cela est-il possible ? Comment des gens qui ne sont pas des sadiques peuvent-ils consacrer leurs journées de travail à plonger des singes dans une dépression qui dure leur vie entière, à chauffer des chiens jusqu'à ce qu'ils meurent, ou à rendre des chats toxicomanes ? Comment peuvent-ils ensuite enlever leur blouse blanche, se laver les mains, et rentrer chez eux dîner en famille[28] ? »

S'agit-il là que de quelques « brebis galeuses » au sein d'une communauté scientifique en majorité bienveillante ? On pourrait penser que les malheureux singes sont tombés sur un chercheur psychopathe qui prenait plaisir à les torturer. Mais que son équipe ait joué le jeu laisse à penser qu'il s'agit plutôt d'un effet de situation.

En 1971, le psychologue Philip Zimbardo imagina une expérience peu ordinaire pour évaluer l'influence des situations sur les comportements humains. Il fit construire la réplique d'une prison dans les sous-sols de l'université de Stanford, en Californie, et recruta des volontaires prêts à devenir les uns des prisonniers, les autres des gardiens. Au début, les prisonniers comme les geôliers peinaient à prendre leur rôle au sérieux. Mais en quelques jours, la situation évolua considérablement. Les gardiens ne tolérèrent ni dissension ni infraction au règlement et imaginèrent toutes sortes de punitions humiliantes à l'encontre des prisonniers dont certains adoptèrent une attitude soumise et résignée, alors que d'autres manifestèrent des velléités de rébellion. Les brimades, parfois obscènes, se firent plus fréquentes ; des actes de violence furent commis ; certains prisonniers commencèrent à craquer et l'un d'eux entreprit une grève de la faim. La situation se dégrada à tel point que les scientifiques furent obligés d'interrompre l'expérience au bout de six jours, au lieu des quinze prévus.

Pour Philip Zimbardo, «le mal consiste à se comporter intentionnellement d'une manière qui lèse, maltraite, rabaisse, déshumanise, détruit des innocents, à utiliser sa propre autorité ou le pouvoir du système pour inciter d'autres à le faire ou leur permettre de le faire en votre nom[29]».

L'expérience de Stanford et le cas célèbre de la prison irakienne d'Abou Ghraib, où des gardiens américains humiliaient de façon obscène leurs prisonniers, nous montrent comment des individus qui ne sont pas a priori des monstres sont amenés à en faire souffrir d'autres au mépris des valeurs morales qui sont pourtant les leurs. De telles dérives, qui sont monnaie courante dans de nombreuses prisons à travers le monde, se produisent sous la pression insidieuse que constitue un cadre donné dont la logique s'impose à tous, au point de substituer ses normes aux valeurs individuelles de chacun[30].

Tout comme dans les prisons, les abus commis dans certains laboratoires ne peuvent donc être attribués à quelques brebis galeuses qui auraient infecté le troupeau : c'est la bergerie elle-même qui est contaminée. Ce qui caractérise cette bergerie, c'est le consensus tacite parmi les expérimentateurs selon lequel il est acceptable d'infliger aux animaux des traitements nocifs, souvent douloureux, et d'éliminer ces animaux sans autre forme de procès une fois les tests terminés. Dès lors que de tels traitements constituent la norme, il suffit de fort peu de chose pour qu'ils dérivent vers toutes sortes d'abus.

On revient au spécisme

Le chauvinisme humain ne se contente pas de rappeler que l'existence humaine a une plus grande valeur que l'existence animale — qui pourrait raisonnablement en douter ? — mais à se dégager de tout devoir et de toute compassion envers les animaux. Pourtant, il suffirait d'inverser quelques instants les rôles pour comprendre l'incohérence de cette position. C'est ce que fit Henri-Joseph Dulaurens qui écrivait au XVIIIe siècle :

> Que dirait-on cependant si un chien, devenu chirurgien, cassait la jambe à un homme pour apprendre à guérir celle d'un autre chien ? Que dirait-on si un chat arrachait l'œil à un enfant pour voir comment les fibres médullaires du nerf optique sont étendues sur la rétine ? Que dirait-on enfin si une biche, armée du scalpel, ouvrait le ventre à une jeune mariée, pour y découvrir le mystère de la génération, ou seulement pour satisfaire sa curiosité ? Ne crierait-on pas au meurtre ! À la cruauté[31] !

Il nous faut également ici considérer un argument de Peter Singer, dont on retrouve l'origine chez Jeremy Bentham, démonstration qui a souvent été mal interprétée, violemment critiquée et montée en épingle par ceux qui dénigrent le mouvement de la libération animale. Singer fait ce raisonnement par l'absurde : si le moindre développement, chez les animaux, de certaines capacités humaines — l'intelligence, un projet de vie, les valeurs morales (ou l'absence d'autres capacités comme le génie philosophique et scientifique) — justifiait la prérogative de les utiliser à notre convenance, notamment pour l'expérimentation scientifique, qu'est-ce qui nous retient d'avoir recours à des humains en état végétatif profond et irréversible ? Ceux-ci sont en effet affligés d'une absence totale des capacités dont jouissent certains animaux. Certains grands singes ont un quotient intellectuel de 75, sachant que la moyenne chez les humains est de 100.

Il est évident que nous sommes horrifiés à l'idée d'instrumentaliser d'autres êtres humains. Fort heureusement, nous éprouvons envers eux suffisamment d'empathie et de compassion pour être concernés par leur sort, quand bien même ils sont incapables de manifester la moindre des facultés qui donnent à l'existence humaine sa qualité si particulière. Le fait que nous soyons naturellement portés à accorder notre sympathie à nos semblables a certainement une composante biologique et philosophique. Mais nous devons reconnaître qu'elle est partiale, subjective, et déformée par nos préjugés.

L'idée de ce raisonnement par l'absurde *n'est pas* d'animaliser les humains ou d'humaniser les animaux, ni de suggérer que l'on commence à utiliser des humains en état végétatif pour l'expérimentation scientifique et médicale dans le cas où cela permettrait d'importantes découvertes utiles à l'humanité, mais de cesser d'instrumentaliser les animaux à notre guise et sans merci. Par essence, il ne s'agit nullement d'étendre aux humains les sévices que l'on fait subir aux animaux, mais d'étendre aux animaux la compassion que l'on éprouve envers les humains.

Quelques lueurs d'espoir

Une nouvelle directive européenne de 2010 affirme : « Les animaux ont une valeur intrinsèque qui doit être respectée et [...] qu'ils devraient donc toujours être traités comme des créatures sensibles. » Elle ajoute : « L'utilisation d'animaux à des fins scientifiques ou éducatives devrait donc être envisagée uniquement lorsqu'il n'existe pas de méthode alternative n'impliquant pas l'utilisation d'animaux[32]. »

La directive européenne stipule en préambule : « S'il est souhaitable de remplacer l'utilisation d'animaux vivants dans les procédures par d'autres méthodes qui n'impliquent pas leur utilisation, l'utilisation d'animaux vivants demeure nécessaire pour protéger la santé humaine et animale ainsi que l'environnement[33].» Cette directive insiste cependant sur la nécessité d'améliorer le bien-être des animaux utilisés dans des procédures de recherche, en tenant compte des nouvelles connaissances scientifiques sur le bien-être animal, ainsi que la capacité des animaux à éprouver et à exprimer de la douleur, de la souffrance et de l'angoisse. Grâce au lobbying constant des associations de protections des animaux, la directive exclut l'utilisation d'animaux dans les tests de produits cosmétiques[34]. Désormais, les procédures doivent indiquer sur une échelle le degré de souffrance.

Non seulement les animaux vertébrés, mais aussi les céphalopodes (une classe de mollusques supérieurs) sont concernés par la directive qui propose de respecter le principe des 3R (remplacement, réduction, raffinement) qui fut initialement formulé en 1959 par le zoologiste William Russell et le microbiologiste Rex Burch.

- *Remplacer* les modèles animaux par des modèles alternatifs lorsque cela est possible (en particulier des modèles virtuels *in silico*, c'est-à-dire sur ordinateur).
- *Réduire* le nombre d'animaux utilisés en expérimentation, afin d'éviter de les faire souffrir ou de les sacrifier en trop grand nombre.
- *Raffiner* la méthodologie, en utilisant des méthodes peu invasives et en définissant des «points limites» au-delà desquels il est nécessaire de mettre fin à l'expérimentation, afin d'éviter des souffrances inutiles.

La directive s'intéresse également au sort des animaux après leur utilisation dans les laboratoires : «Dans certains cas, il convient de relâcher les animaux dans un habitat ou un système d'élevage approprié, ou d'autoriser le placement des animaux comme les chiens et les chats dans des ménages, car l'opinion publique se préoccupe grandement de leur sort.»

Finalement, cette directive note : « Si certains États membres ont adopté des mesures d'exécution nationales garantissant un niveau élevé de protection des animaux utilisés à des fins scientifiques, d'autres se contentent d'appliquer les exigences minimales prescrites. » La nouvelle directive européenne de 2010 relative à l'expérimentation animale a été retranscrite dans le droit français en février 2013.

Selon Jean-Pierre Marguénaud, le Parlement européen a accompli une évolution significative en cessant de centrer ses propositions sur des « évaluations éthiques », qui laissent une grande liberté d'interprétation aux expérimentateurs, et en donnant au droit la place qui lui manquait. La nouvelle directive européenne oblige chaque État membre à établir un « comité national pour la protection des animaux utilisés à des fins scientifiques[35] ». De l'avis de Marguénaud, ces dispositions constituent un véritable progrès, car la « protection des animaux » signifie bien autre chose qu'une « réflexion éthique ». L'expérimentation animale va donc pouvoir basculer dans le champ du droit pour sortir du domaine réservé des expérimentateurs. Les nouvelles autorités ne se borneront plus à formuler des avis pour aider les chercheurs à adopter une bonne conduite professionnelle : elles prendront de véritables décisions accordant, refusant, modifiant, renouvelant ou retirant des autorisations en fonction des conditions très précises fixées par la directive européenne[36].

Pour certains, ces progrès vont à l'encontre du principe de « liberté de la recherche scientifique » qui est reconnue par la Charte des droits fondamentaux de l'Union européenne, et constitue une valeur précieuse des sociétés démocratiques. Mais cette « liberté » doit naturellement être limitée par la prise de conscience, aujourd'hui prédominante, selon laquelle les animaux sont, pour reprendre les termes de Marguénaud, « des êtres vivants souvent sensibles et parfois aimés, qu'ils ne peuvent plus continuer à être confondus dans la catégorie des choses avec les torchons et les serviettes, les brouettes et les ordinateurs[37] ». C'est en effet ce que montre un sondage effectué par Ipsos en 2003 : globalement, 64 % des Français se disent défavorables à l'expérimentation animale. La grande majorité des Français est aujourd'hui très critique vis-à-vis de la situation. 76 % d'entre eux considèrent qu'il y a trop d'abus en matière d'expérimentation animale. 73 % estiment que l'information délivrée sur les conditions dans lesquelles les expérimentations sont réalisées est insuffisante. Enfin, 85 % des Français sont en faveur d'une interdiction totale de toute expérimentation animale, lorsqu'il est démontré que des méthodes substitutives peuvent être utilisées[38].

Méthodes de substitution

De nombreuses méthodes alternatives, comme les cultures de cellules, de tissus et d'organes, en particulier *in vitro*, sont maintenant disponibles. Elles permettent de réduire considérablement le nombre d'animaux requis pour la recherche et les tests de toxicité[39].

La recherche *in vitro* consiste à étudier des cellules, tissus et organes isolés du corps vivant, animal ou humain. Les lignées cellulaires sont prélevées sur des animaux qui par la suite ne sont plus sollicités. En revanche, les tissus ou organes proviennent d'animaux qui sont tués dans ce but. Les banques de tissus humains et de cellules-souches sont mises en place dans certains pays, mais elles font souvent face à des obstacles légaux et éthiques. Les essais *in vitro* sont très prometteurs dans le domaine des recherches sur les effets de substances chimiques.

Les ordinateurs permettent également, par simulation et réalité virtuelle, d'avancer dans de nombreux secteurs. Ce type de recherche est dénommé *in silico* (en raison du silicium utilisé dans les ordinateurs) par opposition à *in vivo* (dans l'organisme vivant), et *in vitro* (dans une culture de cellules et de tissus). Un modèle gastro-intestinal, par exemple, a été développé pour simuler l'estomac, le petit intestin et le côlon. Ce modèle permet notamment d'étudier les interactions entre les médicaments et les aliments et de tester virtuellement les effets de certaines substances. Des peaux artificielles peuvent maintenant être substituées à celles des animaux pour déterminer l'effet corrosif ou nécrosant d'une substance.

Dans le domaine de l'éducation, il est aujourd'hui possible pour les étudiants de pratiquer la vivisection en « réalité virtuelle », en utilisant par exemple le logiciel V-Frog[40]. Celui-ci permet de répéter toutes les étapes de l'apprentissage de façon très réaliste, autant de fois que nécessaire, sans jamais utiliser une grenouille vivante. Des évaluations ont montré que les étudiants formés à l'aide de solutions alternatives virtuelles ont un niveau au moins égal à celui des étudiants ayant suivi des cours s'appuyant sur l'utilisation d'animaux[41].

Dans la pratique, le dilemme de l'expérimentation animale n'est malheureusement pas près d'être résolu. Les chercheurs estiment, en majorité, qu'il n'est pas possible de s'en passer pour résoudre certains problèmes complexes, comme celui de la schizophrénie, de l'épilepsie, ou de maladies auto-immunes qui exigent l'expérimentation sur un cerveau fonctionnel ou sur l'organisme tout entier. Ils affirment que ces maladies ne peuvent pas être comprises par le simple recours aux cultures de cellules.

On ne peut donc que souhaiter qu'un maximum d'efforts et de crédits soient alloués pour le développement de techniques alternatives afin d'abandonner, définitivement et partout, l'expérimentation animale pour tout ce qui relève du superflu (produits cosmétiques) ou de l'utilitaire (produits ménagers). Il convient également que tout soit mis en œuvre pour minimiser les souffrances des animaux durant et après l'expérimentation.

Selon Jean-Pierre Marguénaud, il ne serait pas étonnant que la prochaine directive, qui devrait être promulguée au plus tard le 10 novembre 2017, soit réexaminée à la lumière des progrès réalisés, et brandisse la seule menace susceptible d'atteindre l'objectif final : fixer un délai (2030-35 ?) au-delà duquel seules les méthodes alternatives (*in vitro* et *in silico*) seront autorisées[42].

Pour autant, de tels progrès ne contribueront pas à résoudre la question fondamentale de la moralité de l'instrumentalisation d'êtres sensibles à notre profit dans les autres domaines. C'est là une flétrissure que la conscience humaine ne pourra effacer qu'en cessant d'exercer aveuglément le droit du plus fort.

Chapitre 10

Le trafic de la faune sauvage

Le commerce d'espèces sauvages et de leurs produits dérivés est l'une des activités illicites les plus rentables au monde. Il rapporte au moins 15 milliards d'euros chaque année aux trafiquants et vient en troisième position derrière le trafic d'armes et le trafic de stupéfiants[1].

Si la déforestation, l'urbanisation et la pollution sont les causes premières de la disparition des espèces animales et végétales, le trafic d'animaux a lui aussi un impact notable sur les espèces menacées. Le commerce de spécimens vivants ou morts, de leurs organes, de leur peau, de leur fourrure, de leurs plumes ou de leurs os peut entraîner une diminution de la population d'une espèce jusqu'à un seuil critique pour sa survie, voire son extinction[2]. Ce trafic enclenche un cercle vicieux : plus une espèce est rare, plus elle est chère. Et plus elle est chère, plus elle est ciblée par les trafiquants et risque de s'éteindre.

Les espèces en danger sont protégées par la Convention internationale sur la protection des espèces menacées (Convention on International Trade of Endangered Species – CITES). Cet accord intergouvernemental, aussi appelé Convention de Washington, fut signé en 1973 par 170 pays[3]. L'organisme né de ce traité surveille, régule ou interdit le commerce international des animaux dont la situation est critique.

Saignée écologique et martyre animal

Selon un rapport du WWF (datant de 2006) et les estimations de la CITES, le trafic de la faune sauvage concerne chaque année 50 000 singes, entre 640 000 et 2 millions de reptiles, 1,5 million d'oiseaux, 3 millions de tortues et 350 millions de poissons d'aquarium. Il peut s'agir d'animaux vivants, des perroquets gris à queue rouge, espèce protégée, de boas constricteurs, en passant par les gorilles, les tortues et les guépards. Chaque année, le trafic comprend aussi des « produits dérivés » : 1,6 million de peaux de lézards, 2 millions de peaux de serpents, 300 000 peaux de crocodiles, 1,1 million de fourrures, 1 million de blocs de coraux et 21 000 trophées de chasse[4]. Ces produits sont utilisés pour la médecine chinoise et d'autres médecines traditionnelles, pour la décoration, les produits de luxe et les porte-bonheur.

Les œufs de perroquets bleus du Brésil, une espèce également protégée, se vendent jusqu'à 4 000 euros l'unité en Europe. Le chasseur d'Amazonie qui les ramasse en forêt ne touche, lui, que 3 euros par œuf[5]. La laine de l'antilope tibétaine (*Pantholops hodgsonii, chiru* en tibétain), considérée comme la plus fine du monde, est employée pour fabriquer les châles de « shahtoosh » (« reine des laines »), qui sont vendus sur le marché noir jusqu'à 3 000 euros pièce. Seuls les poils très fins de la gorge de l'animal sont prélevés. Cette antilope, devenue très rare, fait en conséquence l'objet d'un intense braconnage parmi les trafiquants chinois qui n'hésitent pas à la chasser en jeep à la mitraillette. Elle est pourtant protégée depuis 1979.

De son côté, l'organisation TRAFFIC estime que le commerce de la faune sauvage concerne chaque année 500 à 600 millions de poissons tropicaux, 15 millions d'animaux à fourrure, 5 millions d'oiseaux, 2 millions de reptiles et 30 000 primates, appartenant à plusieurs dizaines de milliers d'espèces.

La demande croissante de ce qu'on appelle les « nouveaux animaux de compagnie » (NAC), tels que les lézards, les caméléons et autres geckos est une catastrophe pour ces espèces. Selon la CITES, en France, le commerce illégal des reptiles protégés a augmenté de 250 % entre 2004 et 2009.

En Chine, la bile d'ours est utilisée dans la médecine traditionnelle, qui lui attribue toutes sortes de vertus. Plus de 10 000 ours noirs asiatiques (appelés aussi « ours lune » ou « ours à collier ») sont enfermés à vie dans des cages pour y être ponctionnés deux fois par jour. 2 400 connaissent le même sort au Vietnam, et un nombre indéterminé en Mongolie. L'ours est immobilisé jour et nuit en position allongée, et les cages sont si exiguës qu'il ne peut pas même se retourner. Le prélèvement de la bile peut commencer dès l'âge d'un an : un cathéter, ou une grosse sonde, est introduit en permanence dans la vésicule biliaire. L'ours est enserré, au niveau de la taille, dans un corset de fer qui aide à maintenir le cathéter en place. Les exploitants utilisent aussi des pompes plus puissantes, qui sont très douloureuses. Pendant l'extraction de la bile, les animaux gémissent et frappent leur tête contre les barreaux. Certains vont jusqu'à mâcher leurs propres pattes.

Pour la plupart blessés et décharnés, les ours ne vivent pas longtemps. Ils sont alors envoyés à la boucherie, leur chair étant un mets coûteux et recherché. Certains survivent et endurent ce calvaire pendant dix ou vingt ans. Les préparations à base de bile sont vendues jusqu'à 350 euros les 100 millilitres. Lorsque l'animal meurt, sa vésicule biliaire peut être vendue jusqu'à 15 000 euros sur les marchés de Chine, de Hong Kong, du Japon, de Macao, de la Corée du Sud et de Taïwan[6].

Jill Robinson, une Anglaise qui s'est consacrée à la protection animale, visita pour la première fois une ferme à bile d'ours en Chine en 1993, en se faisant passer pour une touriste. Elle eut l'impression d'être plongée dans un film d'horreur. Après sept ans de recherches et de tractations, elle réussit à obtenir, en 2000, de l'Association chinoise de conservation de la faune et du Département des forêts du Sichuan[7], l'engagement de libérer 500 ours. Ce fut le premier accord jamais signé entre le gouvernement chinois et une organisation étrangère de protection des animaux. Depuis, Jill Robinson a fondé Animals Asia Foundation et créé le Centre de sauvetage des ours lune à Chengdu (capitale de la province du Sichuan). Cette fondation a déjà sauvé 260 ours en Chine et a récemment ouvert une réserve au Vietnam où la récolte de bile reste pratiquée bien qu'illégale[8]. Selon les chiffres officiels, 68 fermes d'ours sont encore en activité en Chine. La société Guizhentang Pharmaceutical, créée en 2000, possède 470 ours et, du fait de sa prospérité, envisage de porter ce nombre à 1 200[9]. Il reste donc encore beaucoup à faire.

Les animaux sauvages ne sont pas les seules victimes du trafic. En Europe, les trafiquants n'attendent pas que les chats et les chiens aient atteint l'âge légal pour les importer d'un pays à l'autre. Les chiots et les chatons se vendent beaucoup mieux que les animaux adultes. Beaucoup meurent durant le transport qui se fait souvent dans de très mauvaises conditions. La Belgique est la plaque tournante de ce trafic, car il est facile d'y obtenir les passeports européens qui sont désormais obligatoires pour la circulation des animaux de compagnie.

Le crépuscule du tigre

En dix ans, la population du tigre sauvage a diminué de moitié en raison de la perte de son habitat et du braconnage. La population mondiale, estimée à 100 000 individus au début du XXe siècle, s'est effondrée : il ne reste aujourd'hui qu'environ 3 200 tigres à l'état sauvage. Les tigres ont disparu dans 11 des 24 pays d'Asie où ils prospéraient jadis. Trois sous-espèces se sont déjà éteintes. L'Indonésie a laissé disparaître les tigres de Bali dans les années 1930, et ceux de Java dans les années 1980. La sous-espèce de tigre la plus occidentale, le tigre de la Caspienne, s'est éteinte en 1972.

Keshav Varma, directeur du programme de la Banque mondiale pour la sauvegarde du tigre (Global Tiger Initiative), considérait en 2008, lors du lancement de ce programme, qu'il restait dix ans pour sauver le tigre, tout en déplorant : « Les moyens mis en œuvre pour empêcher cette tragédie sont nettement insuffisants pour lutter contre les grandes mafias internationales qui, désormais, gèrent ces trafics[10]. » Si la tendance n'est pas inversée, le tigre sauvage est condamné à disparaître.

À cela s'ajoute la cruauté qui prévaut dans les nombreuses « fermes de tigres » qui ont vu le jour en Chine et que décrit Louis Bériot dans *Ces animaux qu'on assassine* : « La Chine compte dans ses parcs, ses zoos et ses fermes, en plus de 200 lieux, deux à trois fois plus de tigres en captivité qu'il n'y en a en liberté dans le monde. Les exploitants des fermes et de nombreux zoos les élèvent dans le but de les tuer et d'en revendre les morceaux, la peau, la viande et les os pour alimenter les marchés chinois, coréen, taïwanais, japonais et américain. Car le tigre, se reproduisant facilement en captivité, est devenu une bête d'élevage “en batterie”[11]. »

Louis Bériot visita notamment le Xiongsen Bear and Tiger Mountain Village où sont détenus 1 400 tigres du Bengale, de Sibérie, du sud de la Chine et des pays limitrophes (et 200 ou 300 cadavres conservés au congélateur), 400 ours noirs de Chine, 300 lions d'Afrique et un demi-millier de singes[12]. C'est sans doute là le plus grand élevage du monde d'animaux « sauvages ». Outre l'élevage commercial, ce vaste complexe offre des spectacles de cirque qui attirent de nombreux visiteurs.

Cette entreprise fut créée en 1993 avec la bénédiction du gouvernement et des autorités régionales, et bénéficia d'une aide publique de plus de 350 millions de yuans (environ

35 millions d'euros). La même année pourtant, la Chine avait annoncé l'interdiction du commerce des produits à base de tigre. Tout est vendu dans le tigre : sa peau, ses os, son pénis, ses moustaches, ses griffes, ses dents... Si une peau de tigre coûte 15 000 euros, son squelette se vend 200 000 euros. Ces os sont utilisés pour fabriquer un vin « tonique » censé guérir tous les maux et stimuler toutes les fonctions vitales, ainsi que des pommades et d'autres remèdes. Une fois qu'ils ont atteint leur taille adulte et que leurs os cessent de se développer, les tigres sont sous-alimentés, voire privés de nourriture dans les semaines précédant leur mise à mort. Au Shenyang Forest Wild Animal Zoo, toujours en Chine, 40 tigres de Sibérie sont morts de faim entre décembre 2009 et février 2010.

Quant à l'ensemble de ces produits dérivés du corps du tigre qui sont destinés à la médecine traditionnelle chinoise, selon Andy Fisher, de l'Unité de lutte contre le trafic de la faune sauvage à Londres (Wildlife Crime Unit) : « Des milliers de tests ont été réalisés sur ces produits et ont démontré qu'ils n'apportaient rien de plus que ce qu'on peut trouver dans du lait[13]. » Ce trafic continue de prospérer, malgré les lois qui sont censées l'interdire, mais ne sont guère appliquées par les gouvernements asiatiques concernés.

L'engouement pour l'ivoire des éléphants, les cornes de rhinocéros et les ailerons de requin

25 000 éléphants seraient tués chaque année pour leur ivoire. À la suite d'un rapport préparé par l'EIA (Environment International Agency) sur le braconnage dévastateur qui régnait dans les années 1980, une interdiction internationale du commerce de l'ivoire fut promulguée et entra en vigueur en 1989. Pendant quelques années, on observa une réduction spectaculaire du braconnage dans une grande partie de

l'Afrique. Malheureusement, la demande d'ivoire restant très forte, les éléphants sont de nouveau décimés. L'ivoire est très prisé en Asie pour les bijoux, les ornements et les sculptures religieuses. Le transfert de l'ivoire d'Afrique vers l'Asie orientale (la Chine en particulier) a été estimé à 72 tonnes par an (correspondant à 7 000 éléphants tués) d'une valeur de 62 millions de dollars.

Selon Amanda Gent, du Fonds international pour la protection des animaux (IFAW) : « Il disparaît actuellement une centaine d'éléphants par jour dans les 36 pays africains qui en possèdent encore. Les braconniers sont dirigés et payés par des trafiquants chinois qui, en s'implantant en Afrique il y a une quinzaine d'années, ont développé considérablement le trafic de l'ivoire, un produit de luxe très recherché en Chine et dans tout le Sud-Est asiatique[14]. »

Quant à la récente vague de massacres de rhinocéros, elle est en grande partie imputable aux allégations, répandues en Extrême-Orient mais dénuées de tout fondement, selon lesquelles la corne serait un remède contre le cancer, l'impuissance et d'autres maladies. Utiliser de la poudre de corne de rhinocéros ou détenir des sculptures en corne constitue également un signe extérieur de richesse. Les négociants n'hésitent pas à payer 90 000 euros pour une corne de rhinocéros qu'ils revendent ensuite en poudre, entre 1 000 et 2 000 euros la dose (plus cher que la cocaïne), tout cela pour un produit qui n'a aucun effet[15]. En Orient, les triades chinoises de Hong Kong se taillent la meilleure part dans ce trafic. La demande est telle que le braconnage du rhinocéros d'Afrique du Sud (là où il y en a le plus au monde) a augmenté de 5 000 % entre 2007 et 2012. Rien qu'en 2013, 900 individus ont été tués. Un animal est mis à mort toutes les dix heures. Il ne reste aujourd'hui que 25 000 rhinocéros environ dans le monde contre 600 000 au milieu du XXe siècle.

Plus de 200 millions de requins sont tués chaque année, dont 75 millions pour leurs seuls ailerons. Les pêcheurs coupent les ailerons et rejettent les requins blessés à la mer. Ceux-ci perdent leur sang, deviennent incapables de se diriger et sont ainsi promis à une mort certaine[16]. Les ailerons de requins sont principalement vendus dans les restaurants de luxe à Hong Kong, en Thaïlande et en Chine.

Les liens avec la corruption, le crime organisé et les groupes terroristes

Une étude de Leo Douglas, du Centre pluridisciplinaire pour la biodiversité et la conservation du Muséum américain d'histoire naturelle[17], et Kelvin Alie, de l'IFAW[18], a montré que les braconniers sont souvent liés à des chefs militaires locaux ou à des groupes rebelles qui ont régulièrement recours au trafic d'espèces sauvages pour financer leurs activités[19]. C'est le cas notamment des Janjawids du Tchad et du Soudan, des Forces démocratiques de libération du Rwanda et des islamistes somaliens d'Al-Shabaab, lesquels traversent la frontière du Kenya pour braconner les éléphants dans la réserve d'Arawale. Les revenus du braconnage financent ainsi l'achat d'armes et de munitions et exacerbent les conflits régionaux.

Selon Kelvin Alie : « La corruption se propage comme une traînée de poudre et affecte les militaires, les gardes-frontières, la police, le système judiciaire, les services de douane, le personnel des ambassades et même les diplomates de nombreux pays. Tous profitent du commerce illicite d'espèces sauvages et aident activement les trafiquants[20]. » Les criminologues se sont également aperçus que les animaux sauvages de valeur servaient également de monnaie d'échange pour les organisations criminelles et terroristes, le trafic de la faune étant devenu une forme efficace de blanchiment d'argent.

Il est en effet plus facile, moins onéreux et moins dangereux d'effectuer le trafic d'animaux que de se risquer à celui des minéraux rares ou d'autres ressources naturelles de valeur (pétrole, gaz, minerais, essences d'arbres rares). Les autorités ont plus de mal à surveiller et enrayer ces pratiques. Les gardes forestiers et les brigades anti-braconnage sont souvent insuffisamment équipés et rémunérés. En trop petit nombre, ils ne sont pas en mesure d'affronter des braconniers armés d'AK-47 et de lance-grenades ni de juguler des réseaux de trafiquants qui disposent de moyens considérables pour corrompre les fonctionnaires locaux et passer les frontières sans être inquiétés.

Les touristes sont, eux aussi, complices de ces malversations quand ils rapportent des objets d'artisanat en ivoire, en carapace de tortue, ou d'autres sous-produits de l'exploitation d'espèces protégées, favorisant ainsi la perpétuation du braconnage. Il en va de même des collectionneurs d'espèces rares. Arracher un grand nombre d'animaux à leur milieu naturel peut bouleverser l'équilibre d'un écosystème et briser la chaîne d'interdépendance qui relie toutes les espèces qui le peuplent. L'impact se répercute en effet sur l'ensemble de la faune et de la flore locales[21].

Les points chauds

Les « points chauds » et les plaques tournantes du commerce de la faune sauvage comprennent les frontières chinoises, certaines régions de l'Indonésie, de Malaisie, de la Nouvelle-Guinée, des Caraïbes, du Mexique, les îles Salomon, l'aéroport international Suvarnabhumi de Bangkok, ainsi que les frontières orientales de l'Union européenne.

Le marché de Chatuchak à Bangkok, par exemple, est un centre connu pour le commerce illicite de la faune et de la vente de lézards, de primates et d'autres espèces en voie de disparition. De même, dans l'Amazonie, sur les marchés d'Iquitos et de Manaus, une grande variété d'animaux de la forêt tropicale — agoutis, pécaris, tortues — sont vendus pour leur viande. De nombreuses autres espèces protégées, les perroquets et les singes notamment, y sont négociées comme animaux de compagnie. En mars 2009, 450 policiers brésiliens ont arrêté 78 personnes appartenant à un réseau qui trafiquait 500 000 animaux par an, dont des boas, des singes capucins, des daguets, des aras hyacinthe et des aras de Lear, autant d'espèces protégées[22].

Les braconniers préfèrent capturer de jeunes animaux. Pour ce faire, ils tuent souvent la mère qui tente de protéger ses petits. Dans le cas des tamarins, des ouistitis, des singes araignées, des singes saki et de bien d'autres, ils tirent sur la mère qui porte son petit dans les hautes branches des arbres. Nombre de bébés ne survivent pas à la chute.

Des pertes massives lors de la capture et du transport

Le stress et la violence de la capture d'animaux vivants, les conditions de vie en détention et leur transport clandestin entraînent un taux de mortalité très élevé : en moyenne, sur dix animaux capturés dans leur milieu naturel, un seul survit. Dans le cas des caméléons de Madagascar, le taux de survie ne serait que de 1 %[23]. Les trafiquants capturent donc un nombre considérable d'individus dans la nature en prévision de ces pertes. Les États-Unis sont une destination prisée pour les animaux de la forêt tropicale amazonienne, auxquels on fait traverser les frontières de la même façon que les stupéfiants, dans des coffres de voitures, des valises ou des containers. Un trafiquant fut arrêté à l'aéroport de Los Angeles avec quatorze oiseaux rares dissimulés dans ses vêtements. En 1999, à l'aéroport de Francfort, 1 300 mygales (d'une valeur estimée à environ 120 000 euros d'aujourd'hui) furent découvertes dans les bagages d'un Français revenant du Mexique[24]. Les exemples de ce genre abondent.

Des associations caritatives, dotées de moyens trop limités, prennent en charge une petite partie des animaux confisqués par les services des douanes. Dans la majorité des cas, cependant, les autorités n'ont guère d'autre choix que d'euthanasier par milliers les animaux sauvages saisis, qu'elles ne peuvent ni héberger ni renvoyer vers leur lieu d'origine.

Un retour de flamme

En 2005, en Inde, le Dalaï-lama condamna sans ambiguïté la coutume qu'avaient prise nombre de Tibétains aisés de se pavaner les jours de fêtes avec des vêtements ornés de peaux de tigre, de léopard et de loutre. Il déclara que cette coutume ne reflétait en rien les traditions ancestrales du Tibet et se trouvait en contradiction flagrante avec les enseignements du bouddhisme. Il ajouta : « Le fait que mes compatriotes adoptent de telles habitudes me fait souhaiter de ne plus vivre encore très longtemps. » Cette déclaration se répandit au Tibet comme une traînée de poudre : la quasi-totalité des Tibétains arrachèrent les peaux de leurs habits et en firent de grands tas qu'ils brûlèrent sur la place publique.

En décembre 2007, au Cachemire, le WTI (Wildlife Trust of India) brûla publiquement un stock de huit camions de peaux et de fourrures provenant d'espèces protégées (tigres, léopards, léopards des neiges, ours à collier, loutres, loups, etc.), sans doute l'un des plus grands stocks de peaux d'animaux sauvages jamais détruits de cette façon.

Malheureusement, ces interventions, destinées à donner l'exemple et animées des meilleures intentions, eurent l'effet inattendu et pervers d'augmenter considérablement le prix de ces peaux et, en fin de compte, de renforcer le trafic. Au Tibet, l'une des principales enquêteuses de l'EIA (Environment

International Agency), Debbie Banks, constata que, loin d'avoir cessé, le trafic de peaux s'était intensifié[25]. À Lhassa, Debbie Banks et ses collègues rencontrèrent des trafiquants qui venaient de négocier plusieurs dizaines de grandes peaux de tigre destinées à la Chine, la Corée du Sud, Taïwan et la Malaisie. Ils trouvèrent également sans difficulté des stocks d'os de tigre destinés à des entreprises pharmaceutiques chinoises.

Les vendeurs de Lhassa se targuèrent de pouvoir continuer sans crainte leurs activités car ils disposaient, au Népal, comme en Chine, de contacts haut placés assurant leur impunité. Certains confièrent qu'ils vendaient jusqu'à 25 peaux de léopard par mois, en dépit de la baisse réelle de la demande des Tibétains inspirée par les souhaits du Dalaï-lama. De plus, pour contrecarrer ce dernier, les officiels chinois forcèrent les Tibétains à porter de nouveau des peaux de tigre, bien que cette pratique aille à l'encontre des lois du pays.

Les principaux itinéraires empruntés par les trafiquants sont, en Inde, les cols peu surveillés de l'Uttar Pradesh, de l'Himachal Pradesh et du Ladakh au Cachemire, ainsi que les frontières du Népal et du Bhoutan.

Des lois insuffisantes ou peu appliquées

Les saisies et les destructions spectaculaires d'ivoire, de peaux d'espèces protégées et d'autres produits dérivés peuvent momentanément entraver le trafic de la faune sauvage, mais elles n'offrent pas de solution durable. Il est essentiel de renforcer les lois existantes et, surtout, de les *mettre en application*, ce qui est loin d'être le cas. Comme le souligne l'association One Voice : « Malgré des lois de protection au niveau mondial, force est de constater que le braconnage et les prélèvements dans la nature d'animaux sauvages, y compris d'espèces protégées, se poursuivent[26]. »

L'ours à collier et l'ours à miel, par exemple, pourtant protégés par la Convention de Washington, parce qu'ils comptent parmi les plus menacés de la planète, continuent à être traqués en Inde ou en Chine pour leur bile, leur viande, ou encore pour distraire les touristes amateurs d'« ours danseurs ». En Afrique, des lions sont lâchés pour servir de cibles aux amateurs de safaris ou de chasse aux gros gibiers.

Selon Leo Douglas, le trafic de la faune sauvage est particulièrement rentable « parce qu'il ne fait pas l'objet d'une véritable stigmatisation sociale, que les risques d'arrestation sont minces et que les quelques criminels qui finissent par être traînés en justice n'encourent malheureusement que des peines souvent dérisoires ». En 2014, en Irlande, deux trafiquants de cornes de rhinocéros ont été interpellés. Revenus potentiels de leur marchandise : 500 000 euros. Amende infligée : 500 euros[27]…

Chapitre 11

Les animaux comme objets de divertissement

Une volonté de pouvoir

Comme nous l'avons vu dans le chapitre 2 («Loin des yeux, loin du cœur»), James Serpell, professeur d'éthique animale à l'université de Pennsylvanie, a montré que la relation que les hommes ont créée avec les animaux lorsqu'ils ont commencé à les domestiquer, relation fondée sur l'association contradictoire de l'intimité et de l'esclavage, a engendré de douloureux sentiments de culpabilité. Pour sortir de ce malaise, les hommes ont forgé des idéologies qui leur ont permis de persévérer dans leur assujettissement des animaux sans éprouver de sentiment de mauvaise conscience[1].

Plus tard, la capacité de soumettre les animaux et de dominer la nature est apparue comme une mesure de succès de la civilisation humaine. Elle est même devenue un moyen d'afficher un prestige personnel, culturel ou national. Les rois de Babylone et d'Assyrie introduisaient des animaux sauvages dans des enceintes fortifiées et les pourchassaient sur des chars, assistés par des meutes de chiens. Ils immortalisaient ensuite leurs exploits sur des bas-reliefs ornant les murs de leurs palais[2].

Bien que moins enclins à la cruauté gratuite envers les animaux, les Grecs de l'Antiquité étaient, quant à eux, grands amateurs de parades spectaculaires qui mettaient en scène d'innombrables animaux exotiques. Au IIIe siècle avant J.-C., à Alexandrie — qui était alors le centre culturel de l'Empire hellénique —, une multitude de gens et d'animaux défilaient tous les ans pendant une journée entière devant les tribunes du stade de la ville. Le spectacle comprenait des éléphants, des autruches et des ânes sauvages attelés à des chars, plus de 2 000 chiens de diverses races exotiques, 150 hommes portant des arbres auxquels étaient attachés des oiseaux et divers mammifères arboricoles, deux douzaines de lions, suivis de léopards, de guépards, de lynx, d'une girafe, d'un rhinocéros et parfois d'un ours polaire[3].

Si les *ludi,* les jeux de la Rome antique, consistaient essentiellement en courses de chars et en compétitions d'athlétisme, les *munera* exhibaient des combats de gladiateurs, généralement des prisonniers de guerre réduits en esclavage. Mais les Romains étaient aussi connus pour leur barbarie envers les animaux. Les empereurs et les foules se délectaient à la vue d'innombrables animaux abattus par des *bestiaires*, gladiateurs spécialement entraînés à combattre les bêtes sauvages. On mettait aussi en scène des spectacles de chasse durant lesquels les *venatores* traquaient et mettaient à mort le gibier dans des décors naturels reconstitués — bosquets, fourrés, petites buttes — plantés dans l'arène du cirque. Les animaux étaient également incités à se battre entre eux dans le Circus Maximus, la plus grande enceinte sportive que le monde ait connue (elle pouvait accueillir 250 000 spectateurs)[4], au Colisée de Rome et dans bien d'autres arènes. Des ours et des taureaux étaient enchaînés les uns aux autres afin qu'ils s'entre-déchirent ; on administrait des excitants à des éléphants, rhinocéros, hippopotames, lions et léopards pour les rendre fous furieux. Les survivants du carnage étaient abattus depuis les gradins par des spectateurs transformés en archers qui payaient pour ce privilège.

Durant l'inauguration du Colisée de Rome, qui dura cent jours, en 81 après J.-C., 9 000 animaux sauvages furent exterminés. Au cours d'une seule fête, en l'an 240, pas moins de 2 000 gladiateurs, 70 lions, 40 chevaux sauvages, 30 éléphants et autant de léopards, 20 ânes sauvages, 19 girafes, 10 antilopes, 10 hyènes, 10 tigres, ainsi qu'un hippopotame et un rhinocéros furent mis à mort. Néron autorisa ses gardes du corps à massacrer 400 ours et 300 lions avec des javelots. Mais c'est l'empereur Trajan qui détient le record : pour célébrer ses victoires en Dacie, il ordonna la boucherie publique de 11 000 animaux sauvages. L'empereur Commode, quant à lui, tirait sur des autruches avec des flèches dont les pointes en forme de croissant décapitaient les oiseaux. Leurs corps sans tête continuaient de courir quelques instants, ce qui amusait beaucoup le public[5]. La multiplication de ces jeux (jusqu'à cent par an) et le commerce lucratif d'animaux sauvages destinés à pourvoir les cirques entraînèrent la disparition de plusieurs espèces dans les régions les plus pillées. Ce fut le cas, par exemple, de l'hippopotame de la vallée du Nil.

La folie collective des foules assoiffées de ces spectacles sanglants finit par s'éteindre vers le VIe siècle avec la fermeture du Circus Maximus qui tomba peu à peu en ruine. Mais la violence envers les animaux est restée présente dans les divertissements tout au long des siècles. L'historienne Barbara Tuchman décrit deux sports populaires au XIVe siècle en Europe :

> Les joueurs, les mains liées derrière le dos, s'évertuaient à tuer à coups de tête un chat cloué à un poteau, au risque d'avoir les joues lacérées ou les yeux crevés par les griffes de l'animal frénétique… Ou un cochon était enfermé dans un enclos et poursuivi par des hommes armés de gourdins, tandis que l'animal courait dans tous les sens en couinant, salué par les rires des spectateurs, jusqu'à ce qu'il succombe sous les coups[6].

De nos jours, les corridas, les numéros de dressage d'animaux sauvages (fauves et éléphants) qui sont encore présentés dans de nombreux cirques et qui, de l'avis des dresseurs eux-mêmes, sont loin d'être aussi anodins qu'ils y paraissent, ainsi que les animaux résignés ou rendus à moitié fous qui sont offerts en spectacle dans certains zoos, ne sont que les reliquats des massacres et des parades de l'Antiquité. Pourtant, ces divertissements conservent leur dose de cruauté visible, dissimulée ou déguisée sous des traits flatteurs. Ils consistent en effet à exploiter, à faire souffrir et, dans le cas de la corrida, à tuer des animaux qui ne nous ont rien fait, n'ont rien demandé, et qui se porteraient beaucoup mieux dans leur contexte naturel. « On a dit que le peuple romain s'était dégoûté de tout. C'est une erreur. Il lui resta toujours le goût du sang. Que de Romains dans notre Gaule ! » s'exclamait Georges Clemenceau à propos de la corrida[7].

Mon propos dans ce chapitre est d'inspirer une prise de conscience. Les véritables changements ne peuvent être que volontaires. C'est en acceptant de se mettre à la place de l'autre et de lui accorder une valeur intrinsèque que l'on peut acquérir suffisamment de respect et de considération pour son sort, ce qui conduit graduellement à des transformations culturelles. Les législations ne font ensuite qu'avaliser ces transformations et leur accorder un statut plus formel.

La corrida, fête de la mort

Si j'ai choisi d'accorder une place importante au problème de la corrida, en dépit du fait que le nombre de victimes (12 000 taureaux tués chaque année) est infime en comparaison de la tuerie de masse perpétrée par l'élevage industriel (60 milliards d'animaux par an), c'est, en premier lieu, parce qu'elle constitue l'archétype même du divertissement morbide pour l'homme et mortifère pour l'animal. D'autre part, elle fait l'objet d'une défense assidue et même «érudite», dans la mesure où des philosophes éminents, tel Francis Wolff, des écrivains et des artistes célèbres l'ont défendue et la défendent encore. Enfin, le débat sur son maintien ou son abolition déclenche de véritables passions, au moins aussi violentes verbalement que le spectacle lui-même. La pratique de la corrida constitue donc le symbole même des préjugés anthropocentriques que nous entretenons à l'égard des animaux et, à ce titre, mérite d'être analysée. Avant d'entamer ce débat, imaginons un instant l'univers mental subjectif de ses participants enflammés.

Mettons-nous à la place de l'aficionado : de son point de vue, la corrida est une fête, une occasion de retrouver la communauté locale. La mise en scène est parfaite, les rebondissements du combat sont grisants, les sonneries des trompettes exaltantes. Les spectateurs sont des êtres humains comme vous et moi, qui ont par ailleurs une vie normale, peuplée de joies et de souffrances. Certains sont électrisés par les temps forts de l'affrontement entre l'homme en «habit de lumière» et le taureau, d'autres y voient un art qui les transporte. Tout est donc une question de point de vue, de perception subjective, de coutumes et de traditions qui font apprécier à certains ce qui fait horreur à d'autres. Pour l'aficionado, la manière dont il perçoit la corrida va de soi.

Si nous n'avons que peu ou pas de considération pour la souffrance de l'autre — en l'occurrence du taureau —, pour son sort et ses aspirations, notre vision unidirectionnelle des choses restera notre seul et unique point de vue. Dans le cas où l'aficionado manifeste de l'empathie à l'égard du taureau, ce que nombre d'entre eux soutiennent, il estime alors que la «beauté» du spectacle vaut bien la souffrance de l'animal.

Dans la corrida, l'homme, sans que ce soit en aucune façon nécessaire à sa propre survie, décide d'infliger des souffrances intenses et d'ôter la vie à un être qui ne lui a fait aucun tort. Le philosophe Francis Wolff, fervent défenseur de la corrida, énonce cinquante points principaux pour justifier son existence. Nous avons choisi de n'en retenir que les plus importants et de les examiner. « La corrida n'est pas seulement un spectacle magnifique. Elle n'est pas seulement excusable. On peut la défendre parce qu'elle est moralement bonne[8]. » Telle est la thèse majeure que défend ce philosophe, professeur à l'École normale et auteur de nombreux ouvrages et articles sur ce sujet.

Tuer un innocent n'a pourtant jamais été considéré comme un acte moral. Contraindre un être, humain ou animal, à se battre sans aucune nécessité et à subir une mort programmée pour le plaisir d'un certain nombre d'acteurs et de spectateurs, ne peut pas être considéré comme moralement bon. La morale n'est-elle pas précisément une connaissance du bien et du mal qui permet de distinguer ce qui est bénéfique de ce qui est nuisible aux autres ? Elle exige qu'on accorde une valeur intrinsèque aux autres, que l'on ait de la considération pour eux, et que l'on tienne compte des aspirations légitimes qui leur sont propres, dont la première et la plus fondamentale est celle de vivre.

La corrida permettrait de cultiver de nobles vertus ?

On a parfois soutenu que la pratique de la corrida était une école de vertu. C'est ce que disait déjà Pline à propos des jeux du cirque. Dans son panégyrique de l'empereur Trajan[9], il considérait que ces divertissements violents contribuaient à forger les valeurs morales qui incluaient le courage (*fortitudo*), la discipline (*disciplina*), la fermeté (*constantia*), l'endurance (*patientia*), le mépris de la mort (*contemptus mortis*), l'amour de la gloire (*amor laudis*), et le désir de vaincre (*cupido victoriae*)[10]. On parait ainsi les massacres en masse d'un manteau de vertu.

On retrouve les mêmes justifications chez les passionnés de la corrida. Pour Francis Wolff, toréer, « c'est illustrer cinq ou six grandes vertus intemporelles, qui sont peut-être moins souvent glorifiées aujourd'hui que d'autres, comme la compassion, qui tend progressivement à se substituer à la justice». Être torero, explique ce philosophe, exige courage et sang-froid, panache et dignité, maîtrise de soi, loyauté et solidarité. Il conclut : «Il faut aussi tuer cet adversaire, ce qui ne se justifie que si, ce faisant, on met sa propre vie en jeu : cela suppose une parfaite loyauté vis-à-vis de cet adversaire et une totale sincérité dans son propre engagement physique et moral. [...] N'est-ce pas un exemple de ce que nous voudrions pouvoir faire, un modèle de ce que nous aimerions pouvoir être[11] ?» Face à une telle déclaration, on ne peut que se demander où réside la justice dans un acte qui consiste à mettre à mort un animal alors qu'il ne nous a nui en aucune façon. Cultiver la vertu en nuisant à l'autre nous semble être un contresens éthique. À moins que le blesser et le tuer ne reviennent à lui faire du bien. De plus, ces valeurs — le panache, la dignité, la maîtrise de soi... — ne perdent-elles pas tout leur sens lorsqu'elles sont pratiquées aux dépens de la vie d'autres êtres qui ne sont coupables d'aucun crime ? Le vrai courage ou le vrai panache ne consiste-t-il pas plutôt à risquer sa propre vie pour en sauver une autre ? Où réside la dignité du combattant lorsque son «adversaire» est un être innocent qui ne peut combattre à armes égales ?

L'«art» de tuer

«Esthétiquement, le coup d'épée est le geste qui achève l'acte et fait naître l'œuvre ; l'estocade réussie, parfaite, immédiate, semble donner au travail qui précède l'unité, la totalité et la perfection d'une œuvre[12].» Le geste spontané et parfait peut certes qualifier l'œuvre d'un calligraphe de génie, mais tuer n'est pas un art et la mort n'est pas une œuvre ni un spectacle, surtout si elle est imposée à un être vivant qui n'a absolument pas envie de mourir. Comme l'écrivait un lecteur de *Philosophie magazine* réagissant à ce type d'argument : « Quelle justification bien vaporeuse pour donner la mort[13] ! » Ce qui est sûr, c'est que le taureau apprécierait certainement une forme d'art moins meurtrière.

Personne ne songerait à planter des piques, des banderilles et une épée dans le corps d'un être humain, tout en érigeant cet acte en art. On ne peut infliger un tel sort à un animal qu'en le dévalorisant au rang d'objet, de réceptacle de notre bon vouloir, d'acteur forcé d'un combat théâtral — une « cérémonie » ou un « rituel » selon les aficionados — « dont l'issue est connue d'avance : l'animal doit mourir, l'homme ne doit pas mourir[14] ». L'ensemble de cette mise en scène est pensé, évalué, philosophé d'un point de vue strictement anthropocentrique.

Le taureau de combat n'existerait que pour être tué

On justifie également la corrida par le fait que la race des taureaux « bravos », les taureaux destinés au combat, a été spécialement créée dans ce but et que c'est, par voie de conséquence, leur seule raison d'être. « Il n'est pas immoral de les tuer, écrit Wolff, puisque c'est à cette fin qu'ils vivent, à condition de le faire en respectant leurs conditions de vie[15]. » Notre seul devoir à l'égard des taureaux bravos est de « préserver leur nature, brava, les élever dans le respect de cette nature, et les tuer (puisqu'ils ne vivent que pour cela) dans le respect de cette nature, et avec les égards qui siéent à l'animal respecté[16] ».

Mais qui a décidé de sélectionner les taureaux les plus belliqueux dans le but de les combattre et de les tuer au bout du compte ? Là encore, on se place exclusivement du point de vue de celui qui exerce le droit du plus intelligent et du plus fort afin de disposer de la vie des autres. Toutes proportions gardées, c'est un peu comme si l'on obligeait des humains réduits en esclavage à procréer pour déclarer ensuite qu'il est normal que leurs enfants deviennent à leur tour des esclaves, puisque c'est uniquement à cette fin qu'ils ont été mis au monde. Là encore, ce rapprochement n'a pas pour but de déshumaniser l'homme, mais de mettre en lumière la similarité des processus mentaux qui entrent en jeu.

Qui plus est, l'existence même d'une race distincte de taureau « bravo » est douteuse et, comme l'explique l'historien Éric Baratay : « La bovinité normale des taureaux de corrida est confirmée par le fait que leur proportion dans leurs élevages, pourtant spécialisés, est faible, et de plus en plus faible, les taureaux non sélectionnés pour le combat étant voués à la boucherie comme de simples bovins à viande, tandis que les alimentations sont les mêmes, notamment avec le remplacement partiel de l'herbe par des grains au XXe siècle, et que les pâturages ont été, pour tous, peu à peu réduits à des champs clos. Les toreros savent depuis longtemps que le taureau de corrida n'est qu'un bovin, qu'un herbivore, et qu'il n'est pas agressif par nature : le fameux torero Belmonte reconnaît qu'il est très difficile de provoquer un taureau au pré. Il faut qu'il soit assez fatigué pour ne plus fuir, et convaincu que l'attaque est la seule issue, ce qui est presque impossible à obtenir par un homme seul. On peut simplement parler, pour ces taureaux, d'une réactivité plus forte, obtenue par la sélection. Mais on ne peut pas soutenir que le taureau de corrida serait passé du camp des herbivores, par nature timorés, à celui des attaquants, par nature carnivores[17] ! »

Les dés sont pipés

Pour l'écrivain Jean-Pierre Darracq : « L'égalité des chances entre l'homme et la bête [...] constitue la justification, la seule, du drame taurin[18]. » Cet auteur devra revoir son arithmétique puisqu'en Europe, entre 1950 et 2003, un seul matador est mort alors que 41 500 taureaux ont été tués[19]. Il est certain que le décès rarissime d'un torero a plus de chance de faire la une des journaux que celle de dizaines de milliers de taureaux[20]. Le fameux torero Luis Miguel Dominguín affirmait que la corrida n'offrait pas plus de danger que beaucoup d'autres métiers[21].

Francis Wolff ne parle pas d'égalité des chances entre le torero et le taureau, puisque la corrida serait « un combat à armes égales mais à chances inégales ». On se doute que si les chances respectives de survie étaient de 50-50, il y a fort longtemps que les toreros auraient déserté les arènes. Néanmoins, Wolff développe ainsi son argument :

> C'est un combat à armes égales, la ruse contre la force, comme David contre Goliath. C'est aussi un combat à chances inégales, puisqu'il illustre la supériorité de l'intelligence humaine sur la force brute du taureau. Mais que voudrait-on ? Que les chances de l'homme et de l'animal fussent égales, comme dans les jeux du cirque ? Tantôt l'un meurt et tantôt l'autre, serait-ce plus juste ? Ce serait en tout cas plus barbare ! La corrida n'est pas une compétition sportive dont l'issue devrait demeurer incertaine. C'est une cérémonie dont l'issue est connue d'avance : l'animal doit mourir, l'homme ne doit pas mourir (même s'il peut arriver, accidentellement, qu'un homme meure, ou qu'un taureau exceptionnellement brave soit gracié). Telle est la morale de ce combat. Mais inégal ne signifie pas déloyal. Justement, la démonstration de la supériorité des armes de l'homme sur celles de l'animal n'a de sens que si celles-ci (la corpulence ou les cornes) sont puissantes et n'ont pas été diminuées artificiellement. Telle est l'éthique tauromachique : un combat inégal mais loyal[22].

Ainsi, le système taurin serait conçu de telle façon que l'un des protagonistes gagne à tous les coups, et ce ne serait pas déloyal ? Comment définir cette « égalité des armes » ? L'homme contre le taureau ? L'épée contre les cornes ? S'il s'agissait de l'homme avec toute son intelligence et sa ruse, tel qu'il est, à mains nues, contre le taureau, tel qu'il est, avec sa propre forme d'intelligence et ses attributs naturels, l'homme serait l'éternel perdant.

Si la supériorité de l'homme tient à l'épée, ce n'est donc pas l'homme qui triomphe, mais l'homme augmenté d'un outil auquel il doit sa victoire quasi certaine. Alors, si tout tient à l'adjonction d'une arme, pourquoi cette archaïque épée ? Si c'est la supériorité de ses armes et de sa technologie que l'homme veut démontrer, il pourrait avoir recours à un arsenal encore plus puissant. Plus qu'un bazooka, cette archaïque épée donne sans doute à ce « combat inégal » de faux airs de noblesse, et elle semble faire l'affaire puisque, grâce à elle, l'homme est supérieur et triomphe, et sans elle, il est inférieur et humilié.

Une douzaine de milliers de taureaux meurent chaque année dans l'arène[23]. Faut-il que la supériorité de l'homme sur l'animal soit bien fragile pour qu'il éprouve le besoin de la réaffirmer douze mille fois dans l'année. Comme l'écrit Michel Onfray : « Tout goût pour le spectacle de la pulsion de mort révèle le désir de puissance de l'impuissant[24]. »

Pourquoi le taureau ?

Pourquoi, parmi tous les animaux que l'homme a affrontés dans son histoire, choisir le taureau comme adversaire d'élection ? Toujours selon Francis Wolff :

> Le taureau représente le seul adversaire que l'homme estime digne de lui. C'est l'animal auquel il peut se mesurer avec fierté, et qu'il affronte par conséquent avec la loyauté qu'il doit à un adversaire à sa mesure. Démontre-t-on sa puissance face à un adversaire qu'on méprise ou qu'on maltraite ? Dans toute tauromachie, l'animal est combattu avec respect, et non abattu comme une bête nuisible ou achevé à la sauvette comme une simple machine à produire de la viande[25].

Il semblerait que ce soit en effet l'un des seuls adversaires suffisamment spectaculaire que l'homme puisse combattre en donnant l'impression du danger sans toutefois prendre trop de risques. Aujourd'hui, il n'est plus ludique de voir des fauves dévorer des esclaves, de faire combattre de valeureux guerriers, issus des butins de guerre, jusqu'à ce que mort s'ensuive. Qu'un matador affronte un lion serait bien trop dangereux (à moins de remplacer l'épée par le fusil).

On s'est donc focalisé sur le taureau, animal suffisamment combatif pour garantir le spectacle, mais pas trop dangereux, puisque le torero a au moins 9 999 chances sur 10 000 de s'en sortir vivant. Imaginez ce qu'il adviendrait de la « supériorité » de l'homme, même muni d'une épée, s'il se trouvait face à un tigre. Le taureau est donc suffisamment agressif — avec un mouton les aficionados n'en auraient pas pour leur argent — mais la victoire de l'homme est quasiment assurée.

Fuir ou attaquer

Francis Wolff affirme : « Lorsqu'on fait souffrir un mammifère, il fuit instinctivement. Or, le "taureau de combat", loin de fuir, redouble ses attaques, preuve qu'il ressent ses blessures non comme une souffrance mais comme une incitation au combat[26]. » Tout d'abord, si les blessures du taureau ne le faisaient pas souffrir, pourquoi réagirait-il ? Ensuite, si un taureau était brûlé par les flammes d'un incendie de prairie ou blessé par des pierres dévalant d'une montagne, s'éloignerait-il du danger ou attaquerait-il ? S'il charge dans l'arène, c'est parce qu'un individu l'agresse et le blesse sans relâche. Dans cette situation, attaquer est pour lui la meilleure stratégie pour tenter de survivre, surtout lorsque toutes les issues sont fermées.

Que se passe-t-il dans la nature quand les animaux perçoivent un danger ? Tout dépend de l'imminence du danger et de sa proximité spatiale. Lorsqu'ils en ont le temps et la place, les animaux, même les plus puissants comme les éléphants et les lions, préfèrent s'éloigner du danger, la meilleure chance de survivre à une menace étant de ne plus y être confronté. C'est donc le comportement d'évitement qui a été sélectionné comme garant de la survie au cours de millions d'années d'évolution.

Si le danger est un peu plus proche, la plupart du temps les animaux s'immobilisent pour observer attentivement — sans trop se faire remarquer, s'ils sont des proies potentielles —, et décider de la conduite à suivre. Si le danger est proche et imminent et, plus encore, s'il s'y trouve acculé, l'animal de type « dominant », le fauve, le taureau ou le molosse, choisira de préférence l'attaque, car c'est là aussi sa meilleure chance de s'en tirer. On sait aussi qu'un ours ou un tigre blessé est beaucoup plus agressif ou dangereux qu'un animal indemne. Certains animaux font le mort, d'autres tentent de se cacher ou de fuir mais, bien souvent, même un animal plus faible que son prédateur livrera, au dernier moment, le combat du désespoir. Selon les espèces et, surtout, selon les *circonstances*, on observe la fuite, l'immobilité, ou le combat.

Les aficionados affirment ne souhaiter faire de mal à qui que ce soit

Les aficionados sont choqués et s'estiment insultés lorsqu'on prétend qu'ils éprouvent un plaisir sadique à contempler la souffrance des taureaux. Georges Courteline écrivait à leur sujet : « Mon exécration des courses de taureaux s'est étendue petit à petit jusqu'à ceux qui les fréquentent. L'idée que des hommes peuvent prendre de l'amusement, les uns à tâcher de rendre féroces des animaux qui ne l'étaient pas, les autres à voir agoniser des chevaux éventrés, recousus puis éventrés une deuxième fois, me fait envelopper les seconds du même dégoût que m'inspirent les premiers[27].» Et Michel Onfray de renchérir : «Il faut un formidable potentiel sadique pour payer son entrée dans une arène où le spectacle consiste à torturer un animal, le faire souffrir, le blesser avec cruauté, raffiner les actes barbares, les codifier (comme un inquisiteur ou un tortionnaire qui sait jusqu'où il faut aller pour garder en vie le plus longtemps possible celui qu'on va de toute façon mettre à mort), et jouir de façon hystérique quand le taureau s'effondre parce qu'il n'y a pas d'autre issue pour lui[28].»

«Absurde!» réplique Francis Wolff : «C'est difficile à croire et pourtant c'est vrai : l'aficionado ne *prend* aucun plaisir à la souffrance d'un animal. Aucun ne supporterait de faire souffrir, ou même de voir faire souffrir, un chat, un chien, un cheval ou quelque autre bête[29].» Il ajoute : «On n'en connaît guère capable de battre son chien, ou même de faire volontairement du mal à un chat ou à un lapin.» Bons avec les uns, sans pitié avec les autres, la dissociation mentale est malheureusement un phénomène courant. Ce processus psychologique consiste à déprécier, déshumaniser — on pourrait dire dans ce contexte «désanimaliser» — l'être sensible qu'une idéologie particulière nous a désigné comme étant l'ennemi, l'homme ou l'animal à torturer et à abattre. Nul doute que le torero et les aficionados choient leurs animaux de compagnie. Une fois dans l'enceinte de l'arène, le torero et son public ont opéré la dissociation mentale nécessaire pour considérer le taureau non plus comme un animal sensible, mais comme l'adversaire à éliminer. Ce n'est qu'au prix de ce clivage psychologique que le torero parvient à se désensibiliser à la douleur de l'animal, et le public à y souscrire.

Francis Wolff estime qu'il n'y a qu'un seul argument contre la corrida, et que ce n'est pas un bon argument :

> Cela s'appelle la sensibilité. On peut ne pas supporter de voir (ou même d'imaginer) un animal blessé ou mourant. Ce sentiment est plus que respectable. [...] Le sentiment de compassion est l'une des caractéristiques de l'humanité et l'une des sources de la moralité. Mais les adversaires de la corrida doivent savoir que les aficionados partagent ce sentiment[30]. [...] L'aficionado doit respecter la sensibilité de tous et ne pas imposer ses goûts ou sa propre sensibilité. Cependant, l'anti-taurin doit aussi admettre, en retour, la sincérité de l'aficionado, aussi humain, aussi peu cruel, aussi capable de pitié qu'il l'est lui-même. [...] La sensibilité des uns peut-elle suffire à condamner la sensibilité des autres[31] ?

Si les aficionados sont pleins de compassion et « aussi peu cruels, aussi humains », pourquoi n'expriment-ils pas cette compassion en protégeant l'animal plutôt qu'en le meurtrissant et en le tuant ? Certes, dans la littérature, la compassion est définie comme « le sentiment qui porte à plaindre et à partager les maux d'autrui » (Grand Robert), mais de nos jours, les psychologues, les neuroscientifiques (ainsi que les bouddhistes) parlent plus précisément du désir de remédier à la souffrance de l'autre et d'éradiquer les causes de cette souffrance. De ce point de vue, la compassion est la forme que prend l'amour altruiste lorsqu'il est confronté aux souffrances des autres[32].

Peut-on comparer la sensibilité de celui qui éprouve de l'empathie envers un animal innocent que certains ont décidé de tuer après l'avoir blessé à maintes reprises, avec la sensibilité de celui qui, tout en éprouvant, apparemment, la même pitié que le premier envers cet animal, célèbre sa mise à mort comme un spectacle grandiose, une fête et un art ? Où résident, dans ce cas, la sensibilité et l'empathie de l'aficionado ? Il semble qu'à la différence du taureau qui reçoit les coups, elles soient anesthésiées. D'autre part, on ne peut n'avoir d'yeux que pour l'homme. La question ne porte donc pas sur la sensibilité des acteurs humains, dont les manifestations sont pour le moins relativement mineures, sinon ambiguës, mais sur le sort du taureau qui, lui, y perd la vie. N'est-il pas le principal intéressé dans l'affaire ?

« Personne n'assiste à une corrida pour voir torturer un animal, moins encore pour le voir mourir », renchérit dans *Marianne* une blogueuse du nom d'Aliocha[33]. Si c'est juste pour le plaisir de la fête et du spectacle, alors le problème de la souffrance ne se pose plus : cessons de blesser les taureaux et de les tuer, et laissons les toreros faire des passes de cape avec eux autant de temps qu'ils le souhaitent (c'est d'ailleurs ainsi que les corridas sont pratiquées aux États-Unis : pas de banderilles, de blessures ni de mise à mort. Juste un affrontement ludique entre le torero et le taureau pour le spectacle). Aliocha poursuit : « On salue le torero s'il a tué son adversaire sans le faire souffrir. » On tue mais avec tant de prévenances… Quant au taureau, qui peut honnêtement soutenir qu'il meurt de ses terribles blessures sans avoir rien senti ?

Si les spectateurs n'aiment pas voir les animaux souffrir, comment expliquer les réactions au décret promulgué par Primo de Rivera en 1928 rendant obligatoire le port du caparaçon protecteur pour les chevaux des picadors, lesquels chevaux se faisaient régulièrement éventrer par les taureaux ? Cette mesure ne fut pas du tout appréciée par les aficionados purs et durs qui déploraient la disparition de la « vraie corrida ». Comme le rapporte Élisabeth Hardouin-Fugier dans son *Histoire de la corrida en Europe du XVIIIe au XXIe siècle*, l'un d'entre eux, Laurent Tailhade, disait : « Ce m'est toujours une satisfaction de voir étripailler cinq ou six couples de chevaux[34]. » L'historien de la corrida Auguste Lafront ajoute qu'avec l'arrivée du *peto* qui protège le cheval de l'éventration, « l'émotion sacrée [avait] disparue ». Picasso se proclamait inconsolable et d'autres affirmaient que la protection du cheval « a dénaturé le plus beau tiers du combat ». En France, certaines arènes, comme celles de Dax, se refusent à protéger le cheval, pensant ainsi mieux attirer les spectateurs. La seule différence, puisque le combat lui-même n'est pas modifié, n'est-elle pas de jouir, de surcroît, de l'éventration et de la souffrance du cheval ?

Le taureau ne souffrirait pas vraiment

De toute façon, soutiennent les aficionados, le problème de la souffrance ne se pose pas vraiment, car le taureau ne ressent pas de douleurs durant le combat. Ils citent des études effectuées au laboratoire de Juan Carlos Illera del Portal, directeur du Département de physiologie animale de la faculté vétérinaire de l'université de Madrid, selon lesquelles le taureau, grâce à son « bouclier hormonal », n'éprouverait que très peu de douleur, son organisme produisant dix fois plus de bêta-endorphines (opiacés endogènes qui atténuent les effets de la douleur[35]) que l'homme. Mais Georges Chapouthier, directeur de recherche émérite au CNRS, fait remarquer que l'étude de Juan Carlos Illera del Portal ne fournit aucune indication sur la méthodologie utilisée et aucune référence à des publications scientifiques. Il qualifie d'« absurde » l'idée selon laquelle la libération d'endorphines signifierait que le taureau ne souffre pas. Les études publiées montrent au contraire qu'une décharge massive d'endorphines par le cerveau est le signe même qu'un animal est soumis à une intense douleur et que le corps tente de minimiser son impact[36].

José Enrique Zaldívar, membre du Collège de vétérinaires de Madrid, réfute lui aussi l'hypothèse selon laquelle l'élévation de la quantité de bêta-endorphines dans le sang diminue nécessairement la douleur. Le taux de bêta-endorphines très élevé que l'on trouve chez le taureau prouve qu'il a subi de très fortes agressions physiques et psychologiques, et non le fait qu'il ne souffre pas[37].

D'après la déposition de Zaldívar Laguía devant les députés catalans, le 4 mars 2010, la plupart des études réalisées par des vétérinaires d'arènes rapportent que les piques des picadors, les premières armes utilisées contre le taureau, provoquent des lésions affectant plus de vingt muscles. Cette pique, la *puya,* est « une arme métallique coupante et acérée, de 6 cm de tige et de 2,5 cm de pointe pyramidale, dont chaque arête est aussi affûtée qu'un bistouri. [...] Non seulement sont sectionnés muscles, tendons et ligaments, mais également des veines, artères et nerfs importants. Les résultats indiquent que la profondeur moyenne de ces blessures est de 20 cm et on a observé des trajectoires allant jusqu'à 30 cm ». Ces piques provoquent « fractures d'apophyses spinales et perforation de vertèbres, fractures de côtes et des cartilages de conjugaison [...]. Sont inévitables les lésions de la moelle épinière, les hémorragies du canal médullaire et la lésion de nerfs très importants [...] ». Le taureau perd également entre 3 et 7 litres de sang[38].

Viennent ensuite les banderilles tranchantes comme des lames de rasoir à l'extrémité desquelles se trouve un harpon. Elles sont plantées dans le dos du taureau pour évacuer son sang et éviter qu'il ne meure trop tôt d'une hémorragie interne causée par les piques. Le matador enfonce enfin une épée recourbée de 80 centimètres dans le garrot de l'animal épuisé. Elle est censée atteindre la veine cave caudale et l'aorte postérieure, situées dans la cage thoracique de l'animal. Dans les faits, l'arme touche le plus souvent les cordons nerveux proches de la moelle épinière, entraînant une intense difficulté respiratoire chez l'animal[39]. Souvent, la lame déclenche une hémorragie interne ou déchire un poumon. Dans ce dernier cas, le taureau vomit son sang et meurt asphyxié. Si le taureau ne meurt pas, le matador répète l'opération avec une plus petite épée qu'il plante entre les deux cornes de l'animal pour lacérer son cerveau. Si cela ne suffit toujours pas, un *péon* porte le coup de grâce avec la *puntilla*, un coutelas acéré. Mais, selon Zaldívar, la *puntilla* ne provoquerait pas une mort instantanée, mais une mort par asphyxie, par la paralysie des mouvements respiratoires entraînant une hypoxie encéphalique[40]. Et tout cela sans douleur !

En résumé, d'après la déposition du professeur Jean-François Courreau de l'École nationale vétérinaire d'Alfort devant les parlementaires français : « Si le taureau de combat possédait cette adaptation surnaturelle pour supporter la douleur, la maltraitance et la souffrance, je crois que cette hypothèse mériterait un espace important dans une publication scientifique, ce qui jusqu'à présent n'a pas eu lieu[41]. »

Tant de grands penseurs et artistes ont compris et aimé la corrida

> Pour ceux qui imaginent les aficionados comme une race d'humains sans humanité, on ne peut que rappeler le nom de tous ces artistes et écrivains tels que Mérimée, Lorca, Cocteau, Hemingway, Montherlant, Bataille, Leiris, Manet ou Picasso. Se pourrait-il qu'ils ne fussent que des pervers assoiffés de sang ? Serait-il possible qu'un profane en sache plus qu'eux sur ce qu'est vraiment la corrida et sur ce qu'ils ressentaient du fond de leur sensibilité et avec tout leur art[42] ?

Comment auraient-ils pu se tromper à ce point ? se demande Francis Wolff, auteur de ces phrases. Mais en quoi le talent littéraire ou artistique dont ils étaient, les uns et les autres, dotés, pourrait-il justifier n'importe quelle opinion, pour ou contre la corrida ? Dans le monde scientifique, confondre de simples corrélations avec des liens de causalité suffit à invalider l'interprétation des résultats d'un travail de recherche. C'est pourtant dans ce travers que tombent ceux qui usent du sophisme de la « bonne compagnie », qui consiste ici à affirmer que si de grands écrivains et artistes ont été en faveur de la corrida, celle-ci ne peut être que légitime. Pourtant, l'un n'est pas lié causalement à l'autre. Le fait d'exceller dans certains domaines d'expertise ne fait pas nécessairement de vous un bon être humain. Céline, salué comme l'un des plus grands écrivains du XXe siècle, était violemment antisémite. Le grand éthologue autrichien Konrad Lorenz sympathisa avec le nazisme. Hitler se targuait d'être peintre, Mao d'être poète, et Staline de bien chanter. S'ils avaient eu le génie de Rembrandt, de Baudelaire ou de Mozart, cela aurait-il atténué l'horreur de leurs crimes ? L'élégance du style ne fait pas la bonté de l'homme, et le mauvais écrivain peut avoir un cœur en or.

Francis Wolff se défend d'user du « sophisme de la bonne compagnie » en répondant que « nul n'a jamais prétendu que les goûts des gens respectables le sont automatiquement aussi. Il s'agit de savoir si l'on peut se contenter de cataloguer la corrida comme un spectacle cruel et barbare sans entendre ce que nous ont transmis, de sa puissance sublime, tous ces artistes et poètes au moins aussi sensibles à la souffrance que tous les autres hommes, fussent-ils juristes et philosophes[43] ».

Soit. Écoutons alors ce que nous ont transmis certains des éminents personnages en question, qui connaissaient bien la corrida. Ernest Hemingway dans *Mort dans l'après-midi*, un roman consacré à la corrida, proclame : « Lorsqu'un homme est en rébellion contre la mort, il a du plaisir à assumer lui-même un des attributs divins, celui de la donner. C'est là un des plus profonds sentiments de ces hommes qui ont de la joie à tuer[44]. » De la joie à tuer… Peut-on admirer et proposer comme référence quelqu'un qui considère que tuer est l'une des plus grandes satisfactions de l'homme ?

Hemingway a également ajouté que, comparée à la tragédie de la mort du taureau, celle du cheval d'arène relevait plutôt du comique… Autre auteur cité comme une référence, Michel Leiris, qui considérait que « l'ignoble sang des chevaux » symbolisait les menstrues féminines[45]. J'ai en ce moment sous les yeux deux photographies. Sur l'une, on voit un taureau encorner de plein fouet le ventre d'un grand cheval blanc, chevauché quelques instants auparavant par un picador qui avait blessé le taureau de sa pique. Sur la photo suivante, on voit le cheval, qui s'est relevé, prêt à partir au galop avec les intestins qui pendent hors de son ventre et traînent sur le sol. Un cheval inoffensif et un taureau rendu fou furieux parce qu'on l'a blessé vont tous deux mourir pour le plaisir de l'homme.

Examinons aussi ce que nous ont transmis d'autres hommes, écrivains, juristes et philosophes, qui, eux aussi, connaissaient suffisamment la corrida pour se permettre d'écrire, comme le fit Émile Zola : «Je suis absolument contraire aux courses de taureaux, qui sont des spectacles dont la cruauté imbécile est, pour les foules, une éducation de sang et de boue.» Cela fait-il de Zola un crétin ou un mauvais écrivain ?

On peut également établir — *sans que ce soit davantage un argument valable* puisqu'il relève toujours du «sophisme de la bonne compagnie» utilisé maintenant *contre* la corrida — une liste tout aussi impressionnante de grands écrivains, artistes et penseurs qui considéraient ces jeux d'arène comme déplorables. Cette liste non exhaustive comprend : José Maria de Heredia, Georges Clemenceau, Georges Courteline, Léon Bloy, Jules Lemaître, Théodore Monod, Jacques Derrida, Jacques Brel (qui chantait : «Mais l'épée a plongé et la foule est debout, c'est l'instant de triomphe où les épiciers se prennent pour Néron»), Élisabeth Badinter, Jean-François Kahn, Hubert Montagner, et bien d'autres.

Les gens sont libres de penser ce qu'ils veulent de la corrida. Le taureau, lui, préférerait certainement ne pas être transpercé par tout un arsenal d'armes acérées, et finir tranquillement sa vie dans le champ où il a été élevé. On ne lui en donne pas le choix. On décide pour lui. Voilà où se trouve l'abus de pouvoir.

Quant au sophisme de la «mauvaise compagnie» qui consiste à prendre l'exemple de tyrans et de génocidaires qui défendaient la cause animale, il est tout aussi infondé. On a parfois tenté de déconsidérer les défenseurs des animaux en rappelant qu'Hitler et les nazis s'étaient entichés de cette cause tout en se comportant de façon monstrueuse. Si un tel argument avait un sens, le fait que le commandant du camp de concentration de Bergen-Belsen, Josef Kramer, était un grand mélomane et que d'autres tortionnaires notoires étaient, une fois rentrés chez eux, des pères de famille attentionnés, devraient, par voie de conséquence, dévaloriser respectivement la musique classique et la bienveillance à l'égard des enfants. Comme l'a montré l'historienne Élisabeth Hardouin-Fugier, de tels sophismes ont permis l'instrumentalisation d'une des plus grandes atrocités de notre histoire afin de jeter l'opprobre sur la protection animale[46]. Il faut aussi se souvenir que la plupart des défenseurs des animaux étaient et sont encore de fervents défenseurs des droits de l'homme et de la femme, qui ont lutté contre le racisme, la torture et toute forme d'injustice.

Interdire les traditions seulement là où elles n'existent pas

Francis Wolff se défend de justifier une pratique simplement parce qu'elle est traditionnelle et se réjouit du fait que «la plupart des grands progrès des mœurs se sont faits contre des pratiques enracinées et donc supposées légitimes par la tradition : l'esclavage, le suicide des veuves en Inde, ou l'excision des fillettes». Il estime que la situation est différente en ce qui concerne la corrida et prétend que «ce n'est pas *parce qu*'il y a une tradition que la corrida est autorisée, mais *là* où il y a tradition». Il ajoute : «Cela ne rend pas la corrida "universellement bonne", mais localement légitime : ce qui serait *vu* comme un acte de cruauté à Stockholm ou à Strasbourg peut être *perçu* à Dax ou à Nîmes comme un défi loyal et un acte rituel inséparable d'une identité régionale[47]. »

Un alinéa du Code pénal français autorise en effet la corrida et les combats de coqs là où peut s'invoquer une « tradition locale ininterrompue[48] ». Ils sont donc interdits sur tout le territoire français *sauf là où ils ont lieu*. En voilà une loi utile ! À quoi bon interdire une tradition là où elle n'existe pas ? Quelle est la nécessité de proscrire les combats entre chiens et ours à Nîmes, les corridas en Laponie, ou les sacrifices humains en Belgique ? Comment pourrait-on jamais se défaire d'une tradition cruelle, si on l'interdit partout sauf là où elle est pratiquée ? C'est dans le fief même de la tradition « culturelle » en question qu'il faut mener le combat pour démystifier l'aura dont elle jouit et faire prendre conscience à ses adeptes du niveau de cruauté qu'elle implique.

En outre, cette « identité régionale » de la corrida ne semble plus concerner qu'une minorité. Selon un sondage Ipsos de juillet 2010, 71 % des habitants du Gard, haut lieu de la tauromachie, déclarent ne pas être attachés à la corrida. À l'échelle nationale, 66 % des Français se disent favorables à son abolition[49]. La Catalogne, où la culture tauromachique a longtemps été acceptée, a décidé en 2010 d'abolir la corrida, entérinant ainsi le souhait de la majorité des citoyens[50].

La liberté de tuer

Selon Alain Renaut, un autre philosophe, professeur à l'université Paris IV, la corrida représenterait « la soumission de la nature brute (c'est-à-dire de la violence) au libre arbitre humain, une victoire de la liberté sur la nature[51] ». Mais de quelle « liberté » parle-t-on ? La liberté de tuer sans nécessité ? Car la corrida ne représente nullement une situation de légitime défense contre un animal agressif. Dans une démocratie et un État de droit, chaque citoyen a la liberté de faire ce qu'il souhaite dans la mesure où ses actions ne nuisent pas à ses concitoyens. Les lois ont pour but de protéger les citoyens de la violence des autres. Elles sont d'une certaine façon «imposées», car chacun est censé les respecter, que cela lui plaise ou non; les transgressions de ces lois (tuer, violer, brutaliser) ayant été jugées inacceptables par la société.

L'établissement d'un contrat social est l'une des caractéristiques des civilisations. Il ne s'agit donc pas d'«imposer» l'interdiction du massacre d'innocents, mais de les protéger dudit massacre. On peut donc se demander pour quelle raison on écarterait les êtres non-humains, eux aussi êtres sensibles, d'une telle protection. De fait, la première corrida, qui eut lieu en France, à Bayonne, en 1853, constituait une infraction directe à la loi Grammont punissant les mauvais traitements infligés aux animaux. Mais la corrida bénéficiant du soutien de l'impératrice Eugénie, les préfets n'appliquèrent pas la loi. La corrida continue ainsi d'être une exception aux lois prévalant en France, et plus encore dans l'Union européenne, sur la protection des animaux.

Il serait bon d'apprendre aux enfants à apprécier le rituel de mise à mort?

La corrida est un spectacle gratuit pour les enfants de moins de 10 ans. Dans les écoles de tauromachie de plusieurs pays (Espagne, France, et Portugal notamment), des enfants et des adolescents s'entraînent à l'arme blanche sur des veaux. Pour Francis Wolff, cela ne pose pas de problème :

> L'enfant peut apprendre et comprendre, au même titre qu'un adulte. Il peut très vite faire la différence entre l'homme et l'animal, et surtout entre l'animal admiré et redouté comme le taureau, et l'animal

> affectueux et chéri, comme son chien ou son chat. Et la corrida peut être l'occasion pour les parents d'explications sur les signes du rituel (auxquels les enfants sont particulièrement sensibles), de dialogues avec eux sur la vie et la mort, ou d'explications sur le comportement animal ou sur l'art humain[52].

Le Comité des droits de l'Enfant des Nations unies ne semble pas partager cette opinion : il a récemment statué que « la participation d'enfants et d'adolescents (garçons et filles) à des activités liées à la tauromachie constituait une violation grave des articles de la Convention relative aux droits de l'enfant[53] ». Lors des délibérations du Comité, Sérgio Caetano, représentant de la Fondation Franz Weber au Portugal, s'est exprimé en ces termes : « Lors de leçons ou d'événements de tauromachie auxquels ils participent, les enfants doivent blesser violemment les taureaux à l'aide d'objets piquants et tranchants ; ils doivent aussi s'accrocher sans aucune protection à l'animal pour le maîtriser et sont régulièrement victimes d'accidents. D'autre part, les enfants qui assistent à de telles manifestations sont témoins d'images d'une grande violence. »

Le Comité a donc recommandé aux États membres de prendre des mesures législatives et administratives afin d'interdire définitivement la participation des enfants à la tauromachie.

Mieux vaudrait bien vivre comme un taureau de combat et mourir dans l'arène que de vivre dans un élevage industriel et mourir à l'abattoir ?

Certains prétendent qu'il vaut mieux mourir noblement et rapidement dans l'arène que de façon abjecte dans un abattoir. En vérité, dans un cas comme dans l'autre, mieux vaut rester en vie.

Francis Wolff demande en effet aux défenseurs des animaux « de choisir le sort le plus enviable : celui du bœuf de labour, celui du bœuf (ou du veau) de boucherie (élevé le plus souvent “en batterie”) ou celui du taureau de combat : quatre années de vie libre pour quinze minutes de mort au combat[54] ».

Il ne s’agit pas de choisir entre le mal et le pire, car dans les deux cas, on impose la mort à un animal qui n’a certainement pas envie de mourir. Idéalement, un taureau ne devrait être envoyé ni à l’abattoir ni dans l’arène. L’alternative logique à l’arène n’est pas l’abattoir, mais une vie tranquille dans un pré où il mourrait de sa belle mort.

Quand le choix doit impérativement se faire parmi un nombre limité de possibilités, toute personne sensée choisira celle qui entraîne le moins de souffrance. Mais ni la corrida ni l’abattoir ne sont des choix obligés. Le meilleur choix est d’épargner l’une et l’autre à l’animal.

Cet argument fait aussi appel au « sophisme du pire » ou au « sophisme de la consolation ». Peut-on dire à quelqu’un que l’on torture pendant une heure avant de l’exécuter : « Réjouis-toi, nous aurions pu te torturer pendant six mois d’affilée » ? On pourrait s’excuser de violer régulièrement un enfant en affirmant : « Mais il souffre moins que s’il était dans un camp de concentration. » Prétendre qu’un mauvais traitement vaut mieux qu’un autre qui serait pire encore ne confère aucune légitimité au premier. La question n’est donc pas de savoir s’il y a pire que la corrida, mais si la corrida elle-même est admissible.

Il est évident que le nombre des victimes de la corrida est sans commune mesure avec les milliards d’animaux terrestres abattus chaque année pour la consommation de leur chair. Mais la souffrance est une expérience ressentie par chaque individu qui la subit, et la cruauté est toujours la même. Ce qui change, c’est son domaine d’application, le nombre de ses victimes et les divers déguisements dont on l'affuble, qui vont de l'art à la gastronomie et passant par le sport (dans le cas de la chasse sportive, qui n'est pas nécessaire à la survie du chasseur). Comme l'affirme l'écrivain espagnol Antonio Zozaya, il n'y a qu'une seule cruauté, quel que puisse être son objet :

> Faire souffrir une bête c'est provoquer une souffrance. Quelle que soit la victime de cette cruauté inutile, c'est toujours une cruauté. [...] L'important n'est pas de savoir qui est-ce qu'on martyrise ; l'essentiel est de ne point martyriser. [...]
>
> Il n'y a dans le monde qu'une seule cruauté, la même pour les hommes et pour les bêtes, pour les idées et pour les choses, pour les dieux et pour les vers de terre. Fuyons donc cette barbarie qui nous avilit[55].

Les animaux de cirque, la douleur sous les paillettes

N'est-il pas amusant de voir des éléphants faire un tour de piste en tenant avec leur trompe la queue de celui qui le précède ? N'admire-t-on pas le dompteur qui a l'audace de poser sa tête dans la gueule béante d'un lion rugissant ? Ces exploits ne sont pourtant que l'aboutissement d'une longue accumulation de brutalités infligées aux animaux dressés. Le bâton joliment paré de fleurs avec lequel le dresseur semble caresser l'oreille de l'éléphant pour le guider dans ses mouvements dissimule un crochet de fer acéré qui viendra se planter dans l'oreille du pachyderme au moindre signe de désobéissance. Écoutons ces propos d'un dresseur d'éléphants américain saisi sur le vif par une caméra cachée, alors qu'il formait un apprenti :

> Fais-lui mal ! Fais le crier ! Si t'as peur de lui faire mal… ne viens pas dans cette salle. Si j'te dis « éclate-lui la tête », « écrase son putain de pied », qu'est-ce que ça veut dire, hein ? Parce que c'est très important de le faire, non ? Quand il commence à se tortiller, boum !… Juste sous

le menton ! […] Enfonce ce crochet et vas-y à fond… et quand il est bien enfoncé, continue, îî-îî-îî ! Il va se mettre à crier. Quand t'entends ces cris, tu sais que t'as réussi à attirer un peu sa putain d'attention. […] Bon, allons-y[56].

« C'est ainsi dans tous les cirques du monde », témoigne Vladimir Deriabkine, un célèbre dresseur d'ours. Il faisait tenir à ses ours des rôles de barman, de garagiste, de marin, de cosmonaute ou d'amoureux. Pendant la représentation, ils devenaient presque humains. Depuis dix ans, Deriabkine n'a plus mis les pieds sur une piste de cirque. Il a abandonné le dressage. Pourquoi ? « Parce que, dit-il, c'est une activité barbare. Les dresseurs ont toujours caché les dessous de leur profession aux spectateurs. Moi, je vais vous raconter ce que personne ne dira jamais. Connaître la vérité sur les pratiques de dressage ne peut que détourner les spectateurs des numéros de cirque. » Il s'est longuement expliqué au journaliste Vladimir Kojemiakine[57] :

J'ai aimé mon métier. […] Mon seul regret a longtemps été de ne pas avoir obtenu, à l'époque, la distinction d'artiste émérite, en tant que clown. Mais, aujourd'hui, je me rends compte qu'on ne peut pas être décoré pour un travail de dressage. Une « médaille de la cruauté », ce n'est pas envisageable. La cruauté ne s'exerçait pas sur la piste, mais en coulisses. Je présentais, entre autres, un numéro qui soulevait toujours un tonnerre d'applaudissements : l'un des ours tombait à genoux devant Liouda, ma partenaire, en serrant entre ses pattes un cœur en papier mâché. Vu des gradins, l'effet était spectaculaire et émouvant. Mais, pendant les répétitions, c'était autre chose !

J'ai vu tuer un ours qui refusait d'exécuter un numéro. Les nerfs du dresseur lâchent, il explose et il frappe. Il y a une image que je n'oublierai jamais, celle des bottes d'un dresseur maculées du sang d'un ours, tellement il s'était acharné sur la pauvre bête.

Un dompteur de Saint-Pétersbourg m'a dit que ses ours, c'étaient ses enfants, qu'il les plaignait et les éduquait. Ses enfants, tu parles ! On gagnait simplement de l'argent sur le dos de ces enfants-là. On mangeait bien, on s'habillait luxueusement, on dormait dans des draps propres pendant qu'eux étaient dans des cages. Et, aujourd'hui encore, en Russie, les ours sont traités comme des criminels, ils voyagent dans des cages toujours aussi exiguës, immondes. Parce que, pour un dresseur, les animaux ne sont que des accessoires vivants.

Je me souviens d'un numéro qui s'appelait « Les mains entrelacées » : un éléphant tendait sa patte, un tigre posait sa patte dessus et, pour finir, le dresseur lui-même mettait sa main. C'était une sorte de vision symbolique de l'amitié entre l'animal et le dompteur. En fait, derrière cette image poétique, il n'y a que de la violence. Essayez donc de faire se serrer la main à des ennemis jurés ; ils n'accepteront que si vous les menacez de mort. Ils vont obtempérer. Mais, dès que vous ôterez la menace, ils se sauteront à la gorge.

Lorsque j'ai décidé de quitter le métier, il me restait six ours. Or des ours, les cirques et les zoos en ont à revendre. Il n'y avait pas de solution. Un matin, de bonne heure, mes assistants les ont emportés. Le lendemain, mes ours étaient morts. Et c'étaient des artistes, que l'on applaudissait, qui apportaient beaucoup de plaisir aux spectateurs ! Ils sont tous condamnés à finir comme ça.

À la question : « Existe-t-il des dresseurs gentils ? », Deriabkine répondit : « Et des bourreaux gentils, vous en connaissez ? Il faut être clair : la cruauté naît avec le dresseur. Dès que l'on prend un ourson, qu'on le met dans une cage et qu'on le fait se produire en piste, c'est une catastrophe pour l'animal. Et pour l'homme aussi, s'il a un cœur. »

Dick Gregory, activiste des droits civils auprès de Martin Luther King déclarait : « Lorsque je regarde des animaux tenus captifs dans les cirques, cela me fait penser à l'esclavage. Les animaux dans les cirques représentent la domination et l'oppression que nous avons combattues pendant si longtemps. Ils portent les mêmes chaînes et les mêmes fers. »

D'après la Ligue française de défense des droits de l'animal (LFDA), 200 cirques itinérants parcourent encore la France en présentant des numéros mettant en scène des animaux sauvages. En Finlande et au Danemark, leur exhibition est déjà interdite (à l'exception des otaries pour le premier pays, des éléphants d'Asie, des chameaux et des lamas pour le second[58]). On mesure l'évolution des sensibilités depuis les cirques romains jusqu'au Cirque du Soleil, quand on sait que ce dernier, sans doute le plus célèbre au monde, n'a aucun numéro de dressage à son programme.

Les zoos : prisons données en spectacle ou arches de Noé ?

À l'époque du colonialisme, non seulement des hommes «exotiques» mais des animaux «rares» étaient exhibés dans des zoos et sur la scène des célèbres «Expositions coloniales». Un amusement pour les enfants et une curiosité pour leurs parents. Derrière ces exhibitions qui attiraient des foules considérables, s'élaborait entre les capitales européennes et leurs colonies respectives une «traite des animaux» exempte de toute légalité. Dans *Belles captives : une histoire des zoos du côté des bêtes*, Éric Baratay expose les méthodes cruelles et le coût en termes de vie animale de ces captures encore pratiquées pendant l'entre-deux-guerres : «Des capteurs repentis ont estimé ces pertes [les animaux qui succombent lors de la prise] entre 15 et 30% en général, mais elles pouvaient être bien plus fortes, 80% pour les gibbons du Laos[59].» L'historien comptabilise les pertes pendant le transport et celles liées à la difficile période d'adaptation, le tout s'élève à 50% en moyenne. Il fallait compter dix morts pour un animal exposé.

En son temps, Philippe Diolé, qui fut un collaborateur de Jacques-Yves Cousteau et le cofondateur de la Ligue française de défense des droits de l'animal (LFDA), dénonça la misère des zoos dans une série de tribunes parues dans *Le Figaro*. Selon lui, «70 % des parcs zoologiques devraient être supprimés[60]». Bien que parues en 1974, ces tribunes restent tristement d'actualité dans bien des pays du monde. À Kathmandu, où je vis, le zoo n'est qu'un sinistre mouroir. Dans un autre article intitulé « Prisons dans un jardin », Philippe Diolé réclamait la suppression de la ménagerie du Jardin des Plantes de Paris, qui n'était pour lui qu'un foyer de dégradation animale, le reliquat d'un autre âge :

> L'humiliation des bêtes n'est pas plus tolérable que celle des gens. Comme il y a un siècle et plus, sont exhibés des servals, des pumas et des tigres qui sont des morts-vivants.
>
> Ils sont désespérés, mais surtout dépossédés. Ils ont perdu la verdure des feuilles et des herbes et jusqu'à la terre qu'ils foulaient. Les grosses pattes des fauves, aux sensibles pelotes, se blessent à la dureté du ciment. Les rapaces piétinent leur fiente. Les flamants roses remuent une eau d'égout. [...] En prison, l'homme perd la liberté, mais en cage, l'animal perd l'espace où s'organisait sa vie compliquée : son comportement en est bouleversé, son psychisme ébranlé. Il n'y a d'autre issue pour lui que la folie, souvent miséricordieuse. C'est pourquoi l'ours poursuit ce vertigineux va-et-vient le long du mur que son museau entame. L'éléphant se balance sans trêve. Un jeune loup s'arrache les ongles. Les captifs des zoos, à quelques exceptions près, sont des malades mentaux, obsédés par leur condamnation, frustrés, anxieux, agressifs.
>
> Cet hôpital psychiatrique qui exploite la souffrance animale n'est digne ni de notre temps ni surtout des éminentes personnalités qui appartiennent au muséum. La ménagerie du Jardin des Plantes n'est, en plein Paris, qu'une enclave anachronique et scandaleuse, où l'on peut voir pour trois francs des animaux malheureux, des bâtiments branlants et des carreaux cassés.
>
> Enlevez donc tout ça et mettez des fleurs[61].

Aujourd'hui, selon Norin Chai, chercheur et chef du service vétérinaire de la Ménagerie du Jardin des Plantes, d'importants progrès ont été accomplis : « Les zoos ne sont finalement que le reflet de ceux qui les administrent. Certains restent des mouroirs alors que d'autres ont évolué vers davantage d'humanité, sous la pression de l'opinion publique ou par réelle conviction[62]. » À partir des années 2000, de nombreuses législations ont entraîné un changement des conditions de vie dans les zoos des pays développés[63]. Le bien-être des animaux, leur conservation et la recherche scientifique sont maintenant devenus des préoccupations obligatoires. En Europe, la directive Balai régit tous les parcs zoologiques dignes de ce nom et oblige les institutions à respecter un haut niveau de suivi vétérinaire[64].

En 1992, la conférence des Nations unies de Rio reconnaît le rôle de préservation des zoos. Ces établissements peuvent donc continuer à prospérer — n'oublions pas que ce sont des entreprises commerciales — et se doter d'une légitimité écologique qui leur confère la sympathie et donc la fréquentation d'un large public. Le zoo n'est plus, très souvent, un lieu de mortelle captivité, mais un espace de reproduction et de sauvegarde des espèces en danger qui sont, dans certains cas, relâchées dans leur milieu d'origine. Aujourd'hui, beaucoup de scientifiques travaillant dans les zoos estiment donc qu'ils représentent une arche de Noé qui participe à la préservation de nombreuses espèces en voie de disparition. Il faut reconnaître qu'il y a eu des réussites : l'oryx d'Arabie (*Oryx leucoryx*), espèce quasiment disparue il y a quelques décennies, a retrouvé les sables et les oasis d'Oman et d'Israël. Le célèbre cheval de Przewalski (*Equus przewalskii*) galope à nouveau dans les steppes mongoles. De même, les martins-chasseurs cannelle (*Todiramphus cinnamominus*), les condors de Californie (*Gymnogyps californianus*), les oryx algazelles (*Oryx dammah*) ont été sauvés grâce à l'élevage en captivité, et cela pourrait bientôt être le cas des addax (*Addax nasomaculatus*).

Certaines sociétés, comme la Société zoologique de Francfort, la Société zoologique de Londres et la Société pour la conservation de la vie sauvage mènent en conséquence des projets de conservation sur le terrain, au cours desquels les vétérinaires de zoo se joignent aux vétérinaires de la faune sauvage pour œuvrer à la protection d'espèces menacées[65].

Ils effectuent des recherches sur des maladies qui mettent en péril la survie de certaines espèces et ont notamment joué un rôle essentiel dans la médecine aviaire aux îles Galápagos[66]. Certaines de ces maladies sont dues à la pollution. Les vautours, par exemple, sont sur le point de s'éteindre en Asie du Sud du fait qu'ils consomment les cadavres d'animaux d'élevage auxquels les fermiers ont administré du diclofénac. Cet anti-inflammatoire qui était couramment utilisé par les vétérinaires jusqu'à son interdiction récente s'est avéré être un poison violent pour ces rapaces, chez lesquels il provoque, même à faible dose, des insuffisances rénales mortelles[67].

Le professeur Jean-Claude Nouët, cofondateur de la Ligue française des droits de l'animal, tempère cependant l'enthousiasme des directeurs de zoos : « Les réintroductions réussies se comptent sur les doigts d'une main. » Et Éric Baratay de se montrer plus optimiste : « Au mieux, des deux mains. » En effet, depuis les années 1990, il est devenu évident que le nombre des espèces en voie de disparition a largement dépassé la capacité qu'offrent les zoos de les préserver en captivité.

Créer de véritables réserves, réapprendre aux animaux à vivre dans la nature

Jean-Claude Nouët, tout en reconnaissant les réussites incontestables de réinsertion de certaines espèces dans leur milieu d'origine, reste prudent : « Les zoos ne préservent pas les espèces, ils les conservent, ce n'est pas pareil. » Élisabeth Hardouin-Fugier estime, quant à elle : « Plutôt que de renflouer une arche de Noé aussi coûteuse et exiguë qu'un astronef, il fallait tenter d'endiguer le déluge[68]. » En d'autres termes, mieux vaut protéger *sur place* l'habitat naturel des animaux, et par là même ces derniers, que d'établir et de maintenir des établissements censés les sauver de l'extinction, au risque de graves dommages physiques et mentaux chez des espèces qui ne sont, en fin de compte, que des exilés involontaires de leur savane, de leur forêt ou de leur jungle natales. La création de réserves et de parc nationaux constitue une bien meilleure solution.

Si les zoos n'étaient pas, avant tout, des entreprises commerciales, il n'y aurait aucune raison de séquestrer des lions et des girafes, quitte à les tuer quand on n'en a plus besoin. Quant au projet de préserver des espèces en voie de disparition, il pourrait être géré de façon scientifique dans des réserves protégées au cœur de leur milieu naturel[69].

D'autres belles initiatives concernent le sauvetage de jeunes animaux capturés par des trafiquants et dont la mère a été tuée. Sur Internet, une vidéo montre comment un chimpanzé orphelin retrouve la santé après avoir été recueilli, alors qu'il était sur le point de mourir, par l'équipe de Jane Goodall. Au moment d'être remis en liberté par ceux qui l'ont soigné et sauvé, il prend le temps d'étreindre longuement Jane Goodall avant de s'enfoncer dans la forêt[70].

De même, Jill Robinson, en Chine et au Vietnam, libère des ours des fermes où ils sont martyrisés pour prélever leur bile (voir le chapitre 10, « Le trafic de la faune sauvage[71] »). L'association One Voice en fait autant avec les ours maltraités par des dresseurs de chiens de chasse.En effet, en Russie, afin d'évaluer la férocité de leurs chiens, ces dresseurs les lâchent sur de jeunes ours attachés. Blessés à maintes reprises, peu d'entre eux survivent à ce calvaire.

Réintroduire un animal dans son milieu sauvage est une entreprise très délicate qui exige beaucoup de temps, de ressources et de soins, notamment lorsque l'animal doit réapprendre à chasser ou à s'intégrer à un groupe dans lequel il n'a pas grandi. Après avoir soigné les animaux, il faut donc les accompagner dans leur apprentissage de la vie en liberté.

Dès lors, se pose la question fondamentale : est-il moral de capturer un animal pour l'enfermer ? On prétend que les zoos permettent aux enfants de développer un rapport « vécu » avec les animaux sauvages et donc de faire naître l'empathie à leur égard. Mais est-ce une bonne façon d'apprendre l'empathie aux enfants que de leur donner en spectacle des animaux sauvages en captivité comme si c'était une situation normale ? Il est permis d'en douter quand on voit des fauves hagards qui, toute la journée, font des allers et retours le long des grilles de leur enclos, en quête perpétuelle d'une issue impossible. Et si les enfants éprouvent de l'empathie pour ces animaux, ne devraient-ils pas alors souhaiter leur mise en liberté ? De nos jours, ils peuvent bien mieux apprendre à connaître les animaux devant les extraordinaires documentaires proposés par la télévision et Internet, documentaires qui les font pénétrer dans le monde réel des espèces sauvages. Ils peuvent aussi étudier le comportement des animaux dans leur milieu naturel. Adolescent, ornithologue amateur, je passais une bonne partie de mes loisirs à observer les oiseaux dans la nature, tandis que le spectacle des zoos me serrait le cœur.

Certains parcs animaliers et certains zoos permettent à leurs pensionnaires de vivre dans de plus vastes espaces où le public peut entrer en contact avec la vie sauvage : le parc de Thoiry dans les Yvelines occupe 180 hectares. Le zoo de Vincennes a rouvert ses portes, le 12 avril 2014, après six ans de travaux ayant permis d'améliorer considérablement la vie des animaux : plus de cages ni d'enclos exigus, de vitrines, de fosses, de barreaux mais des espaces ouverts, de l'air libre et des végétaux. Cela suffit-il à justifier leur captivité ? Selon l'écrivain Armand Farrachi, les jardins zoologiques sont par définition des lieux artificiels, conçus pour la captivité d'animaux exotiques. « C'est tant mieux, écrit-il, si le nouveau parc zoologique de Paris, comme d'autres bioparcs, se donne pour priorité la "bioconservation" grâce à la "gestion" d'animaux évoluant en "semi-liberté". Mais le principe demeure : offrir une chaîne plus longue aux esclaves, ce n'est pas leur rendre la liberté[72]. »

Comme le rappelle Farrachi, la notion de « bientraitance » évacue toute idée de liberté et renforce l'homme dans sa position de maître et possesseur de la nature, « disposant à sa guise des espèces inférieures, si possible en maître éclairé plutôt qu'en bourreau. Sa mansuétude n'ira pas au-delà ».

Et quand on a plus besoin de vous…

Quand les animaux ne sont plus utiles, ou en surnombre, qu'est-ce qu'on en fait ? On les tue. Le zoo de Copenhague s'est récemment distingué en « euthanasiant » un girafon dont il ne savait que faire, puis quatre lions, dont deux lionceaux, alors même que les girafes disparaissent d'Afrique de l'Ouest et que le nombre de lions est en chute libre dans toute l'Afrique.

Comme l'ont rapporté de nombreux médias[73], Marius, girafon d'un an et demi en parfaite santé, a été « euthanasié » le 10 février 2014, au zoo de Copenhague. Le terme « euthanasié » est celui qu'a employé le zoo alors que cet acte n'avait évidemment aucun rapport avec celui pratiqué sur un animal en proie à de graves douleurs. La direction de l'établissement ne savait pas quoi en faire, et estimait que Marius n'avait pas un « patrimoine génétique intéressant ». L'animal, en parfaite santé, a donc été exécuté en public avec un pistolet d'abattage, dépecé devant les caméras de télévision et les morceaux de son corps ont été jetés en pâture aux fauves. Tout cela devant un parterre d'enfants médusés. Cette exécution a été défendue par l'Association européenne des zoos et aquariums (AEZA), qui compte pourtant un comité « conservation » et se targue d'avoir une « charte éthique »[74].

Les solutions autres que l'« euthanasie » ont été écartées : le zoo s'est justifié en expliquant que la castration était plus cruelle et aurait eu « des effets indésirables ». Quant à la réintroduction dans la nature, c'était, selon lui, un processus qui « a peu de chances de réussir et qui, dans le cas des girafes, n'est pas souhaité par les pays africains ».

Le zoo de Copenhague a récidivé en mars 2014, en tuant 4 lions dont 2 lionceaux âgés de 10 mois et en se justifiant de la sorte : « Ils auraient été tués par le nouveau mâle dès qu'il en aurait eu la possibilité[75] », et « de toute façon, les deux lionceaux n'étaient pas assez grands pour se débrouiller seuls[76]. » Le zoo n'aurait pas eu assez de place pour les héberger séparément et n'aurait pas réussi à les placer ailleurs. Le monde se rétrécit cruellement lorsqu'on ne souhaite pas dépenser un sou pour sauver des lions superflus !

Une consolation : « Tous nos animaux ne sont pas dépecés devant les visiteurs », a déclaré le directeur du zoo, ajoutant que « son établissement est reconnu mondialement pour son travail avec les lions. » Et de conclure : « Je suis fier que l'un d'entre eux [le fameux « nouveau mâle »] soit à l'origine d'une nouvelle lignée. » Du beau travail en effet...

Des parcs d'attractions aux massacres de dauphins

Chaque année des dizaines de dauphins sont capturés puis vendus à des dresseurs à la solde des parcs aquatiques. Arrachés à leur milieu naturel, ils sont condamnés à survivre dans des environnements inadaptés où le taux de mortalité est élevé et les naissances rares. C'est en ces termes que l'association One Voice décrit les delphinariums, entreprises lucratives qui proposent des spectacles de dauphins dressés, parfois dans des établissements de luxe, des séances de nage avec les dauphins présentées comme une « delphinothérapie ». Un dauphin dans son élément nage jusqu'à 100 kilomètres par jour pour chasser, se divertir et cultiver ses relations sociales avec ses congénères. Les conditions de leur détention ne leur permettent donc pas d'avoir des comportements normaux : ils sont privés non seulement de liberté, mais aussi de la richesse de leurs liens sociaux et de leurs modes de communication habituels. L'eau des bassins, souvent chlorée, provoque de nombreuses maladies. Les orques, autres victimes de ces parcs aquatiques, n'y survivent que sept ans en moyenne. Dans leur milieu naturel, les femelles vivent environ 50 ans et les mâles 30 ans (les femelles ont une espérance de vie de 90 ans et les mâles de 60 ans). Ainsi que l'a démontré le documentaire intitulé *Blackfish*[77], et d'autres enquêtes, les propriétaires de ces parcs d'attractions, tel celui de *Seaworld* à San Diego en Californie, dissimulent soigneusement au public comme aux dresseurs nouvellement embauchés les dangers qui menacent ces derniers, allant de graves blessures à la mort. En effet, des orques, issues de groupes différents sont confinées dans des bassins exigus alors qu'elles ont l'habitude de parcourir 150 km par jour, séparées de leurs petits et obligées d'exécuter divers numéros d'acrobatie, s'en prennent parfois à leurs dresseurs, sous l'effet du stress ou du désespoir.

Tous les ans, durant les six mois de la saison de pêche, les villages de Taiji et de Futo au Japon sont le théâtre d'une tuerie en masse de dauphins. Les pêcheurs interceptent les cétacés sur leur route migratoire, puis les traquent jusqu'à ce qu'ils s'épuisent ou les rabattent à l'aide d'un mur sonore créé en frappant sur des tiges métalliques immergées. Ils les regroupent ensuite dans les eaux peu profondes d'une crique dont ils barrent l'entrée avec des filets pour les empêcher de s'échapper. Les pêcheurs n'ont plus qu'à harponner les dauphins qui baignent dans une mer de sang, puis à les hisser sur les bateaux ou les tirer sur la rive, quitte parfois à les traîner vivants sur l'asphalte derrière des camionnettes. Chaque saison, environ 23 000 dauphins et petits cétacés sont ainsi massacrés, au nom d'une tradition vieille de 400 ans.

Les plus beaux spécimens sont capturés vivants afin d'être vendus aux delphinariums pour un prix allant jusqu'à 150 000 dollars. Les autres sont vendus 600 à 800 dollars aux restaurateurs. Sans le commerce avec les delphinariums, le marché de la viande de dauphin ne serait plus viable, car la demande ne cesse de décroître.

Richard O'Barry était dresseur dans les années 1960. Un jour, l'un de ses dauphins s'est apparemment suicidé devant lui en cessant de respirer (chez les dauphins, la respiration n'est pas automatique comme chez l'homme, ils doivent faire un effort volontaire). O'Barry fut bouleversé au point d'abandonner le dressage pour se consacrer à la protection de cette espèce. Il servit notamment de consultant pour l'association One Voice dont l'équipe tourna à Taiji une première série de documentaires poignants : ces images d'une mer ensanglantée pleine de dauphins à l'agonie ont fait le tour du monde et ont choqué l'opinion publique. Outre le massacre des dauphins, ces vidéos prouvaient, pour la première fois, l'existence du lien, jusqu'alors démenti, entre les pêcheurs et les parcs d'attractions aquatiques. Elles montraient des dresseurs, écartant les animaux trop petits ou blessés et sélectionnant les plus « beaux » spécimens, qui correspondent aux critères propres à satisfaire les delphinariums du monde entier qui passent commande[78].

O'Barry servit également de conseiller pour le film intitulé *The Cove* (*La Baie de la honte*) qui obtint en 2010 l'Oscar du meilleur documentaire et confirma le lien existant entre le négoce des dauphins destinés à la captivité et les pêcheurs qui les massacrent par ailleurs[79], à Taiji notamment. Réalisé en 2007 par Louie Psihoyos, ancien photographe du *National Geographic*, ce documentaire fut tourné en secret en utilisant des microphones sous-marins et des caméras camouflées en rochers.

Pour mettre fin à ces trafics, il importe, d'une part, de s'opposer à la création de nouveaux delphinariums et, d'autre part, de demander la libération de tous les cétacés utilisés comme objets de divertissement dans les parcs aquatiques. One Voice suggère que les pêcheurs, forts de leur expérience ancestrale, soient dorénavant employés comme écogardes ou guides pour emmener les amateurs d'écotourisme jouir d'un des plus beaux spectacles qui soit : celui des dauphins en liberté…

La chasse et la pêche d'agrément : tuer pour le sport ou par divertissement

La pêche et la chasse sont pratiquées par bien des peuples pour survivre. Lorsque ce n'est pas le cas, elles sont rangées dans la catégorie des « divertissements sportifs ». À propos de la pêche, Théophile Gautier écrit avec beaucoup de finesse : « Rien ne calme les passions comme ce divertissement philosophique que les sots tournent en ridicule comme tout ce qu'ils ne comprennent pas[80] ! » Dommage que les poissons ne saisissent pas vraiment pas à quel point la philosophie peut être divertissante…

Churchill, quant à lui, déclarait avec une grande élévation d'esprit : « On revient de la pêche lavé, purifié… tout rempli d'un grand bonheur. » Les poissons sont sûrement ravis de l'apprendre. Le célèbre aviateur Pierre Clostermann avait, lui, la bonté de relâcher ses prises « pour qu'elles grandissent plus prudentes à l'avenir ». Une forme d'éducation à la dure, en quelque sorte. Je partage avec ce pilote de guerre le sentiment que « rien ne se compare à la solitude béate sur un étang qui s'éveille à une aube sans vent. Bonheur de ramer doucement dans le léger brouillard du petit matin ». Mais pourquoi associer à cette sérénité une activité qui tire son plaisir de la mort infligée à d'autres êtres ?

Les humains font souvent preuve d'une vision unilatérale élégamment résumée par George Bernard Shaw : « Quand un homme tue un tigre, c'est un héros ; quand un tigre tue un homme, c'est une bête féroce. » Les rares cas de baigneurs attaqués par des requins font la une des médias qui titrent : « Les requins tueurs se déchaînent ! » En moyenne, chaque année, une trentaine de personnes périssent dans le monde pour s'être malencontreusement trouvées sur la trajectoire de l'un de ces squales. (Les moustiques sont incomparablement plus dangereux, puisqu'ils tuent entre 1,5 à 2 millions de personnes dans le monde en leur transmettant le paludisme, la dengue ou la fièvre jaune.) Quant aux hommes, ils tuent, en moyenne, 100 millions de requins chaque année...

Les organisations de chasseurs, si puissantes en France qu'aucun candidat à un poste d'élu n'ose s'opposer à elles, se proclament ferventes protectrices de la nature et se targuent de jouer un rôle de régulation de la faune naturelle plus avisé et efficace que les écologistes. D'après le sénateur Poniatowski, à l'origine de la loi pro-chasse de 2008 : « Les chasseurs sont désormais reconnus comme des acteurs à part entière de la gestion équilibrée des écosystèmes et plus largement du développement économique et écologique de nos territoires ruraux[81]. » C'est ce que soutiennent nombre d'entre eux, comme Benoît Petit, président du Royal Saint-Hubert Club de Belgique, une association de défense et de promotion de la chasse : « Le chasseur, celui qui est gestionnaire d'un territoire de chasse, observe ses animaux, gère et aménage son territoire tout au long de l'année. Le fait de prélever un animal ne représente que quelques secondes dans tout cet effort fourni[82]. »

La chasse, serait donc « une nécessité pour l'écologie ». Pourtant, comme le montre l'association One Voice, l'impact des chasseurs sur l'environnement et leur mode de gestion de la faune est plus que discutable[83]. Ils prétendent avoir pour mission de veiller, par leurs « prélèvements » (encore un terme volontairement anodin qui masque une réalité humaine prédatrice) au maintien de populations animales stables et saines. Ainsi remplaceraient-ils les prédateurs naturels, loups, ours et lynx. Ils avancent, par exemple, le fait qu'au cours des trente dernières années, les populations de sangliers se sont étendues géographiquement et se sont multipliées par cinq. La population des cervidés a elle aussi augmenté. Il importerait donc de réguler cette abondance par la chasse. Pourtant, bien d'autres interventions, moins violentes, pourraient être envisagées dont la stérilisation des mâles dominants qui assurent la majeure partie de la reproduction. De plus, dans un milieu vraiment naturel, riche en biodiversité, les équilibres entre proies et prédateurs se stabilisent à des niveaux de densité optimaux sans qu'il soit nécessaire d'intervenir.

Si la prédation naturelle limite les populations en éliminant les individus les plus faibles, c'est loin d'être le choix privilégié des chasseurs qui préfèrent tuer la « plus belle bête ». Au vu de la complexité des équilibres biologiques, il est quelque peu prétentieux de vouloir se substituer à la nature. Dans le parc national du Yellowstone aux États-Unis, on avait observé, il y a quelques années, une importante diminution du nombre d'arbres. Les écologistes qui se sont penchés sur ce problème ont montré qu'en autorisant la chasse aux loups — censés être trop nombreux, de l'avis des chasseurs —, on avait favorisé l'expansion des cervidés, lesquels mangent les pousses d'arbre. Depuis que la chasse aux loups a été de nouveau interdite, le nombre des cervidés a diminué et les arbres repoussent.

Dans d'autres cas, comme l'explique le philosophe américain Brian Luke, « la population de cerfs est élevée *parce que* les hommes aiment tuer des cervidés. Les gestionnaires de la vie sauvage manipulent la flore, exterminent les prédateurs naturels, régulent les permis de chasse, et parfois même élèvent des cerfs et les relâchent dans la nature[84] ». Autrement dit, on ne chasse pas parce qu'il faut bien réguler des populations d'animaux trop nombreuses, on élève artificiellement le niveau de ces populations pour avoir une raison de les chasser. De plus, les chasseurs, loin de se contenter de tirer sur les animaux sauvages ou de piéger ceux qui sont déclarés « nuisibles », renforcent certaines populations sauvages en introduisant des animaux d'élevage (lapins, faisans) pour le plaisir de les tuer. Le plus souvent, ces animaux habitués à la compagnie jusqu'alors inoffensive des humains ne les craignent pas et ne fuient donc pas devant les fusils. Selon des études réalisées entre 1998 et 2001 par l'Office national de la chasse et de la faune sauvage (ONCFS) rapportées par *Le Chasseur français*, sur les 30 millions d'animaux tués par les chasseurs chaque année, 20 millions proviennent des élevages destinés à la chasse[85]. Comme le souligne David Chauvet : « Autant dire que l'argument écologique, censé justifier tous les massacres, est ici nul et non avenu, tant que perdurera cet état de fait. Ce qu'on croyait n'être qu'un gag des *Inconnus*, le fameux "lâcher de galinettes cendrées", n'est ici que triste réalité[86] ! »

Interrogé un jour à propos de la chasse, le naturaliste et explorateur Théodore Monod, avait répondu ceci : « Que les hommes préhistoriques aient eu besoin de tuer des animaux, c'est évident. Actuellement, les Esquimaux tuent des phoques, les Bushmen des girafes, c'est nécessaire pour eux. Ils n'ont pas le choix. Mais ailleurs, c'est totalement anachronique. On ne chasse plus ici ni pour se défendre, ni pour se nourrir. On chasse pour s'amuser[87]. » Théodore Monod lutta par ailleurs contre la pauvreté, le racisme, la torture et toutes les injustices ainsi que contre la destruction de l'environnement. Il fut inspiré dans son engagement pour la cause des hommes et des animaux par Albert Schweitzer et par son propre père, le pasteur protestant Wilfred Monod.

La chasse à courre, un élitisme sanglant

Même si elle n'est pratiquée que par une infime partie de la population dans les pays où elle est encore en vigueur, ce type de chasse n'en demeure pas moins un reliquat de cruauté profonde. Elle « consiste à poursuivre à cheval, et avec des chiens, un animal sauvage, principalement un cerf, jusqu'à l'épuisement, puis à le poignarder, le noyer ou à lui briser les jambes, s'il n'a pas été déchiqueté par la meute, avant de le "servir", c'est-à-dire de l'égorger », explique l'écrivain Armand Farrachi[88].

Comme le souligne Alexandrine Civard-Racinais dans son *Dictionnaire horrifié de la souffrance animale* : « Il faut croire qu'Armand Farrachi et les nombreux opposants à la vénerie (73 % des Français, d'après un sondage Sofres réalisé en mars 2005) n'ont rien compris à cette "école de la finesse, de la ténacité et du respect bien compris de la nature", dixit le site de la Société de la vénerie[89]. » En guise de bel exemple de ténacité et de respect, le 3 novembre 2007, un cerf poursuivi par quarante chiens pulvérisa la baie vitrée du salon de la famille B., sur la commune de Larroque, dans le Tarn. Le cerf fut achevé d'un coup de dague dans la cuisine de cette famille par l'un des hommes de l'équipage de la Grésigne, organisateur de la chasse à courre[90].

Pratique millénaire, à en croire certains historiens de cette chasse particulière, elle n'acquiert en France une réelle importance que sous François Ier où elle devient un « art de vivre » qui séduisit la noblesse. Ce monarque fut lui-même surnommé « Grand veneur de France ». De fait, elle resta jusqu'au XXe siècle l'apanage d'une noblesse en redingote rouge ou noire et jabot, coiffée de toques aux couleurs des « équipages ».

Tout comme dans le cas de la chasse au fusil, ses défenseurs se targuent de contribuer à l'équilibre de l'écosystème, fondent leur légitimité en se réclamant de traditions aristocratiques ancestrales et vantent les vertus de ce « divertissement » qui aiguise l'endurance et le savoir-faire de l'homme et de ses meutes de chiens. Aujourd'hui, ils tentent de minimiser l'aspect élitiste, et prétendent démocratiser ce « sport » en créant des « associations à but non lucratif » où chaque membre paie une cotisation, à l'image des clubs sportifs[91].

Imaginons une forêt au printemps, calme et fraîche où l'on n'entend que le pépiement des oiseaux, le souffle du vent au faîte des arbres, le craquement furtif d'un rongeur ou d'un cervidé qui foule la mousse tendre mêlée aux feuilles sèches de l'automne dernier. Tout à coup, retentissent les clameurs des équipages aux casaques rouges montés sur leurs chevaux lancés au galop, les aboiements furieux de chiens parfois volontairement affamés, et les appels du cor qui ponctuent les « temps forts » de la chasse. Un court instant, le cerf s'immobilise, le temps de choisir dans quelle direction fuir. Il s'élance, bondit par-dessus les taillis, cherche désespérément un gué où se débarrasser de son odeur et semer la meute qui le talonne. S'il a de la chance, il trouvera un point d'eau. S'il est rattrapé par les chiens, il sera impitoyablement déchiqueté, étripaillé, puis poignardé, pardon, « servi ». Les hommes pourront se réjouir d'une belle journée de chasse devant la dépouille d'un magnifique cerf qui vient de perdre la vie…

Dans la même veine, le chasseur anglais Roualeyn Gordon-Cumming, raconte dans ses mémoires, sa fierté de tuer un éléphant d'Afrique. Après que les rabatteurs ont amené le pachyderme à portée de tir, Gordon-Cumming décide de « consacrer un peu de temps à la contemplation de ce noble éléphant avant de le mettre à bas ». Il se fait préparer un café et, tout en le sirotant, contemple « l'un des plus beaux éléphants d'Afrique qui attend mon bon plaisir à côté d'un arbre. […] J'étais maintenant le maître de ces forêts immenses qui m'offraient ce sport si noble et exaltant ». Après avoir longuement admiré sa victime, il se décide à tirer. Non sans avoir fait « quelques essais pour trouver les points vulnérables », il réussit finalement à blesser mortellement l'éléphant et observe son agonie : « De grosses larmes coulaient de ses yeux, qu'il ferma lentement, puis rouvrit. Son corps colossal tremblait convulsivement. Il tomba sur le côté et expira. Ses défenses, joliment arquées, étaient les plus lourdes que j'ai jamais vues[92]. »

Pour en revenir à la chasse à courre, le décorum, les particularismes du vocabulaire et l'introduction de la musique semblent avoir pour but de faire oublier la finalité macabre de ce divertissement. Comme le faisait remarquer avec tant de justesse le pasteur Wilfred Monod :

> Quant aux chasses à courre, avec bénédiction sacerdotale de la meute, et messe de Saint-Hubert avec fanfare de cors, avec hallali féroce et larmes de la bête aux abois, jetons un voile sur ces recréations dites « mondaines ». Pour couronner la fête, on tranche la patte d'un cerf forcé, qui gémit, cerné par des « humains » et menacé de chiens… Quand une femme de la compagnie aura tendu la main pour agréer l'hommage d'une extrémité de patte sanguinolente, est-ce avec les mêmes doigts qu'elle saisira le pain de la Sainte Cène à la table de la Communion[93] ?

Cette pratique anachronique a fait, en France, l'objet d'une proposition de loi visant à l'interdire en mai 2013. Interdite en 2004 en Angleterre (où elle était particulièrement prisée), elle fut abolie en Allemagne dès 1952 et en Belgique en 1995. Elle subsiste néanmoins aux États-Unis (importée par les colons britanniques qui introduisirent la chasse à courre au renard roux), au Canada et dans d'autres pays. On ne peut que s'associer aux vœux d'Albert Schweitzer, prix Nobel de la paix :

> Le temps viendra où l'opinion publique ne tolérera plus les divertissements où l'on maltraite et tue des animaux. Le temps viendra, mais quand ? Quand atteindrons-nous le moment où la chasse, le plaisir de tuer des animaux pour le « sport », sera considérée comme une aberration mentale[94] ?

La « règle d'or » doit s'appliquer à tous les êtres

Considérons la règle d'or, commune à presque toutes les cultures et religions : « Ne fais pas à autrui ce que tu ne voudrais pas qu'il te fasse. » Si nous l'étendons à tous les êtres sensibles, comment pourrait-on penser qu'un animal préfère être séquestré dans un zoo, subir les sévices d'un entraîneur de cirque caractériel, ou recevoir des banderilles acérées dans le dos pour être ensuite mis à mort avec une épée ? Sans même imaginer ce que nous autres, êtres humains, ressentirions dans cette situation, nous pouvons au moins réfléchir au fait que les animaux sont parfaitement capables de faire des choix : une laie choisira soigneusement le gîte où elle souhaite mettre bas ses marcassins, un animal sauvage à qui l'on ouvre la porte de sa cage se précipitera vers la forêt. Tout animal en bonne santé choisira la vie plutôt que la mort.

Ceux qui néanmoins persistent à justifier les sévices que nous infligeons aux animaux devraient commencer par expliquer pourquoi la règle d'or ne s'appliquerait qu'aux seuls êtres humains et de quel droit ils s'estiment autorisés à l'enfreindre.

Chapitre 12

Droits des animaux, devoirs des hommes

Si vous êtes exaspéré par un dysfonctionnement de votre ordinateur que vous ne parvenez pas à résoudre, libre à vous de le jeter par la fenêtre. Un tel geste ne contribuera certes pas à le réparer, mais c'est votre droit. Au contraire, si vous êtes agacé par les miaulements d'un chat, et que vous l'attrapez pour lui fracasser le crâne contre un mur, il va se débattre et chercher à vous échapper. Dans ce cas, votre comportement est beaucoup plus grave, puisque vous portez atteinte à un être vivant. Ce n'est pas un droit que vous exercez mais un abus de pouvoir.

Comme le dit la philosophe Florence Burgat : « La résistance que les animaux opposent à leur saisie appartient pleinement à la lutte pour la reconnaissance du droit le plus fondamental : le droit à poursuivre sa vie. L'animal qui résiste à la prise manifeste son désir de vivre, de ne pas être capturé, tourmenté, blessé, enfermé, attaché ou tué. Tout être qui lutte, par les moyens qui sont les siens, exprime *de fait* la volonté de se voir reconnaître un droit à vivre[1]. » Si l'on devait n'écrire qu'un seul article d'une hypothétique Déclaration universelle des droits des êtres vivants, il pourrait être formulé ainsi : « Tout être vivant a le droit de vivre et de ne pas être victime de souffrances imposées par autrui. » Henry Stephens Salt, réformateur anglais et ami de Gandhi, affirmait : « La douleur est douleur, qu'elle soit infligée à un homme ou à un animal. [...] Infliger un mal ni mérité ni provoqué [...] n'est qu'injustice et cruauté de la part de celui qui occasionne cette souffrance[2]. »

Si la question des droits de l'homme est déjà suffisamment complexe, celle des animaux l'est davantage encore. Nombre de philosophes considèrent que droits et devoirs ne peuvent concerner que des personnes existantes, conscientes de leurs droits et capables de les respecter vis-à-vis d'autrui[3]. Ils dénient donc tout droit aux animaux ainsi qu'aux êtres humains des générations à venir (ces derniers n'étant qu'une multitude d'individus potentiels et indéterminés).

Par ailleurs, selon la philosophe anglaise Mary Midgley, le concept de « droit » est à la fois trop vaste et trop ambigu : « Il peut être utilisé dans un sens large pour attirer l'attention sur des problèmes, mais non pour les résoudre. Dans son acception morale, il oscille de manière incontrôlable entre des applications trop étendues pour résoudre des conflits ("le droit à la vie, à la liberté, à la quête du bonheur") et d'autres trop étroites pour être plausibles ("le droit humain fondamental de rester chez soi durant les jours fériés pour les banques"). Ainsi, comme beaucoup l'ont suggéré, les usages variés de ce concept ont trop divergé pour faire l'objet d'un consensus utile[4]. »

Au lieu d'argumenter sur la notion de droit, une façon de résoudre cette impasse consiste à parler le langage de la considération, du respect de l'autre et des devoirs de bienveillance que nous avons envers tous les êtres sensibles. Si l'extension de l'altruisme et de la compassion à tous les êtres humains, sans discrimination aucune, est une faculté réservée au genre humain, son extension aux animaux n'en est qu'une suite logique. Ceci dit, même si philosophiquement la question des droits est complexe, pragmatiquement, il est indispensable de protéger les animaux en leur attribuant certains droits légaux que nous nous devons de défendre en leur nom.

Égalité de considération ou égalité de droits ?

Contrairement à ce qui a été souvent dit de façon sarcastique par ceux qui veulent à tout prix déconsidérer la question de la protection des animaux, aucun des grands avocats de la libération animale, comme Peter Singer, ou de l'attribution de droits aux animaux, comme le philosophe et déontologiste Tom Regan, n'ont jamais affirmé ni laissé entendre que la vie d'une souris avait une valeur égale à celle d'un être humain. Ils n'ont jamais prétendu que la souris et l'homme avaient des droits identiques et qu'il fallait les traiter exactement de la même façon. Tout en reconnaissant les nombreuses différences qui existent entre les humains et les espèces animales, Peter Singer défend le principe d'égale considération de leurs intérêts. Quant à Tom Regan, il soutient que les animaux partagent avec les êtres humains le droit fondamental d'être traités avec respect, du fait de leur valeur inhérente.

Peter Singer pose comme argument principal que, sauf nécessité absolue, il est injustifiable d'infliger des souffrances à un autre être vivant, qu'il appartienne ou non à notre propre espèce. En dépit des inégalités indéniables entre les êtres humains (sur le plan des capacités physiques et intellectuelles) et les animaux, nous devons accorder à tous une égalité de *considération*. Il faut bien comprendre, précise Singer, qu'une considération égale pour des êtres différents peut mener à des *traitements* et à des *droits différents*[5].

En effet, les êtres humains et non-humains n'ont pas besoin d'avoir les mêmes droits en toute chose. Ce serait une ineptie de réclamer le droit à l'avortement pour les hommes et l'accès à l'éducation supérieure pour les souris. En revanche, écrit Singer : « Si un être souffre, il ne peut y avoir aucune justification morale pour refuser de prendre en considération cette souffrance. Quelle que soit la nature d'un être, le principe d'égalité exige que sa souffrance soit prise en compte de façon égale avec toute souffrance semblable[6]. »

Les besoins des êtres sont très différents. Placez un million d'euros devant un mouton, vous ne lui ferez aucun bien particulier, et si vous le retirez, vous ne lui nuirez en aucune façon. Un homme réagira tout autrement. La vache se délecte de l'herbe fraîche qui laisse le tigre indifférent. En revanche, si on leur plante une lame dans la chair, l'homme et le mouton ressentiront la même douleur et lutteront tout aussi désespérément pour échapper à la mort.

Peter Singer estime inacceptable de déshumaniser des êtres humains tout comme de traiter des animaux comme des choses, de maltraiter certains hommes en raison de leur race ou de leur sexe ou de maltraiter des animaux pour la seule raison qu'ils appartiennent à une espèce différente de la nôtre. Selon lui, la capacité à souffrir et à éprouver du plaisir est une condition suffisante pour affirmer qu'un être a des intérêts. Au strict minimum, son intérêt est de ne pas souffrir[7].

Tom Regan, quant à lui, estime que, dans la pratique, les défauts et les déviations possibles de l'approche utilitariste ne permettent pas de proposer une vision cohérente de la protection des animaux[8]. Il défend donc le droit des *animaux à être respectés parce qu'ils possèdent une valeur intrinsèque* :

> Nous ne disons pas que les humains et les autres animaux sont égaux par toutes leurs caractéristiques. Par exemple, nous ne disons pas que les chiens et les chats peuvent faire de l'algèbre, ou que les cochons et les vaches apprécient la poésie. Ce que nous disons, c'est que beaucoup d'animaux non-humains sont, tout comme les humains, des êtres psychologiques, ayant une expérience propre de bien-être. En ce sens, eux et nous sommes semblables. […]
>
> Nous ne disons pas que les humains et les autres animaux ont toujours les mêmes droits. Tous les humains, déjà, n'ont pas les mêmes droits. Par exemple, ceux qui sont affectés d'un retard mental important n'ont pas le droit d'aller à l'université. Ce que nous disons est que ces

humains, comme les autres humains, ont en commun avec d'autres animaux un droit moral fondamental : celui d'être traité avec respect. [...]

Il est vrai que certains animaux, comme les crevettes ou les moules, sont peut-être capables de ressentir la douleur, mais n'ont pas la plupart des autres capacités psychologiques. Si cela est vrai, alors il leur manquera certains des droits que les autres animaux possèdent. Néanmoins, il ne peut y avoir de justification morale au fait d'infliger de la douleur à qui que ce soit, si cela n'est pas nécessaire. Et puisque ce n'est pas nécessaire pour les humains de manger des crevettes, des moules et d'autres animaux similaires, ni de s'en servir d'autres manières, il ne peut y avoir de justification morale pour leur infliger la douleur qui invariablement accompagne ces usages[9].

Regan estime plus précisément que les dommages occasionnés intentionnellement à un être sensible ne peuvent pas être justifiés en additionnant les avantages que d'autres peuvent en retirer[10]. Il n'est donc pas acceptable de faire souffrir un animal parce que cela fait plaisir à dix ou à cent personnes.

Tout comme Peter Singer, Regan reconnaît sans ambiguïté que la mort d'un être humain représente une perte plus importante que celle d'un chien. C'est la raison pour laquelle, lorsque les circonstances exigent un choix, c'est le chien qui doit être sacrifié. De plus, pour Regan, le nombre ne fait aucune différence, puisque la mort d'*un être humain particulier* représente une perte plus importante que la *mort d'un chien particulier*, c'est-à-dire de *chacun* des dix, cent ou un million de chiens *considérés individuellement*. Il ajoute qu'un ensemble de dix chiens par exemple ne constitue pas une *entité en soi* qui aurait davantage de poids moral qu'un être humain. Aussi compréhensible soit-il, ce point de vue devient problématique lorsque les nombres deviennent astronomiques, comme ce fut le cas lors des épidémies de la vache «folle» et du SRAS dont nous avons parlé. Mais comment fixer une limite qui ne peut être qu'arbitraire ? C'est certainement là une des questions les plus difficiles à résoudre. Peter Singer et Tom Regan, en toute logique, prônent l'abolition de l'exploitation massive des animaux, ainsi que l'adoption d'un régime végétalien.

Agents moraux et patients moraux

La philosophie morale fait la distinction entre « agents moraux » et « patients moraux ». Les agents moraux sont ceux qui sont capables de distinguer le bien du mal et de décider de faire ou de ne pas faire ce que leur dicte la moralité telle qu'ils la conçoivent. On considère donc qu'ils sont responsables de leurs actions. Compte tenu du fait qu'ils peuvent également être l'objet d'actes bons ou mauvais de la part d'autres agents moraux, ils participent à une relation de réciprocité.

Les patients moraux sont ceux qui ne font que *subir,* de la part des agents moraux, des actions bonnes ou mauvaises, mais sont eux-mêmes incapables de formuler des principes moraux et de délibérer sur le bien-fondé de leurs actes avant de les mettre à exécution.

Les humains adultes qui jouissent de toutes leurs facultés intellectuelles sont à la fois agents et patients moraux. En revanche, les enfants en bas âge, les personnes lourdement handicapées et les malades mentaux ne sont pas des agents moraux et ne sont pas considérés comme moralement responsables de leurs actes. Ils restent toutefois des patients moraux qui bénéficient, à ce titre, d'un certain nombre de droits.

Les animaux sont généralement considérés comme des patients moraux[11]. Si un serpent avale une grenouille, il n'a pas l'intention de faire le mal mais de se nourrir. De même, s'il mord un être humain qui passe à proximité, c'est parce qu'il cherche à se défendre. Lorsqu'un animal s'en prend à un autre patient moral (la grenouille) ou à un agent moral (l'homme), son action ne peut donc pas être jugée en termes de moralité.

Cela n'empêche pas que notre attitude vis-à-vis des animaux est souvent incohérente. En raison du privilège autoproclamé de la domination humaine, explique Jean-Baptiste Jeangène Vilmer, « l'homme peut maltraiter un animal sans que cela soit considéré "mal" (l'animal n'est alors pas considéré comme un patient moral), tout en reprochant à cet animal de se défendre, par exemple, et d'avoir blessé son tortionnaire (l'animal est alors considéré comme un agent moral[12]) ».

Si les animaux sont bien des patients moraux, comme le soutiennent les penseurs du Mouvement de libération animale, nous avons donc à leur égard une responsabilité : la manière dont nous les traitons peut faire l'objet d'une évaluation morale, caractérisée de plus ou moins bonne. C'est là, selon J.-B. Jeangène Vilmer, le domaine de l'éthique animale.

Cette distinction permet aux agents moraux de prendre conscience des devoirs qu'ils ont envers les patients moraux. Il leur incombe en effet de faire preuve de sollicitude à l'égard de ceux qui n'ont pas la capacité de formuler et de faire valoir leurs droits, notamment leur droit à vivre et à ne pas souffrir. Il est également important que les lois traduisent en actes cette responsabilité et ces devoirs. On pourrait dire que plus un patient moral est démuni et sans défense, plus les agents moraux ont des devoirs de protection et de soin envers lui. Le degré de vulnérabilité inhérent au patient moral étant proportionnel à l'exigence de protection.

Pour Tom Regan, le *principe de respect* nous enjoint de traiter *tous* les individus possédant une valeur intrinsèque en adoptant une conduite qui respecte cette valeur, qu'il s'agisse d'agents ou de patients moraux. Plus encore, nous avons le devoir de ne pas causer de tort aux patients moraux. Enfin, la reconnaissance *du droit à un traitement respectueux* ne peut être ni plus forte ni plus faible dans le cas des patients moraux qu'elle ne l'est dans le cas des agents moraux[13].

La moralité : une compétence issue de l'évolution

Cela dit, la distinction entre agents et patients moraux ne doit pas tomber dans le dualisme caricatural qui établit des distinctions absolues entre l'homme et l'animal, l'humanisme et l'animalisme. Le caractère dogmatique et arbitraire de ces divisions devient évident dès que l'on prend conscience de la continuité de l'évolution et du processus de transformation graduelle qui relie les espèces animales. Les manifestations d'empathie, de gratitude, de consolation, de deuil, d'entraide, de protection, de sens de l'équité, etc. qui ont été observées chez les animaux ne sont pas le fruit du hasard. Il en va de même de la capacité à distinguer entre les actes bons et mauvais pour autrui. Toutes les facultés qui existent chez l'homme ont été sélectionnées au fil de millions d'années d'évolution parce qu'elles étaient utiles à sa survie. Elles sont donc utiles à d'autres espèces, et on ne peut que s'attendre à trouver chez les animaux des émotions et des états mentaux qui se rapprochent de ceux des humains, y compris le sens moral.

Il n'est donc pas étonnant que les recherches de ces dernières décennies aient mis en évidence le fait qu'une bonne partie de notre sens moral est innée.

Nous avons vu que, selon Jonathan Haidt, nous ressentons tout d'abord de façon instinctive si un comportement est moralement bon ou mauvais, puis nous justifions a posteriori nos jugements par des raisonnements. Dans la même ligne de pensée, dans son ouvrage intitulé *Le bonobo, Dieu et nous,* l'éthologue Frans de Waal montre, en se fondant sur un ensemble d'observations et de recherches, que la moralité n'est pas une innovation humaine, comme beaucoup le pensent encore. Loin d'avoir développé la moralité uniquement par notre réflexion rationnelle, nous avons bénéficié des capacités déjà développées par les animaux sociaux qui nous ont précédés[14].

Les observations, chez les animaux, de comportements que l'on peut qualifier de moraux abondent. Dans *L'expression des émotions chez l'homme et les animaux,* Darwin raconte l'histoire d'un chien qui, à chaque fois qu'il passait près du panier où gisait son amie, une chatte malade, ne manquait jamais de la lécher à plusieurs reprises. Il arrive aussi que des chimpanzés s'interposent de manière impartiale entre des congénères qui se bagarrent, pour les séparer et les calmer, faisant ainsi preuve non seulement d'un sens moral individuel, mais aussi d'un souci d'harmonie à l'égard de la communauté[15].

Sarah Brosnan et Frans de Waal ont montré que les singes capucins ont le sens de l'équité[16]. Deux capucins sont placés dans des cages adjacentes et peuvent s'observer l'un l'autre. L'expérimentatrice donne un jeton tour à tour à chaque singe, puis tend la main pour qu'il le lui rende. En échange, le singe reçoit une tranche de concombre. Les singes apprennent vite le sens de cet échange et l'apprécient beaucoup. Au bout de vingt-cinq échanges, l'expérimentatrice continue de donner un morceau de concombre à l'un des deux singes, mais elle donne des raisins, fruit dont les capucins sont très friands, à l'autre. Le premier prend conscience de ce qu'il estime être une injustice et, non seulement il refuse le plus souvent le morceau de concombre, mais il va parfois jusqu'à le jeter hors de sa cage. Ce sens de l'équité a aussi été observé chez des chiens qui acceptent de répéter plusieurs fois un petit numéro de dressage sans recevoir de récompense immédiate, mais refusent de continuer dès qu'ils voient un autre chien recevoir un morceau de saucisse en récompense pour avoir effectué le même numéro[17].

Frans de Waal rapporte l'histoire de Lody, un bonobo du zoo de Milwaukee, aux États-Unis. Lody était un mâle dominant très protecteur qui prenait soin notamment de

Kitty, une femelle âgée sourde et aveugle. Comme Kitty risquait de se perdre dans un local qui comportait de nombreuses portes et tunnels, le matin, Lody la prenait par la main et la guidait vers un lieu ensoleillé sur l'herbe que Kitty affectionnait particulièrement. À la fin de la journée, il la ramenait avec le même soin à l'intérieur de son abri. Lorsque Kitty avait l'une de ses fréquentes crises d'épilepsie, Lody refusait de la laisser seule et restait à ses côtés[18].

Un jour, Lody mordit un doigt de la vétérinaire, Barbara Bell, qui lui donnait des vitamines à travers le grillage. Il entendit le craquement, il leva les yeux, apparemment surpris, et lâcha prise. Mais il avait mordu trop fort. Il manquait un doigt à la main de Barbara et les médecins furent incapables de le greffer. Quelques jours plus tard, la malheureuse revint au zoo et, voyant Lody, leva sa main bandée comme pour dire : « Regarde un peu ce que tu as fait ! » Lody vint examiner attentivement la main, puis se dirigea vers le coin le plus éloigné de son enclos et s'assit la tête baissée, les bras enroulés autour de lui-même.

Dans les années qui suivirent, Barbara partit travailler dans une autre ville. Quinze ans après l'incident, elle fit une visite impromptue au zoo de Milwaukee et, mêlée au public, regardait l'enclos où vivait Lody. Dès que ce dernier l'aperçut, il accourut et tenta de regarder la main gauche de Barbara, qui était dissimulée par la balustrade. Il ne cessa de regarder vers la gauche, comme s'il insistait pour voir la main qu'il avait mordue, jusqu'à ce que la victime la lève. Lody fixa alors du regard la main mutilée, puis regarda Barbara dans les yeux, et scruta de nouveau la main. « Il savait », conclut la vétérinaire, une opinion que Frans de Waal, fort de sa vaste expérience, partage entièrement. S'il est vrai que les bonobos sont conscients des conséquences de leurs actes, cela montre à quel point ils sont capables de ressentir le type de préoccupations qui sous-tendent le sens moral chez les humains.

Frans de Waal conclut : « Cela me ramène à ma vision de la morale « venue d'en bas ». La loi morale n'est ni imposée d'en haut, ni déduite de principes soigneusement raisonnés, elle naît de valeurs bien ancrées, qui sont là depuis des temps immémoriaux. La plus fondamentale dérive de la valeur de la vie collective pour la survie. Le désir d'appartenance, l'envie de s'entendre, d'aimer et d'être aimé nous pousse à faire tout ce que nous pouvons pour rester en bons termes avec ceux dont nous dépendons. D'autres primates sociaux partagent cette valeur et s'appuient sur le même filtre entre émotion et action pour parvenir à un modus vivendi mutuellement agréable. [...] La morale a de bien plus humbles origines, discernables dans le comportement d'autres animaux. [...] Notre passé évolutionniste nous tend une main puissante et secourable, sans laquelle nous ne serions jamais parvenus aussi loin[19]. »

Est-il indispensable d'être conscient de ses droits pour en avoir ?

L'argument selon lequel ne peuvent avoir de droits que ceux qui sont conscients de ces droits et sont en mesure de les défendre est fallacieux, « comme si l'omnipotence d'un être, ou la faiblesse d'un autre, pouvait influer sur l'existence des droits de ce dernier. [...] On accorde bien des droits aux idiots, aux gâteux complets, aux fous incurables », argumentait Louis Lespine, avocat français, qui fut président du Comité juridique international pour la protection des animaux[20]. De même, le fait qu'une personne plongée dans un profond sommeil ne soit pas consciente de ses droits ne lui retire pas les droits que nous reconnaissons à tout être humain.

De plus, il y a différentes façons d'être conscient d'un droit naturel. Que les animaux ne puissent pas être conscients du « concept » de droit n'enlève rien au fait que, comme nous, ils aspirent à ne pas souffrir et recherchent, du mieux qu'ils peuvent, les conditions les plus propices à leur survie. Jean-Jacques Rousseau insista sur le fait que le caractère d'être sensible entérine la « participation des animaux au droit naturel[21] ». Ainsi balayait-il l'idée millénaire, réitérée par Hobbes, selon laquelle « pour les faibles d'esprit, les enfants et les fous, il n'est pas de loi, pas plus que pour les animaux ». Cette idée fut également soutenue par Hugo Grotius, juriste hollandais du XVIIe siècle, qui, dans son ouvrage *De jure belli ac pacis* [Sur les lois de la guerre et de la paix] stipule : « Aucun être, à l'exception de ceux qui peuvent former des maximes générales [*i. e.* qui sont capables de raisonner] sont habilités à avoir des droits[22]. »

Louis Lespine considère comme une évidence le fait que « les animaux possèdent la conscience de leur droit à la vie sous cette forme peut-être obscure, mais très réelle, qu'on nomme vulgairement l'instinct de conservation, et qu'ils ont également conscience de ce que leur vie doit normalement s'écouler dans des conditions conformes à leur nature et au génie particulier de leur espèce[23] » . Il estime donc indispensable d'accorder aux animaux le droit de vivre et de ne pas subir, du fait de l'homme, des souffrances évitables.

Lorsque nous constatons que l'autre a un besoin dont la satisfaction lui permettra d'éprouver du bien-être ou d'éviter de souffrir, l'empathie nous fait tout d'abord ressentir spontanément ce besoin. Ensuite, le souci de l'autre engendre la volonté d'aider à le satisfaire. À l'inverse, si nous accordons peu de valeur à l'autre, il nous sera indifférent : nous ne tiendrons aucun compte de ses besoins, peut-être ne les remarquerons-nous même pas.

Pourtant, l'expérience montre que se contenter de miser sur la compassion de nos semblables ne suffit pas. Il est indispensable de *protéger* les animaux contre les abus et les souffrances auxquels les soumettent ceux qui, précisément, manquent de compassion à leur égard. On ne protège pas les êtres humains de la torture, de la privation de liberté et de tous ceux qui entreprennent de porter atteinte à leur vie, pour la seule raison qu'ils sont conscients de leurs droits mais parce qu'il est inadmissible de les traiter de la sorte.

Là où les droits de l'homme sont peu respectés, les droits des animaux le sont encore moins. Le gouvernement chinois, par exemple, qui conteste le concept occidental des droits de l'homme, fait totalement fi de la souffrance animale. Nous l'avons vu, cette cruauté envers les animaux est une pratique courante dans les fermes d'animaux à fourrure, d'extraction de la bile d'ours, de dépeçage de tigres et de bien d'autres commerces.

Devoirs envers les animaux selon la philosophie «humaniste»

Dans *Notre humanité,* le philosophe humaniste Francis Wolff écrit : «Bien que nos obligations soient d'abord centrées sur l'humanité, elles peuvent aussi avoir pour objet, de façon relative et dérivée, certains autres êtres, comme des animaux[24].» Il distingue trois types de devoirs qui concernent respectivement les animaux de compagnie, les animaux domestiques et les animaux sauvages. Selon cette distinction : «Avec les animaux de compagnie, nous avons des relations affectives, souvent réciproques, qui expliquent la sollicitude, le soin et le dévouement que nous pouvons avoir pour eux et qu'ils peuvent aussi avoir parfois pour nous, leurs maîtres.» Dans le cas des animaux qui nous sont utiles, les animaux domestiques et des animaux d'élevage (les animaux dits «de rente») Francis Wolff considère : «Nous leur devons des conditions de vie proportionnées à ce qu'ils sont pour nous. Ainsi nous leur devons protection et nourriture, parce qu'ils nous donnent en échange leur assistance, leur viande ou leur peau. Il est donc moral de tuer ceux des animaux qui ne vivent que pour cela[25].» Pourtant, les animaux ne nous «donnent» pas leur viande et leur peau : c'est nous qui décidons de les leur prendre par la force. De plus, il est difficile d'affirmer que ces animaux ne «vivent que pour cela», dans la mesure où c'est nous qui décidons unilatéralement de les élever pour les tuer. Comme nous l'avons dit précédemment, décider arbitrairement qu'un enfant est destiné à devenir esclave ne rend pas l'esclavage moral pour autant.

À l'égard des espèces sauvages, Francis Wolff estime que nous n'avons «aucun devoir d'assistance, de protection, de respect, donc aucune obligation morale à proprement parler». Il estime toutefois que nous avons des obligations générales vis-à-vis des espèces, que nous devons respecter l'équilibre des écosystèmes, protéger notre environnement, et respecter la biodiversité dans la mesure où nous tenons compte des impératifs ou des besoins humains. Cela implique notamment de lutter contre les espèces déclarées «nuisibles» et de protéger certaines espèces menacées. Francis Wolff réprouve la cruauté, c'est-à-dire le fait d'infliger volontairement et gratuitement une souffrance à un être quel qu'il soit. Cette cruauté est «toujours vicieuse : il faut la censurer comme une conduite méprisable, abjecte, indigne d'un homme, et parfois la réprimer». Mais le philosophe ajoute que l'absence de devoir envers les espèces sauvages fait que la chasse ou la pêche sportives «n'ont rien de moralement condamnable, pas plus que la consommation de homard, même si elles impliquent la "douleur" du poisson pris à l'hameçon, du lapin tiré ou du homard ébouillanté, dès lors que ces pratiques respectent, autant que faire se peut, les équilibres écologiques, la biodiversité et les conditions naturelles de vie et de reproduction de la faune[26]». Pourtant, parler de chasse ou de pêche «sportives» implique qu'elles ne sont ni l'une ni l'autre nécessaires à notre survie, mais qu'elles sont perpétrées pour notre « plaisir », qu'il soit d'ordre gastronomique, sportif ou ludique. Ne s'agit-il pas alors de souffrances infligées « volontairement et gratuitement » ?

Comme leur nom l'indique, les devoirs « humanistes » à l'égard des animaux sont donc entièrement pensés en fonction des intérêts humains. Par contraste, Francis Wolff définit l'« animalisme » comme « toute doctrine qui fait de *l'animal en tant que tel,* qu'il soit humain ou non-humain, l'objet privilégié voire unique de notre attention morale, que ce soit sous la forme d'une éthique compassionnelle, d'une philosophie utilitariste, ou d'une théorie des droits[27] ». Le système éthique que nous défendons ne fait pas de l'animal l'objet « privilégié » de la morale mais estime nécessaire d'y inclure l'animal en tant qu'être sensible.

La jouissance d'un droit exige-t-elle la réciprocité ?

Nombre de penseurs, principalement ceux de tendance humaniste, dénient tout droit aux animaux, invoquant le fait que ces derniers sont incapables de réciprocité. C'est encore l'avis de Francis Wolff qui déclare :

> Réduire un homme ou une femme en esclavage, ne pas reconnaître autrui comme une personne, le traiter comme un moyen de satisfaire ses besoins, refuser les principes de réciprocité ou de justice, violer les principes de liberté, d'égalité, de dignité des êtres humains, cela ne relève pas de la diversité culturelle ni même de la chatoyante relativité des mœurs, mais simplement de la barbarie. Et ces principes universels ne peuvent pas s'appliquer aux animaux par définition, parce qu'ils supposent la reconnaissance d'autrui comme d'un égal, la réciprocité sans laquelle il n'y aurait pas de justice[28].

Un tel point de vue pose la question cruciale du refus de certains de respecter les droits des plus vulnérables. Peut-on reprocher à un nourrisson, à de très jeunes enfants ou à des personnes souffrant de pathologies mentales de ne pas respecter les droits des humains sains d'esprit ? Des parents vont-ils punir leur bébé qui pleure la nuit et ne respecte pas leur droit au sommeil ? Un schizophrène qui, en pleine crise de déréalisation, se jette sur un soignant pour le frapper fera l'objet de soins et non de réactions agressives. Dira-t-on de ces êtres qu'ils ne respectent pas nos droits ? L'immaturité temporaire des uns et la pathologie avérée des autres rendent *de facto* caduque toute notion de réciprocité des droits. La tendresse, le soin et l'empathie sont les réponses que nous devons donner à ces personnes plutôt que l'exigence irréaliste d'une quelconque réciprocité. Dans *La philosophie des droits des animaux,* Tom Regan conclut : « Ces animaux n'ont effectivement pas le devoir de respecter nos droits ; mais cela n'efface ni ne diminue notre obligation de respecter les leurs[29]. »

Notons également qu'il semble quelque peu contradictoire de parler de principes « universels », comme le fait Francis Wolff, en ajoutant que ces principes ne s'appliquent pas aux animaux. La notion de droit peut-elle être restreinte à la seule espèce humaine alors qu'il existe au moins 1,6 million d'espèces animales ? Même si nous sommes particulièrement intelligents et dotés de nombreuses facultés, un peu d'humilité serait de mise.

Les devoirs envers les animaux ne sont-ils que des « devoirs indirects » envers l'homme ?

Certains penseurs estiment que si nous avons des devoirs envers les animaux, ce n'est pas tant parce que nous devons nous préoccuper de leur sort, que parce qu'en nous habituant à être cruels envers eux, nous risquons de perdre notre sensibilité et de devenir cruels envers nos semblables. Ce point de vue, dit des « devoirs indirects », fut notamment soutenu par Emmanuel Kant :

> Celui qui abat son chien parce qu'il ne lui est plus d'aucune utilité [...] n'enfreint pas en vérité le devoir qu'il a envers son chien, puisque celui-ci est incapable de jugement, mais il commet un acte qui heurte en lui le sentiment d'humanité et de bienveillance, auxquels il lui faut pourtant donner suite, en vertu des devoirs qu'il a envers l'humanité. S'il ne veut pas étouffer en lui ces qualités, il doit déjà s'exercer à la bonté de cœur envers les animaux, car l'homme qui déjà est cruel envers eux est aussi endurci avec les hommes [tandis que] cette douceur [envers les animaux] va par la suite aux hommes eux-mêmes[30].

Paul Janet, philosophe français du XIXe siècle, conteste la pertinence de cette vision anthropocentrée : « On nous dit qu'il ne faut pas être cruel envers les animaux pour ne pas le devenir envers les hommes. Mais si l'on était assuré de ne pas devenir cruel envers les hommes, s'ensuivrait-il qu'il fut permis pour cela de l'être envers les bêtes ? [...] Nous aimons mieux dire tout simplement que la bienveillance envers l'animal est un devoir envers cet animal[31]. » Il faut donc cesser de tout ramener à l'homme et accorder des « droits directs » aux animaux, droits qui leur appartiennent de façon intrinsèque.

Le philosophe américain Joel Feinberg estime lui aussi que nous avons des « devoirs directs » envers les animaux, du fait qu'ils ont des intérêts propres, liés à leurs facultés cognitives et à leurs capacités d'établir une distinction entre ce qui leur est bénéfique et ce qui leur nuit[32]. Selon lui, si nous défendons l'idée qu'il est non seulement de notre *devoir* de traiter les animaux avec humanité, mais encore que nous devons agir de la sorte directement *pour leur propre compte* (et non pas indirectement en fonction des effets sur l'homme), si nous estimons qu'un tel traitement leur est dû, qu'il peut être exigé en leur nom par un tiers, et que le fait de les en priver constitue une injustice et un préjudice (et pas seulement une forme de violence), il est alors clair que nous sommes en train de leur attribuer des *droits*.

Comme l'a montré Tom Regan[33], trois critiques peuvent être formulées à l'encontre de la position de Kant. Premièrement, ce dernier se méprend lorsqu'il prétend que « les animaux n'ont pas conscience d'eux-mêmes ». Un grand nombre d'arguments et recherches convergentes permettent d'attribuer une conscience de soi à de nombreuses espèces animales.

Comme nous l'avons vu dans le chapitre « Le continuum du vivant », le fait que la conscience soit éminemment utile à notre survie nous conduit à penser qu'elle doit être présente chez de nombreuses espèces, comme elle l'a été chez nos ancêtres.

Deuxièmement, si l'on affirme que l'animal en général est « incapable de jugement », il faut s'entendre sur le sens et la portée de ce terme. Un chien peut certainement juger qu'une situation est source de souffrance et qu'un certain objet est bien un os et, donc, désirable. Or si l'on entend par « jugement » la faculté de former des jugements *moraux*[34], il est alors vrai que certaines espèces animales, les mollusques et les insectes, par exemple, n'ont pas la faculté de les concevoir. Toutefois, il est maintenant avéré que d'autres, en particulier les grands singes et les chiens, possèdent cette capacité (le sens de l'équité notamment). En outre, comme le pense la philosophe anglaise Mary Midgley[35], même si les animaux étaient incapables de « juger », comme le pensait Kant, cela ne ferait que renforcer nos devoirs envers eux. Nous avons en effet l'obligation morale de protéger et de prendre soin de tous ceux qui sont trop ignorants, fragiles, désorientés, incompétents ou indécis pour être capables de juger s'ils subissent ou non un tort. Nous sommes en effet responsables de notre propre conduite envers ceux qui en sont bénéficiaires ou victimes. Kant ne peut pas dénier aux animaux tous droits, à moins d'en priver également tous les patients moraux humains. Or il est clair que ces derniers ont bien des droits.

Troisièmement, Regan montre que Kant n'est pas convaincant lorsqu'il affirme que les animaux n'existent, « que comme moyens en vue d'une fin », cette fin étant « l'homme » :

> La plausibilité qu'il y a à considérer les animaux comme ayant une valeur seulement s'ils servent les fins humaines diminue dès lors que nous commençons à reconnaître que, comme les êtres humains qui leur sont pertinemment semblables, les animaux ont une vie qui leur est propre et est susceptible de devenir meilleure ou pire pour eux, indépendamment de leur valeur d'utilité pour les autres.

La valeur des animaux n'est donc pas réductible à leur utilité pour le genre humain. C'était déjà le point de vue du zoologiste et philosophe américain du XIXe siècle John Howard Moore, qui affirmait sans ambages :

> Chaque *être* est une *fin*. Autrement dit, tout être doit être pris en compte dans la détermination des fins de la conduite. C'est le seul résultat cohérent du processus éthique en cours d'évolution sur la terre. Ce monde n'a pas été façonné et présenté à une quelconque clique particulière pour son utilisation ou sa jouissance exclusives. La terre appartient, si tant est qu'elle appartienne à qui que ce soit, aux êtres qui l'habitent – à *tous* ceux qui la peuplent. Et quand un être ou un ensemble d'êtres s'autoproclame fin unique en vue de laquelle l'univers existe, regarde les autres et agit envers eux comme s'ils étaient de simples moyens pour cette fin, il y a usurpation, et rien d'autre, et il ne peut jamais y avoir rien d'autre, qu'importe la question de savoir qui sont les usurpateurs ou les usurpés[36].

Depuis 1992, dans le canton suisse de Zurich, l'avocat Antoine Goetschel a été chargé par l'État de plaider la cause des animaux. Il s'est appliqué à défendre les droits de ceux qui étaient maltraités, plaidant plus de 200 cas par an et veillant à ce que les lois soient appliquées, comme celle qui interdit d'embrocher un poisson vivant sur un hameçon pour servir d'appât dans la pêche à la traîne[37]. En 1973, la Suisse a modifié sa Constitution afin de faire de la protection des animaux un devoir de l'État. L'élevage des poules en batterie a été progressivement remplacé par des systèmes qui permettent aux oiseaux de circuler librement, de gratter le sol, de prendre des bains de poussière, de voleter jusqu'à un perchoir et de pondre dans des pondoirs protégés, garnis d'un matériau convenable.

Le droit de l'animal au regard de la loi

Pendant longtemps, comme le soulignait le doyen Carbonnier, un illustre juriste, « l'un des traits essentiels [...] de notre civilisation juridique consistait à refouler impitoyablement les animaux hors du droit[38] ! » Depuis, les choses se sont lentement améliorées, même s'il reste beaucoup à faire.

En France, le 14 avril 2014, la commission des lois de l'Assemblée nationale a reconnu aux animaux le statut d'« êtres vivants doués de sensibilité », et ce en conformité avec l'opinion de la majorité des Français (89 %, selon un sondage effectué par l'IFOP en 2013). Auparavant, d'après le Code civil[39], qui concerne la société dans son ensemble et constitue le fondement du droit français, les animaux qui étaient la propriété de quelqu'un étaient considérés « par leur nature » comme des *biens meubles* et, « par leur destination », comme des *biens immeubles,* c'est-à-dire des biens affectés au service (de l'homme) et à l'exploitation (par l'homme). Le Code civil est donc maintenant en harmonie avec le Code pénal et le Code rural qui reconnaissaient déjà, explicitement ou implicitement, les animaux comme des êtres vivants et sensibles.

À cela s'ajoutent des dispositions dans le Code pénal et le Code rural destinées à protéger les animaux. Deux articles concernent les atteintes volontaires et involontaires à la vie d'un animal ou à son intégrité physique, un troisième condamne les mauvais traitements et un quatrième punit les sévices graves et les actes de cruauté[40].

Quant au Code rural, il reconnaît explicitement l'animal comme un être sensible, l'article L214 de la loi du 10 juillet 1976 spécifiant : « Tout animal étant un être sensible doit être placé par son propriétaire dans des conditions compatibles avec les impératifs biologiques de son espèce. »

Les animaux sauvages en liberté, eux, n'appartiennent à personne. Ils sont dits « *res nullius* », c'est-à-dire la « chose de personne ».

Les contradictions qui existaient jusqu'à présent entre ces trois codes entravaient la mise en place d'une politique cohérente. Toutefois, il subsiste un immense décalage entre les textes existants, (notamment l'article L214) et leur application.

Au niveau européen, si le traité de Rome (1957) ne voyait dans les animaux que des « marchandises et produits agricoles », le Traité sur le Fonctionnement de l'Union européenne (1992) stipule, quant à lui : « L'Union et les États membres tiennent pleinement compte des exigences du bien-être des animaux en tant qu'êtres sensibles. » Une directive de 2010, relative à l'utilisation des animaux pour la recherche scientifique, stipule : « Le bien-être animal est l'une des valeurs de l'Union européenne », ajoutant que « les animaux ont une valeur intrinsèque qui doit être respectée et [...] devraient donc toujours être traités comme des créatures sensibles. » L'application de cette législation se fonde sur le critère de la *souffrance*, la directive européenne reconnaissant que la souffrance des animaux a été prouvée scientifiquement.

En 2002, l'Allemagne a été le premier pays de l'Union européenne à inclure les droits des animaux dans sa Constitution et plusieurs pays ont ensuite fait de même, inscrivant dans leur texte fondateur la protection des animaux qui devient, de fait, un devoir de l'État. En Allemagne, les législateurs ont approuvé à une majorité des deux tiers qu'à la clause constitutionnelle obligeant l'État « à respecter et à protéger la dignité des humains» soient ajoutés les mots «et des animaux». Selon leurs constitutions respectives, l'Autriche, la Suisse, le Luxembourg, l'Inde et le Brésil protègent indistinctement *tous les animaux*. Le Royaume-Uni a adopté en 2006 un texte, l'*Animal Welfare Act* [Loi sur le bien-être animal] qui confère un statut juridique à tous les animaux détenus par l'homme et introduit une *obligation de «bien-traitance»*. La législation finlandaise va encore plus loin puisqu'elle reconnaît à l'animal des capacités intellectuelles. En Suisse, depuis 2003, le Code civil énonce clairement : «Les animaux ne sont pas des choses.»

Les lois autrichiennes sont les plus avancées dans ce domaine. La Constitution stipule que «l'État protège la vie et le bien-être des animaux en tant que cohabitants avec les humains». Selon la Loi sur les animaux, il est interdit de tuer un animal sans raison valable, de le détenir dans le but de produire de la fourrure, de garder ou d'utiliser des animaux dans un cirque (à l'exception des animaux domestiques), même si ce n'est pas pour gagner de l'argent. Cette même loi stipule que chaque province doit rémunérer des avocats spécialistes du droit animal qui sont habilités à intervenir dans tout procès relevant de la protection des animaux. Quant à la Loi sur l'expérimentation animale, elle interdit d'effectuer des expériences sur des grands singes, sauf si l'expérience est conduite dans l'intérêt des singes qui y sont soumis[41].

Selon l'avocat suisse Antoine Goetschel, si l'animal trouve sa place dans la Constitution d'un État, il devient facile d'harmoniser tous les codes légaux, puisqu'ils dépendent de la Constitution. De plus, si l'État s'occupe du sort des animaux, lorsqu'il se produit un abus, il suffit d'avoir recours à la représentation étatique et il n'est plus nécessaire d'alerter chaque fois l'opinion publique sur des maltraitances dont les animaux font l'objet[42]. En dehors de l'État, les entreprises peuvent également établir des chartes concernant leur engagement volontaire à traiter convenablement les animaux.

En dépit de ces lois, dans bien des pays, la situation est loin d'être brillante. L'industrie américaine de la viande et des produits laitiers, par exemple, a réussi à convaincre suffisamment d'élus pour qu'ils accordent des exemptions permettant aux industries de production animale d'échapper aux lois sur la protection des animaux.

Jean-Pierre Marguénaud considère que « l'octroi à l'animal de la qualité de sujet de droit aboutit seulement à la mise en place d'une technique juridique adaptée, à un moment donné, à la protection, jugée nécessaire, de l'intérêt de certaines bêtes ». Il ajoute que ceci n'aboutit aucunement à la banalisation des droits de l'homme car la notion de « personnalité juridique » ne se confond pas avec celle de « sujet de droit », et ne tend donc pas à effacer la frontière entre l'humanité et l'animalité[43]. En commentant ce point, Élisabeth de Fontenay écrit : « Comme la personne morale, l'animal est donc une personne juridique sans pourtant être un sujet de droit, et c'est cette réalité juridique qu'il fallait mettre en lumière pour que les débats cessent d'être aberrants[44]. »

L'hiatus entre les lois et les pratiques

Selon de nombreux juristes et écologistes, cet amendement, pour louable qu'il soit, ne représente qu'un pas symbolique. Députée à l'Assemblée nationale, Laurence Abeille a présenté des sous-amendements pour remettre en cause les pratiques qui nient cette « sensibilité animale » comme l'élevage intensif, la corrida et les combats de coqs. Tous ont été rejetés, au prétexte d'être « hors sujet »... Quand on demande à Jean-Marc Neumann, juriste et vice-président de La Fondation droit animal, éthique et sciences, ce que cet amendement va réellement changer, il répond : « Quelques phrases dans le

Code civil, mais rien sur le fond. [...] Au final, l'animal sera, avec cet amendement, toujours soumis au régime des biens corporels. [...] Donc cela ne changera pas les comportements envers les animaux qui pourront toujours être vendus, loués, exploités... Les pratiques les plus cruelles comme la corrida, la chasse à courre, les combats de coqs, l'abattage rituel ou certaines formes de pêche ou d'élevage ne sont pas du tout remises en cause. »

Que faudrait-il alors pour que les animaux soient réellement protégés juridiquement des différentes formes de cruauté dont ils sont toujours les victimes ? Neumann préconise une loi générale de protection de l'animal qui harmoniserait ces différents codes en vigueur (pénal, rural et environnemental). Les disparités qui existent sur le statut de l'animal entre les différents codes empêchent de facto une application systématique de cet amendement. Ainsi, le Code civil exclut de son domaine les animaux sauvages : ceux-ci tombent sous la législation du code de l'environnement qui ne reconnaît pas leur sensibilité. Par ailleurs, explique Neumann, « le Code pénal ne reconnaît pas officiellement l'animal comme un être sensible, mais seulement "implicitement" ». Ce qui a pour conséquence qu'un délit commis envers un animal est moins sanctionné qu'un simple vol de bien, quand il est sanctionné. Quant aux animaux d'élevage, ils sont régis par le Code rural qui, bien que les ayant reconnus dès 1976 comme « animaux sensibles », considère de fait leur souffrance « comme utile car nécessaire à l'alimentation de la population », explique ce juriste[45].

La vraie question semble être d'ordre personnel et citoyen : « Est-ce qu'on veut poursuivre l'exploitation et la souffrance des animaux, ou est-ce qu'on est prêts à certains efforts et sacrifices ? » s'interroge Neumann. La législation est l'aboutissement d'une prise de conscience qui débouche sur une volonté de réforme, plus rarement sur un changement radical.

De ce fait, elle s'inscrit dans le lent processus de l'évolution des mentalités collectives. Comme il est impossible de bouleverser nos modes de vie et nos habitudes alimentaires par décret et du jour au lendemain, nous pourrions procéder par étapes en mettant d'abord en place des «garde-fous» contre les pratiques les plus cruelles envers les animaux. Chacun d'entre nous est responsable et partie prenante dans ce processus évolutif et sociétal de la protection des animaux. Chacun peut commencer par se demander : Est-ce que je mange mes amis, ou pas ? Est-ce que je continue à me divertir de leur douleur ? Est-ce que je veux me délasser en les tirant hors de l'eau et en les laissant suffoquer jusqu'à ce qu'ils meurent ?

Conclusion : Un appel à la raison et à la bonté humaine

Au printemps 2014, j'ai eu l'occasion de rencontrer Ólafur Ragnar Grímsson, le président islandais, lors du forum Spirit of Humanity. Il nous a expliqué qu'il n'y avait plus un seul soldat sur l'île depuis le retrait de la base américaine en 2006. En outre, il précisa que le taux de décès annuel par arme à feu n'était que de 0,6 pour 100 000 habitants. L'Islande, nous dit-il, est « un pays où les gens se font confiance et où vous êtes tous bienvenus ». De fait, aucun contrôle de sécurité n'est installé à l'entrée de la résidence présidentielle où l'on rentre comme dans une maison ordinaire. Voilà une leçon dont pourraient s'inspirer ceux qui prônent la vente libre des armes à feu et qui soutiennent dur comme fer, comme c'est le cas aux États-Unis, que plus la population est armée, plus la sécurité règne[1]. Lorsque j'ai échangé quelques mots avec le président, je me suis tout de même permis de mentionner que l'Islande offrait certes un bel exemple au reste du monde, mais que l'image de ce havre de paix serait sans aucun doute encore plus parfaite si les Islandais renonçaient à tuer des centaines de baleines chaque année. Curieux paradoxe en effet : dans l'avion qui me menait à Reykjavik, j'avais regardé un documentaire qui présentait l'Islande comme l'un des meilleurs endroits au monde pour observer les baleines, favorisant ainsi le tourisme écologique. En même temps, non loin de ces zones d'observation, les chasseurs de l'entreprise Hvalur Whaling se livrent chaque été à un massacre de masse de ces mêmes cétacés[2]. Le président a murmuré un mot poli, a détourné le regard et s'est adressé à l'invité suivant…

Une semaine plus tard, je me trouvais au Chili où j'ai visité l'école Francisco Varela, ainsi nommée en l'honneur du grand neuroscientifique chilien, ami regretté, qui fonda l'Institut Mind and Life dont je fais partie. Après avoir fait le tour des classes, j'ai parlé avec les 300 élèves de l'école réunis dans une grande salle. L'un d'entre eux m'a demandé : « Est-ce que tu manges de la viande ? » Après lui avoir répondu par la négative, j'ai demandé aux enfants :

– Les vaches sont-elles vos amies ?

– Oui !

– Les poissons sont-ils vos amis ?

– Oui !

– Les oiseaux sont-ils vos amis ?

– Oui !

Ils faisaient tous preuve du même enthousiasme. Je leur ai alors demandé :

– Souhaitez-vous manger vos amis ?

Un « non ! » retentissant fut clamé à l'unisson. Pour les élèves de cet établissement qui a pour vocation d'être une « école du bonheur », le respect de la vie animale semblait être une évidence. Pourtant, la plupart d'entre eux n'étaient pas végétariens, le Chili étant, comme son voisin l'Argentine, l'un des pays au monde où la viande est la plus présente dans l'alimentation.

Ces deux anecdotes montrent l'incohérence qui existe entre nos pensées, nos sentiments profonds et nos comportements. La plupart d'entre nous aiment les animaux, mais notre compassion s'arrête au bord de notre assiette. D'autre part, nous subissons le retour de flamme de nos conduites égoïstes : comme nous l'avons vu, l'élevage industriel est l'une des causes importantes des changements climatiques, et la consommation régulière de viande nuit à la santé humaine. Une telle situation est donc non seulement contestable éthiquement, elle est aussi déraisonnable à tout point de vue.

Elle procède également d'un manque de respect à l'égard des autres formes de vie, et d'un même manque de respect par ignorance, orgueil, égoïsme ou idéologie. En ce qui concerne les animaux, manquer de respect par ignorance consiste, en particulier, à ne pas reconnaître qu'ils ressentent des émotions et sont sensibles à la douleur. C'est aussi ignorer le continuum qui relie l'ensemble des espèces animales. Lorsque suffisamment de connaissances scientifiques sont disponibles et que l'on choisit de les ignorer, cette attitude devient un déni de réalité.

Manquer de respect par orgueil, c'est s'imaginer que la supériorité qui est la nôtre dans certains domaines nous confère le droit de vie et de mort sur les animaux. Manquer de respect par égoïsme, c'est utiliser les animaux comme s'ils étaient de simples instruments destinés à satisfaire nos désirs ou à promouvoir nos intérêts financiers. Enfin, manquer de respect par idéologie, c'est justifier notre instrumentalisation des animaux sur la base de dogmes religieux, de théories philosophiques ou de traditions culturelles.

Notre attitude vis-à-vis des animaux remet en cause et fragilise l'ensemble de notre éthique. Celle-ci régit en effet la façon dont nous nous comportons les uns avec les autres. Elle exige que nous leur accordions une valeur intrinsèque, que nous ayons de la considération pour eux et que nous tenions compte de leurs aspirations légitimes. Si nous excluons l'ensemble des êtres non-humains de notre système éthique, celui-ci devient bancal. Ce qu'affirme très clairement Milan Kundera :

> Le véritable test moral de l'humanité (le plus radical qui se situe à un niveau tel qu'il échappe à notre regard), ce sont ses relations avec ceux qui sont à sa merci : les animaux. Et c'est ici que s'est produite

la plus grande déroute de l'homme, débâcle fondamentale dont toutes les autres découlent[3].

Comme nous l'avons souligné dans l'introduction, il ne s'agit nullement de vouloir animaliser l'homme ni d'humaniser l'animal mais d'accorder à chacun le respect de sa valeur propre, quelle qu'elle soit. Il semble que si nous nous contentions d'étendre aux animaux la règle d'or que l'on réserve habituellement aux humains — « Ne fais pas aux autres ce que tu ne voudrais pas qu'on te fasse à toi-même[4] » —, chacun en bénéficierait. En effet, se préoccuper du sort des animaux ne diminue en rien la nécessité de se préoccuper du destin des humains, bien au contraire, puisque ces deux préoccupations procèdent de l'altruisme et ne sont généralement pas, en dehors de cas particuliers, en compétition directe.

Nous pouvons donc faire beaucoup mieux. L'altruisme et la compassion véritables ne devraient pas connaître de barrières. Ce ne sont pas simplement des « récompenses » attribuées en fonction de bons comportements ou de la valeur que l'on veut bien accorder à l'autre. La compassion, en particulier, s'adresse à toutes les souffrances et à tous ceux qui souffrent. Celui qui est empreint de véritable compassion ne peut pas infliger de souffrances à d'autres êtres sensibles, comme le souligne Schopenhauer dans *Le Fondement de la morale* :

> Une compassion sans bornes qui nous unit avec tous les êtres vivants, voilà le plus solide, le plus sûr garant de la moralité : avec elle, il n'est pas besoin de casuistique. Qui la possède sera bien incapable de causer du dommage à personne, de violenter personne, de faire du mal à qui que ce soit; mais plutôt, pour tous il aura de la longanimité, il pardonnera, il aidera de toutes ses forces, et chacune de ses actions sera marquée au coin de la justice et de la charité[5].

Toutefois, dans la mesure où une partie d'entre nous n'éprouve pas suffisamment de compassion envers les animaux pour renoncer à les maltraiter, il est indispensable de faire appel au droit et de mettre en place des lois qui protègent les animaux. Le droit de vivre et de ne pas souffrir ne peut pas être le seul privilège des humains. Lorsque l'homme tente de justifier son exploitation des animaux, il ne fait que perpétuer le droit du plus fort, un droit moralement contestable : « Il n'y a aucune raison objective, dit Bertrand Russell, de considérer que les intérêts des êtres humains sont plus importants que ceux des animaux. Nous pouvons détruire les animaux plus facilement qu'ils ne peuvent nous détruire : c'est la seule base solide de notre prétention de supériorité[6]. »

Les adversaires des défenseurs des animaux prennent un malin plaisir à les présenter comme des idéalistes utopiques, des zoolâtres qui feraient mieux de se préoccuper des innombrables souffrances humaines, des âmes trop sensibles qui ne cessent de s'apitoyer sur leurs chiens et leurs chats, voire des fanatiques aussi stupides que dangereux qui flirtent avec le terrorisme[7]. Devant de tels préjugés, comment adopter une attitude réaliste qui ait quelque chance de changer les choses. Selon James Serpell, professeur d'éthique animale :

> À mon avis, il serait également irréaliste d'imaginer que nous pouvons espérer parvenir à un végétarisme mondial ou à mettre un terme définitif à l'utilisation économique des animaux et de notre environnement. Le paradis, en ce sens, ne peut pas être reconquis, car il n'a jamais vraiment existé. Néanmoins, il est clair que nous ne pouvons pas continuer à traiter le monde et son contenu comme un gigantesque supermarché. Les idéologies qui favorisent l'exploitation effrénée de ce monde sont dangereuses. Elles menacent notre survie non seulement par les dommages irréparables qu'elles causent, mais aussi en refusant, refoulant et corrompant les sentiments et la morale. Par chance, et en grande partie en raison de nos excès passés, les arguments éthiques fondés sur les principes de l'empathie et de l'altruisme, ainsi que les objectifs économiques basés sur des intérêts humains à long terme, commencent enfin à converger. Nous ne pouvons qu'espérer que de cette union naîtra un compromis raisonnable et responsable[8].

Comment se sont produits les grands changements d'attitude dans la société, même si ces changements paraissaient à première vue improbables ou irréalistes ? Comment ce qui était considéré auparavant comme allant de soi devient-il inacceptable ? Au tout début, quelques individus prennent conscience qu'une situation particulière est moralement indéfendable. Ils acquièrent la conviction que le statu quo ne peut être maintenu sans sacrifier les valeurs éthiques qu'ils respectent. De prime abord isolés et ignorés, ces pionniers finissent par unir leurs efforts pour devenir des activistes qui révolutionnent les idées et bousculent les habitudes. Ils sont alors le plus souvent ridiculisés ou vilipendés. Peu à peu, cependant, d'autres personnes, initialement réticentes, se rendent compte qu'ils ont raison et sympathisent avec la cause qu'ils défendent. Lorsque le nombre de ces défenseurs atteint une masse critique, l'opinion publique bascule dans leur camp. Gandhi résumait ainsi cette évolution : « D'abord, ils vous ignorent, puis ils rient de vous, puis ils vous combattent, puis vous gagnez. » Pensons à l'abolition de l'esclavage, à la défense des droits de l'homme, au vote des femmes et à bien d'autres évolutions.

Plusieurs facteurs facilitent ce changement et contribuent à l'évolution des cultures. Le premier est la force des idées, (le *satyagraha*, principe de résistance non-violente instauré par Gandhi, signifie « la force de la vérité » ou « l'insistance sur la vérité »). Le deuxième est l'instinct d'imitation. La plupart des êtres humains sont en effet enclins à se conformer aux attitudes, coutumes, croyances et valeurs dominantes. La conformité aux normes morales est alors encouragée par la communauté, tandis que la non-conformité entraîne la réprobation. Le troisième est la gêne et le sentiment de honte éprouvés lorsqu'on persiste à défendre une position morale désavouée par la majeure partie de la société. Les cultures évoluent. Au fil des générations, les individus et les cultures ne cessent de s'influencer mutuellement. Les individus qui grandissent au sein d'un nouveau milieu sont différents du fait qu'ils acquièrent de nouvelles habitudes qui, à leur tour, transforment leur manière d'être. Ils contribuent eux-mêmes à faire évoluer davantage leur culture, et ainsi de suite.

L'abolition de l'esclavage en Angleterre constitue un exemple frappant de ce type de revirement. Comme l'explique l'historien et écrivain Adam Hochschild, à Londres en 1787 : « Si vous disiez à un coin de rue que l'esclavage était moralement condamnable et qu'il devait être rendu illégal, neuf personnes sur dix se seraient esclaffées en vous prenant pour un hurluberlu. La dixième aurait peut-être été d'accord avec vous sur le principe, mais elle vous aurait assuré que mettre fin à l'esclavage était totalement impossible. C'était un pays dans lequel la grande majorité des gens, des paysans aux évêques, acceptait l'esclavage comme totalement normal[9]. » D'importants intérêts économiques étaient également en jeu. Pourtant, une minorité d'abolitionnistes a réussi à gagner en quelques années une opinion publique initialement indifférente, et souvent hostile, à l'abolition de l'esclavage.

D'après Olivier Grenouilleau, auteur de nombreux ouvrages sur l'esclavage[10], quatre éléments principaux permettent de le définir : 1) l'esclave est un « autre » ; 2) l'esclave est un homme possédé par un autre ; 3) l'esclave est toujours « utile » à son maître ; 4) l'esclave est un homme en sursis. Remplacez le mot « homme » par « animal d'élevage », et il n'est pas difficile de faire le rapprochement, sans pour autant « offenser le genre humain ». En effet, l'animal que l'on instrumentalise pour son labeur, sa chair, sa peau, ses os et autres parties de son corps, est une « autre » espèce ; il est lui aussi détenu par un propriétaire (lequel n'est plus, aujourd'hui, qu'un système industriel aux multiples visages anonymes) ; il doit rester « utile », sinon il est « réformé » (euphémisme pour désigner sa mise à mort) ; et il est en « sursis », non pas dans l'attente d'une libération, mais d'une mort prématurée et programmée.

Selon le philosophe des sciences Thomas Lepeltier, le premier travail des abolitionnistes a été de faire prendre conscience aux Britanniques de ce qu'il y avait derrière le sucre qu'ils mangeaient, le tabac qu'ils fumaient, le café qu'ils buvaient. Toutefois, avant que des foules n'en viennent à s'opposer activement à l'esclavagisme, il a fallu qu'elles commencent à sentir que ce système portait atteinte à l'image qu'elles se faisaient d'elles-mêmes. Ce n'est donc qu'au moment où ils ont pris conscience du fait qu'ils étaient implicitement complices d'un système qu'ils jugeaient honteux que les Britanniques se sont opposés à ce système.

Aujourd'hui, en Occident du moins, non seulement l'esclavagisme, mais le racisme, le sexisme et l'homophobie, même s'ils restent endémiques dans nos sociétés, sont théoriquement réprouvés par la majorité des gens. Il pourrait bientôt en être de même, espérons-le, de notre attitude envers les animaux. « Cette idée qu'il est odieux, écrit Lepeltier dans *La Révolution végétarienne*, de voir dans une truie, non une personne, mais de la simple chair à pâté n'a pas encore infiltré toutes les consciences et encore moins influencé les comportements alimentaires d'une grande partie de la population. Nombreux sont encore ceux qui ont du mal à faire la connexion "entre le proche et le lointain", c'est-à-dire entre les plaisirs de la table et la souffrance de l'animal, même si, sur le principe, plus personne ou presque n'accepte l'idée que l'on puisse faire souffrir les animaux juste pour ses plaisirs culinaires. Il y a donc encore du chemin à parcourir avant l'abolition des abattoirs. »

Il est clair que l'alimentation et l'utilisation d'objets et de produits fondés sur la souffrance des animaux vont à l'encontre des valeurs que défend une société dans laquelle on ne cesse de vanter les progrès dans le domaine des droits de l'homme, de la femme, des enfants, des minorités et des opprimés. « Comment se reconnaître, poursuit Lepeltier, dans l'égalité, la fraternité et la liberté quand on assujettit, exploite, emprisonne et massacre son prochain, que celui-ci soit une personne d'une autre couleur de peau, marchant à quatre pattes, ayant une pilosité développée, devant vivre dans l'eau ou qu'il ait d'autres caractéristiques que nous n'avons pas ? »

Il est donc temps d'étendre la notion de « prochain » aux autres formes de vie. Si nous comprenions et ressentions en toute conscience qu'en vérité nous sommes tous des « concitoyens du monde », au lieu de considérer les animaux comme une sous-catégorie d'êtres vivants, nous ne nous permettrions plus de les traiter comme nous le faisons. Émile Zola écrivait déjà à l'aube du XXe siècle : « Est-ce qu'on ne pourrait pas commencer par tomber d'accord sur l'amour qu'on doit aux bêtes ? [...] Et cela, simplement, au nom de la souffrance, pour tuer la souffrance, l'abominable souffrance dont vit la nature et que l'humanité devrait s'efforcer de réduire le plus possible, d'une lutte continue, la seule lutte à laquelle il serait sage de s'entêter[11]. »

Mais il y a bien sûr de bonnes nouvelles. Depuis une trentaine d'années, la mobilisation en faveur des animaux n'a cessé de croître. Elle n'est pas l'œuvre de quelques « animalistes » forcenés, mais de personnes sensées dont l'empathie et la compassion se sont tournées vers les animaux. Il devient de plus en plus difficile de faire semblant d'ignorer le rapport entre les souffrances du veau et la côtelette que l'on mange. La sympathie à l'égard de la protection des animaux ne cesse de croître dans l'opinion publique.

Le nombre des végétariens augmente régulièrement dans le monde (un demi-milliard aujourd'hui), particulièrement parmi les jeunes. Il y a maintenant autant de végétariens en France (entre 1 et 2 millions) que de chasseurs (environ 1,2 million), et le nombre de ces derniers diminue chaque année dans le monde. Le pourcentage de chasseurs dans la population française est passé de 4,5 à 1,5 %[12] entre 1970 et 2014. Ce pourcentage diminue tout particulièrement chez les jeunes. Il en va de même aux États-Unis où le pourcentage des foyers qui comptent un chasseur est passé de 32 à 19 % entre 1977 et 2006[13].

En avril 2014, un amendement a été apporté au Code civil et, désormais, les animaux sont reconnus comme des « êtres sensibles » par l'ensemble du système légal français. La marche logique de l'histoire veut que la tuerie en masse des animaux soit de plus déconsidérée. Un jour, espérons-le, une Convention internationale sur le zoocide sera promulguée et la vision de H. G. Wells deviendra une réalité :

> Pas de viande sur la planète ronde d'Utopie. Dans le temps, il y en avait. Mais aujourd'hui nous ne supportons plus l'idée d'abattoir… Je me souviens encore de ma joie, alors que j'étais enfant, à la fermeture du dernier abattoir[14].

Un nombre croissant d'entre nous ne se contente plus d'une éthique restreinte au comportement de l'homme envers ses semblables et estime que la bienveillance envers tous les êtres n'est pas un ajout facultatif, mais une composante essentielle de cette éthique. Il nous incombe à tous de continuer à favoriser l'avènement d'une justice et d'une compassion impartiales envers l'ensemble des êtres sensibles[15]. La bonté n'est pas une obligation : elle est la plus noble expression de la nature humaine.

Thegchog Chöling, Paro, Bhoutan, 21 mai 2014

Tant qu'il y aura des êtres,
Et tant que l'espace durera
Puissé-je, moi aussi, demeurer
Pour dissiper la souffrance du monde !

SHANTIDEVA

Notes

Introduction

1. Ricard (M.), *Plaidoyer pour l'altruisme*, NiL éditions, 2013.
2. Mace (G.) *et al.*, *Biodiversity in Ecosystems and Human Wellbeing: Current State and Trends* (Hassan (H.), Scholes (R.) & Ash, (N.) eds.), Island Press, 2005, p. 79-115, et Díaz (S.) *et al.*, *ibid.*, p. 297-329.

Chapitre 1 : Brève histoire des rapports entre les humains et les animaux

1. Fry (D. P.), *Beyond War: The Human Potential for Peace*, Oxford University Press, USA, 2007. Sponsel, L. E. (1996), «The Natural History of Peace: A Positive View of Human Nature and its Potential», *A Natural History of Peace*, 908–12.
2. Lord Alfred Tennyson (1809-1892), *In Memoriam A.H.H.*, 1850.
3. Strum (S. C.), *Almost Human: A Journey into the World of Baboons*, University of Chicago Press, 2001.
4. Clutton-Brock (J.), *Domesticated Animals from Early Times,* Heineman — British Museum of National History, 1981, p. 34 et suivantes. Davis (S.), «The Taming of the Few», *New Scientist, 95* (1322), 1982, p. 697-700. Cité par Serpell (J.) *In the Company of Animals : A Study of Human-Animal Relationships*, B. Blackwell, 1986, p. 4.
5. Fry (D. P.), *Beyond War, op. cit.* Fry (D. P.), & Söderberg (P.), «Lethal Aggression in Mobile Forager Bands and Implications for the Origins of War», *Science,* 341 (6143), 2013, p. 270-273. Selon l'anthropologue Jonathan Haas : «Avant dix mille ans, les preuves archéologiques d'une forme quelconque de guerre sur la planète sont négligeables.» Haas (J.), *The Origins of War and Ethnic Violence. Ancient Warfare : Archaeological Perspectives*, Sutton Publishing, 1999.
6. Selon les données rassemblées par le United States Census Bureau http://www.census.gov/population/international/data/worldpop/table_history.php.
7. En 2011, la moitié des forêts de la Terre ont été détruites, la plus grande partie durant les cinquante dernières années, et, depuis 1990, la moitié des forêts tropicales a disparu (il est possible qu'elles disparaissent entièrement d'ici à quarante ans). Elli, (E. C.), Klein Goldewijk (K.), Siebert (S.), Lightman (D.) & Ramankutty (N.), «Anthropogenic Transformation of the Biomes», 1700 to 2000, *Global Ecology and Biogeography,* 19 (5), 2010, p. 589-606.

8. Rockström (J.), Steffen (W.), Noone (K.), Persson (Å.), Chapin (F. S.), Lambin (E. F.), Schellnhuber (H. J.), « A Safe Operating Space for Humanity », *Nature*, 461(7263), 2009, p. 472-475.
9. Díaz (S.) *et al.*, *Biodiversity Regulation of Ecosystem Services in Ecosystems and Human Well-Being: Current State and Trends* (Hassan (H.), Scholes (R.) & Ash (N.), eds.), Island Press, 2005, p. 297-329.
10. Serpell (J.), *op. cit.*, p. 142. Citant Levine (M.) « Prehistoric Art and Ideology », in Cohen (Y. A.), *Man in Adaptation: The Institutional Framework* (vol. 3), Aldine Transaction, 1971, p. 426-427.
11. D'après Lestel (D.), *L'animal est l'avenir de l'homme*, Fayard, 2010. Édition Kindle, 1111.
12. Campbell (J.), *The Way of Animal Powers: Historical Atlas of World Mythology* (vol. 1), Times Books Limited, 1984, p. 81-122.
13. Ingold (T.), *Hunters, Pastoralists, and Ranchers: Reindeer Economies and their Transformations*, Cambridge University Press, 1980, p. 282. Cité par Serpell (J.), *op. cit.*, p. 144.
14. Fortes (M.), « Totem and Taboo », *Proceedings of the Royal Anthropological Institute of Great Britain and Ireland*, 1966, p. 5-22. Cité par Serpell (J.), *op. cit.*, p. 144.
15. Thomas (K.), *Man and the Natural World: A History of the Modern Sensibility*, Pantheon Books, 1983, p. 25-30. Cité par Serpell (J.), *op. cit.*, p. 137.
16. Darwin (C.), *Notebook B*, van Wyhe (ed.), 1838. Traduit et cité par Chauvet (D.), *Contre la mentaphobie*, Éditions l'Âge d'Homme, p. 13, 2014.
17. Serpell (J.), *op. cit.*, p. 138.
18. Beck (A. M.) & Katcher (A. H.), *Between Pets and People: The Importance of Animal Companionship*, Putnam, 1986, p. 60. Berryman (J. C.), Howells (K.) & Lloyd-Evans (M.), « Pet Owner Attitudes to Pets and People: A Psychological Study », *Veterinary Record*, 117 (25-26), 1985, p. 659-661. Cité par Serpell (J.), *op. cit.*, p. 63.
19. Porcher (J.), *Vivre avec les animaux : Une utopie pour le XXIe siècle*, La Découverte, 2011, p. 99.
20. Virgil Butler, « Inside the Mind of a Killer », 31 août 2003, *The Cyberactivist*, http://www.cyberactivist.blogspot.com/. Traduit de l'anglais par David Olivier et publié dans *Les Cahiers antispécistes*, n° 23, décembre 2003.
21. Patterson (C.), *Un éternel Treblinka*, Calmann-Lévy, 2008, p. 32-33.
22. *Ibid.*, p. 33.
23. *Genèse*, 1, 25-26.
24. Patterson (C.), *op. cit.*, p. 36.
25. Aristote, *La Politique*, J. Vrin, 1970, p. 16.
26. Cicéron, traduit par Plinval (G. de), *Traité des lois*, Les Belles Lettres, 1968, I, 25.
27. Patterson (C.), *op. cit.*, p. 43.
28. Bondolfi (A.), *L'homme et l'animal : Dimensions éthiques de leur relation*, Éditions Saint-Paul, 1995, p. 94.
29. D'après Boris Cyrulnik dans Cyrulnik (B.), Fontenay (É. de), Singer (P.), Matignon (K. L.) et Rosane (D.), *Les animaux aussi ont des droits*, Le Seuil, 2013. Kindle, 3315.
30. D'après la présentation de Michel Baussier, président de l'ordre des vétérinaires,

lors du colloque «Le droit de l'animal», organisé par Ecolo-Ethik au Sénat, le 7 février 2014.

31. Descartes (R.), *Discours de la méthode* (V[e] partie), Vrin, 1987.
32. Fontaine (N.), *Mémoires pour servir à l'histoire de Port-Royal* (vol. 2), «Aux dépens de la Compagnie», 1736, p. 52-53, Rééd. Slatkine, 1970. Original en français, repris ici de la traduction anglaise citée dans Rosenfield (L. C.), *From Beast-machine to Man-machine. The Theme of Animal Souls in French Letters from Descartes to La Mettrie,* Oxford University Press, 1940. Cité par Singer (P.), *La libération animale,* Grasset, 1993, p. 306.
33. Voltaire, *Dictionnaire philosophique,* article «Bêtes», dans *Œuvres complètes,* Arvensa Éditions. Kindle, 74852-74861.
34. Kant (E.), *Leçons d'éthique,* Le Livre de poche, 1997, p. 391.
35. Spinoza (B.), *Éthique,* Éditions Vassade, 2013. Kindle, 3991.
36. Serpell (J.), *op. cit.*, p. 134-135.
37. Plutarque, *Sur l'usage des viandes,* dans *Traités de morale de Plutarque,* traduit du grec par Dominique Ricard, Lefèvre Éditeur, 1844, t. IV, p. 563.
38. *Ibid.*, p. 566.
39. Ovide, *Métamorphoses,* Chant XV, dans *Nourriture pour l'Esprit,* traduit de l'anglais, Éditions Padmakara.
40. Meslier (J.), *Mémoire des pensées et sentiments de Jean Meslier* [1719-1729], preuve 3, in *Œuvres complètes,* Éditions Anthropos, 1970-1972, t. I, p. 210-218. Cité par Jeangène Vilmer (J.-B.), (dir.), *Anthologie d'éthique animale : apologies des bêtes,* PUF, 2011, p. 51.
41. Linzey (A.) & Cohn-Sherbok (D.), *After Noah,* Monbray, 1997, p. 10. Cité par Jean Nakos, dans *Les Cahiers antispécistes,* n° 30-31, décembre 2008.
42. Primatt (H.), *A Dissertation on the Duty of Mercy and Sin of Cruelty to Brute* [1776]. Centaur, 1992. Cité par Ryder (R.), p. 66 de l'édition de 1989, *in* Jeangène Vilmer (J.-B.), *L'éthique animale,* PUF, 2011, p. 32.
43. Primatt (H.), *op. cit.*, p. 8-12, trad. E. Utria. Cité par Jeangène Vilmer (J.-B.), (dir.), *op. cit.*, p. 88.
44. Linzey (A.) & Barry Clarke (P.), «Animal Rights», *Dictionary of Ethics, Theology and Society,* 1976. Cité par Jeangène Vilmer (J.-B.), *op. cit.*, p. 110.
45. Linzey (A.), *Animal Gospel: Christian Faith as if Animals Mattered,* Hodder and Stoughton, 1998. Traduction d'Estiva Reus parue dans *Les Cahiers antispécistes* n° 28 (mai 2007).
46. Linzey (A.), *op. cit.*, chap. III.
47. Runcie (R.), «Address at the Global Forum of Spiritual and Parliamentary Leaders on Human Survival», 11 avril 1988, p. 13-14.
48. Porphyre est l'auteur du *Traité contre les chrétiens* et du *Traité de l'abstinence,* longue et érudite apologie du végétarisme, traduite en français par l'abbé de Burigny en 1747. Ce dernier en adressa un exemplaire à Voltaire en 1761, qui dans la dernière partie de sa vie se fit l'ardent défenseur de la cause animale. Voltaire, *Pensées végétariennes,* édition établie, notes et postface par Renan Larue, Fayard/Mille et une nuits, 2014.
49. Kundera (M.), *L'insoutenable légèreté de l'être,* Gallimard, 1989, p. 361-366.
50. Livres des Pieux, *Sefer Hassidim.* Cité dans Richard Schwartz, «Tsa'ar Ba'alei, Chayim-Judaism and Compassion for Animals», *in* Roberta Kalechofsky (dir.),

Judaism and Animal Rights: Classical and Contemporary Responses, Marblehead (MA), Micah Publications, 1992, p. 61.

51. *Avodah Zorah* 18b.
52. Comme le rabbin Bonnie Koppel, qui a déclaré : « Il ne fait aucun doute que l'idéal, selon la Torah, est le végétarisme. » Cette position est également partagée par Rami Shapiro et Yitzhak Halevi Herzog, ancien grand rabbin d'Israël. Voir *The Vegetarian Mitzvah* sur http://www.brook.com/jveg/. Voir également Fontenay (É. de), *Le silence des bêtes, la philosophie à l'épreuve de l'animalité*, Fayard, 1998.
53. Rabbi David Rosen, dans *La Gazette de Londres*, Supplément, p. 23-31 (décembre 2009). David Rosen est aussi président international de la Conférence mondiale des religions pour la paix.
54. Dresner (S.) & Siegel (S.), *Jewish Dietary Laws*, United Synagogue Book Service, 1980.
55. *Terriens*, version française du documentaire *Earthlings*, réalisé par Shaun Monson. Disponible sur www.earthlings.com.
56. Al-Hafiz Basheer Ahmad Masri (2014), *Les animaux en Islam*, trad. Sébastien Sarméjeanne, préface et relecture scientifique de Malek Chebel, Éditions Droits des Animaux.
57. Je dois à Carisse et Gérard Busquet de m'avoir rapporté ces anecdotes. Voir Ikhwan al-Safa & Goodman, (L. E.) (trad.), *The Case of the Animals versus Man Before the King of the Jinn: A Tenth-century Ecological Fable of the Pure Brethren of Basra*, Twayne Publishers, 1978, p. 5-6. Cité par Richard C. Foltz dans *Studies in Contemporary Islam* 3, 2001.
58. Ganguli (K. M.), *The Mahâbhârata of Krishna-Dwaipayana Vyasa* (12 vols), Munshiram Manohar Lal Publishing House, 1970.
59. Lois de Manu, 5.33. Cité dans Doniger (W.), *The Hindus: An Alternative History*, Penguin/Viking, 2009.
60. *Ibid.*, p. 48-50.
61. Extraits du *Tirukkural*, poème didactique composé il y a environ 2 200 ans au Tamil Nadu dans le sud de l'Inde par le sage hindou Thiruvalluvar. D'après Carisse et Gérard Busquet et Wikipedia, article « Tirukkural ».
62. Caron (A.), *No steak*, Fayard, 2013. Kindle, 4524-4554.
63. Gandhi (M. K.), *Autobiographie ou Mes expériences de vérité*, Stock, 1982, p. 230.
64. Busquet (G.), *À l'écoute de l'Inde : des mangroves du Bengale aux oasis du Karakoram*, Transboréal, 2013, p. 243-250.
65. Extrait de Shabkar, *Les larmes du bodhisattva : Enseignements bouddhistes sur la consommation de chair animale*, Éditions Padmakara, 2005, p. 68.
66. Pour un exposé détaillé sur ce sujet, voir l'introduction de Wulstan Fletcher dans Shabkar, *op. cit.*
67. Shantideva, *Bodhicaryâvatâra : La Marche vers l'Éveil*, Padmakara, 2008, chap. VIII, versets 95-96.
68. Dalaï-lama, Gyatso (T.), *Comme un éclair déchire la nuit*, Albin Michel, 1992.
69. L'hormone de croissance de la plante, l'auxine, se concentre du côté de la tige qui est à l'ombre. Ce côté pousse plus vite que le côté ensoleillé et la tige va donc se courber, phénomène qui sera accentué par le poids de la fleur. Par contraste, comme l'a souligné le philosophe Hans Jonas, l'animal est non seulement capable de se déplacer mais de percevoir à distance. Il peut aussi réagir différemment

dans des situations extérieures semblables. Voir Jonas (H.), *The Phenomenon of Life: Toward a Philosophical Biology*, Northwestern University Press, 2000. D'après Lestel (D.), *Les origines animales de la culture*, Flammarion, coll. « Champs essais », 2001, p. 275.

70. Cité dans Shabkar, *op. cit.*, p. 68.
71. *Ibid.*
72. Parmi les maîtres spirituels connus pour être devenus végétariens, figurent beaucoup de maîtres Kadampas, à commencer par Atisha, suivis de maîtres de toutes les écoles du bouddhisme tibétain, comme Milarépa, Drigoung Kyobpa, Takloung Thangpa, Phagmo Droupa, Thogmé Sanpgo, Droukpa Kunleg, etc., jusqu'à des époques plus récentes avec Jigmé Lingpa, Nyagla Péma Dudul, Patrul Rinpotché, et à notre époque, Kangyur Rinpotché, ainsi que ses fils Pema Wangyal Rinpotché et Jigmé Khyentsé Rinpotché, ainsi que Chatral Rinpotché qui, à ce jour, est âgé de 102 ans.
73. Flavius, *Vita Apollonii*, éd. Olearius (G.), Lipsiae, 1709. Cité par Stuart (T.), *The Bloodless Revolution: Radical Vegetarians and the Discovery of India*, Harper Press, 2012. Kindle, 1133-1139.
74. Stuart (T.), *op. cit.*, Kindle, 1176.
75. Busquet (G.), *Vaches sacrées et chiens maudits* (manuscrit en préparation).
76. Tryon (T.), *Philotheos Physiologus: A Dialogue Between an East-Indian Brackmanny or Heathen-Philosopher, and a French Gentleman, in The Way to Health, Long Life and Happiness*, Andrew Sowle, Kindle, 1683.
77. Tryon (T.), *The Knowledge of a Man's Self: Or the Second Part of the Way to Long Life*, T. Bennet, 1703, p. 36. Cité par Stuart (T.), *op. cit.*, Kindle, 1706-1707.
78. Buffon, *Histoire naturelle, IV*, 1766, p. 164-194. Cité par Stuart (T.), *op. cit.*, Kindle, 4267.
79. Stuart (T.), *op. cit.*, Kindle, 2311.
80. Voltaire, « Il faut prendre un parti », dans *Œuvres complètes*, Garnier, 1877, t. 28, p. 534-35.
81. Marana, (G. P.), *L'espion dans les cours des princes chrétiens, ou, Lettres & mémoires d'un envoyé secret de la porte dans les cours de l'Europe où l'on voit les découvertes qu'il a faites dans toutes les cours où il s'est trouvé, avec une dissertation curieuse de leurs forces, politique & religion*; appelé ordinairement *L'espion turc*, Coda, 2009. Cité dans Stuart (T.), *op. cit.*, Kindle, 2725. Ce roman inspira les *Lettres persanes* de Montesquieu.
82. Schopenhauer (A.), *Le Fondement de la morale*, trad. Burdeau (A.), Aubier Montaigne, 1978, p. 153-154, p. 158.
83. Shelley (P. B.), *The Complete Works of Percy Bysshe Shelley*, édité par Roger Ingpen et Walter E. Peck, Gordian Press, 1965. Cité par Stuart (T.), *op. cit.*, Kindle, 8342.
84. D'après Élisabeth de Fontenay, dans Cyrulnik (B.) *et al.*, *op. cit.* Kindle, 1849.
85. Tudge (C.), *So Shall We Reap: What's Gone Wrong with the World's Food and How to Fix it*, Penguin UK, 2004.
86. Darwin (C.), *The Descent of Man and Selection in Relation to Sex*, John Murray, 1871, p. 193. Édition française : Darwin (C.), *La descendance de l'homme et la sélection sexuelle*, Reinwald, Libraire-éditeur, 1891.
87. *Ibid.*
88. *Ibid.*, p. 101.

89. Pour un exposé plus détaillé de ces positions, voir Jeangène Vilmer (J.-B.), *Éthique animale*, PUF, 2008, p. 35.
90. Ryder (R.), «Speciesism Again: The Original Leaflet», *Critical Society, 2*, 2010, p. 1-2.
91. Singer (P.), *Animal Liberation: The Definitive Classic of the Animal Movement*, Harper Perennial Modern Classics, 2009. La première édition date de 1975. Pour une réédition de la traduction française, voir Singer (P.), Rousselle (L.) et Jeangène Vilmer (J.-B.), *La libération animale*, Payot & Rivages, 2012.
92. Communication personnelle.
93. WWF est le World Wildlife Fund, EIA l'Environmental Investigation Agency.

Chapitre 2 : Loin des yeux, loin du cœur

1. Étude réalisée par Alina Pavlakos chez des familles de classes moyennes, dans Crain (W.), «Animal Suffering: Learning Not to Care and Not to Know», *Encounter*, Summer 2009, vol. 22, issue 2, p. 2.
2. D'après Élisabeth de Fontenay, dans Cyrulnik (B.) *et al.*, *Les animaux aussi ont des droits*, *op. cit.* Kindle, 2009.
3. Ricard (M.), *Plaidoyer pour l'altruisme*, *op. cit.*, chap. 29.
4. *Le Bestiaire spirituel de Paul Claudel*, Lausanne, Mermod, 1949, p. 16-131 et *Figures et paraboles*, Gallimard. Cité par Jeangène Vilmer (J.-B.), (dir.), *op. cit.*, p. 275.
5. Parmi ces exceptions, notons, en France, un documentaire de Yann Arthus-Bertrand diffusé sur France 2 et quelques autres documentaires comme *L'adieu au steak* diffusé par Arte, le 27 mars 2012.
6. *Terriens*, *op. cit.*; *Food, Inc.* (Documentaire, Kenner (R.), 2010) ; *LoveMEATender* (Documentaire, Coeman (M.), 2012) : http://festivalalimenterre.be/love-meat-tender/.
7. Le clip publicitaire refusé par NBC peut être vu sur le site de PETA http://www.peta.org/b/thepetafiles/archive/2009/11/23/NBC-Nixes-FamilyFriendly-Thanksgiving-Day-Parade-Ad.aspx L'association People for the Ethical Treatment of Animals (PETA) est une association à but non lucratif qui défend les droits des animaux. PETA compte plus de deux millions d'adhérents et de sympathisants. PETA concentre ses efforts sur quatre thèmes essentiels : l'élevage industriel, l'élevage d'animaux à fourrure, les expérimentations sur les animaux et les spectacles avec des animaux. PETA s'attaque aussi à des sujets tels que la pêche, le massacre d'animaux considérés comme nuisibles, l'enchaînement abusif des chiens, les combats de coqs, la tauromachie, et la consommation de viande.
8. Caron (A.), *No steak*, *op. cit.* Kindle, 1753.
9. Fontenay (É. de), *Sans offenser le genre humain : Réflexions sur la cause animale.* Albin Michel, 2008, p. 205.
10. D'après Singer (P.), *La Libération animale*, *op. cit.*, p. 328.
11. Porcher (J.),«Élevage/industriel : penser l'impensable ?», *Travailler*, n° 14, 2005, p. 9-20. Porcher (J.), *Vivre avec les animaux*, *op. cit.*, chap. 3.
12. Foer (J. S.) *Faut-il manger les animaux ?*, Le Seuil, coll. «Points», 2012, p. 88 et p. 233.
13. *The Washington Times*, 22 octobre 1987. Cité par Singer (P.), *op. cit.*, p. 173.
14. «Frank, dites-vous la vérité au sujet de vos poulets ?», *The New York Times*, 20 octobre 1989.

15. Nordmann (J.-F.), «Des limites et des illusions des éthiques animales», dans Jeangène Vilmer (J.-B.), (dir.), *op. cit.*, p. 399-404.
16. Joy (M.), *Why We Love Dogs, Eat Pigs and Wear Cows*, Conari Press, 2010, p. 11.
17. One Voice, «Le commerce de la viande de chien en Chine : une vérité choquante qui n'honore pas les hôtes des prochains Jeux olympiques», janvier 2008. Cité par Caron (A.), *No steak, op. cit.*
18. Bandura (A.), Barbaranelli (C.), Caprara (G. V.) & Pastorelli (C.), «Mechanisms of Moral Disengagement in the Exercise of Moral Agency», *Journal of Personality and Social Psychology*, 71(2), 1996.
19. Cyrulnik (B.) *et al.*, *op. cit.*, Kindle, 1641.
20. Porcher (J.), *op. cit.*, p. 82.
21. D'après Heim (A.), *Intelligence and Personality*, Pelican, 1971, p. 150. Cité par Singer (P.), *op. cit.*, p. 94.
22. Midgley (M.), *Animals and Why they Matter*, University of Georgia Press, 1984, p. 4.
23. Joan Dunayer, auteur de *Speciesism* (Ryce Publishers, 2004), dans une interview diffusée à la BBC au cours d'une émission réalisée par Victor Schonfeld : *One Planet*, «Animals & Us», 31 décembre 2009.
24. Chapouthier (G.), *Les droits de l'animal*, PUF, 1992, p. 68-71.
25. Luke (B.), «Justice, Caring and Animal Liberation», *The Feminist Care Tradition in Animal Ethics*, p. 125-152, in Donovan (J.) & Adams (C. J.), *Beyond Animal Rights: A Feminist Caring Ethic for the Treatment of Animals*, Continuum, 1996. Cité par Jeangène Vilmer (J.-B.) *op. cit.*, p. 95.
26. Bailly (J.-C.), *Le versant animal*, Bayard, 2007.
27. Deux mois après sa mise en ligne, la vidéo avait été regardée plus de trois millions de fois dans sa version originale, en portugais. Au Brésil, où seul un très faible pourcentage de la population a adopté une alimentation végétarienne, cette vidéo a suscité des débats animés autour du végétarisme et de la façon dont nous traitons les animaux en général.

Chapitre 3 : Tout le monde y perd

1. Ce chapitre est une version augmentée et mise à jour du chapitre 34 «Un retour de flamme», de Ricard (M.), *Plaidoyer pour l'altruisme, op. cit.*
2. Globalement, selon une étude portant sur 70 pays, publiée par l'Organisation internationale du travail sous l'égide des Nations unies, depuis le début des années 1900, les inégalités de revenu ont continué de se creuser dans la plupart des régions du monde.
3. GIEC, Groupe d'experts intergouvernemental sur l'évolution du climat des Nations unies (International Pannel on Climate change ou IPCC) ; FAO, Organisation des Nations unies pour l'alimentation et l'agriculture (Food and Agriculture Organization ou FAO).
4. Il s'agit des émissions liées à la construction (ressources naturelles et dépenses énergétiques utilisées à cet effet) et à l'usage (électricité, chauffage, etc.) des bâtiments publics, industriels et privés.
5. Ensminger (M. E.), *Animal Science*, Prentice Hall, 1990.
6. Diamond (J.), *Effondrement : Comment les sociétés décident de leur disparition ou de leur survie*, Gallimard, coll. «Folio Essais», 2009.

7. Rockström (J.), Steffen (W.), Noone (K.), Persson (Å.), Chapin (F. S.), Lambin (E. F.), Schellnhuber (H. J.) *et al*, « A Safe Operating Space for Humanity », *Nature*, *461*(7263), 2009, p. 472-475. Ces chercheurs ont identifié les neufs principales « limites » planétaires concernant le changement climatique : la diminution de la couche d'ozone, l'utilisation des sols (agriculture, élevage, exploitation des forêts), l'utilisation de l'eau douce, l'appauvrissement de la biodiversité, l'acidification des océans, les entrées d'azote et de phosphore dans la biosphère et les océans, la teneur de l'atmosphère en aérosols et la pollution chimique.
8. D'après une évaluation du Millenium Ecosystem Assesment (MEA), sous l'égide des Nations unies.
9. Pavan Sukhdev, préface à l'ouvrage de Wijkman (A.) & Rockström (J.), *Bankrupting Nature: Denying Our Planetary Boundaries*, Routledge, 2013. Sukhev est fondateur de Corporation 2020, une organisation consacrée à l'économie environnementalement responsable.
10. D'après le Worldwatch Institute.
11. *Amazon Cattle Footprint*, Greenpeace, 2009. Plus de 200 millions d'hectares de ces forêts ont été détruits depuis 1950, notamment pour faire place à des pâturages ou des fermes de bovins : Kaimowitz (D.), *Livestock and Deforestation in Central America in the 1980s and 1990s: A Policy Perspective*, 1996. Kaimowitz (D.), Mertens (B.), Wunder (S.) & Pacheco (P.) « Hamburger Connection Fuels Amazon Destruction », Center for International Forest Research (CIFOR), Bogor Indonesia, 2004.
12. Rifkin (J.), *La troisième révolution industrielle*, Éditions Les Liens qui Libèrent, 2012. Dans *Sans viande et sans regrets*, Frances Moore-Lappé souligne qu'une acre de céréales donne cinq fois plus de protéines que la même acre utilisée pour produire de la viande ; une acre de légumineuses en donne dix fois plus, et une acre de légumes feuillus quinze fois plus. Moore-Lappé (F.), *Diet for a Small Planet*, Ballantine, 1971, p. 4-11. Trad. française : *Sans viande et sans regrets*, Éditions L'Étincelle, 1976. Voir également Doyle (J.), *Altered Harvest: Agriculture, Genetics and the Fate of the World's Food Supply*, Viking Press, 1985. Ainsi que Robin (M.-M.), *Les moissons du futur : Comment l'agroécologie peut nourrir le monde*, La Découverte, 2012.
13. Parmentier (B.), *Nourrir l'humanité : Les grands problèmes de l'agriculture mondiale au XXIe siècle*, La Découverte, 2009, p. 38. Cité par Caron (A.), *No steak*, *op. cit.*, Kindle, 5168. Le rendement sera encore plus faible si cette même surface est consacrée à la production de viande rouge.
14. Foer (J. S.), *Faut-il manger les animaux ?*, *op. cit.*, p. 265 et note 105. Calcul basé sur des sources gouvernementales et celles d'universités américaines. Selon des chiffres fournis par Aymeric Caron, il faut entre 3 et 4 calories végétales pour produire une calorie de viande de poulet, entre 5 et 7 calories végétales pour une calorie de viande de cochon, entre 9 et 11 calories végétales pour une calorie de viande de bœuf ou de mouton. Caron (A.), *No steak*, *op. cit.*, Kindle, 558.
15. Moore-Lappé (F.), *op. cit.*, p. 4-11.
16. D'après le Worldwatch Institute, une organisation de recherche fondamentale établie aux États-Unis. L'un de leurs projets actuels est une analyse comparative des innovations agricoles écologiquement durables pour réduire la pauvreté et la faim. Plus de 90 % des 225 millions de tonnes de soja récoltées dans le monde servent

aussi à nourrir les animaux d'élevage. Si toutes les céréales destinées au bétail américain étaient consommées directement, elles pourraient nourrir 800 millions d'humains. Pimentel (D.), Williamson (S.), Alexander (C. E.), Gonzalez-Pagan (O.), Kontak (C.) & Mulkey (S. E.), « Reducing Energy Inputs in the US Food System », *Human Ecology*, 36 (4), 2008, p. 459-471.

17. Compassion in World Farming. Cité par Marjolaine Jolicoeur — AHIMSA, 2004.
18. D'après l'United States Department of Agriculture — Foreign Agricultural Service, USDA-FAS, (1991).
19. Action contre la faim. Selon la FAO, le nombre de personnes sous-alimentées dans le monde en 2010 a atteint 925 millions, soit une augmentation de presque 9 % par rapport à la moyenne 2006-2008. Le Programme alimentaire mondial (PAM) donne le même chiffre. Cité par Caron, (A.), *op. cit.*, p. 494 et Kindle 5151-5153.
20. Jocelyne Porcher, http://www.agrobiosciences.org/article.php3?id_article 1096, septembre 2004. Cité par Caron (A.), *op. cit.*, 543.
21. Rapport entre la consommation de viande (en kg par an et par habitant) et la richesse (PNB)

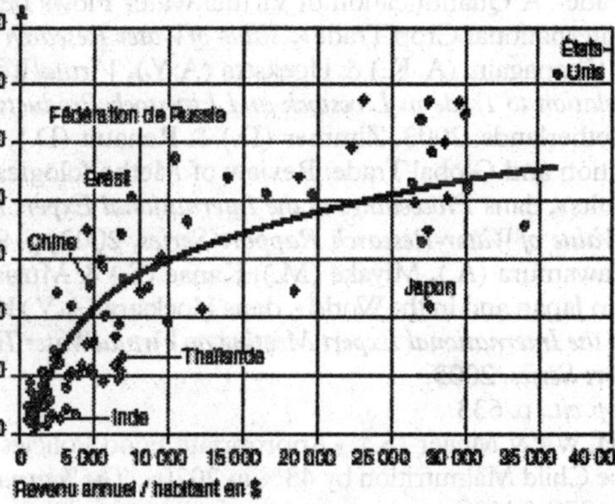

Rapport entre consommation de viande et richesse (2002)

22. McMichael (A. J.), Powles (J. W.), Butler (C. D.) & Uauy (R.), « Food, Livestock Production, Energy, Climate Change, and Health », *The Lancet*, 370 (9594), 2007.
23. FAO, *L'ombre portée de l'élevage. Impacts environnementaux et options pour atténuation*, Rome, 2006 ; FAO, *Comment nourrir le monde en 2050,* 2009.
24. Herzog (H.), *Some We Love, Some We Hate, Some We Eat: Why It's So Hard to Think Straight About Animals*, Harper Collins, 2010, p. 192. Cité par Caron (A.), *op. cit.*, Kindle 5140.
25. Ray (?), « Tendances de la Chine en matière de production et de consommation de viande », sur le site Internet de la Gestion agricole du Canada. Cité par Caron (A.), *op. cit.*, Kindle 5144.
26. FAO (2006), *op. cit.*, et World Agriculture Towards 2015-2030 (2003).
27. Lambin (É.), *Une écologie du bonheur*, Le Pommier, 2009, p. 70.

28. Moore-Lappé (F.), *op. cit.*, p. 11-12 et 21.
29. FAO (2006), *op. cit.*
30. Dompka (M.V.), Krchnak (K.M.) et Thorne (N.), «Summary of Experts' Meeting on Human Population and Freshwater Resources», dans Karen Krchnak (ed.), *Human Population and Freshwater Resources: U.S. Cases and International Perspective*, Yale University, 2002.
31. Borgström (G.), *Harvesting the Earth*, Abelard-Schuman, 1973, p. 64-65. D'après d'autres estimations fournies par le CNRS, il faut environ une tonne d'eau pour faire pousser 1 kg de céréales. Si l'on tient compte de l'eau nécessaire à faire pousser ce qui sert à alimenter les animaux, l'eau qu'ils boivent et l'eau nécessaire à leur entretien, il y a dans 1 kg de volaille 4 tonnes d'eau virtuelle; dans 1 kg de porc, 6 tonnes; dans 1 kg de mouton, 9 tonnes; dans 1 kg de bœuf, 15,5 tonnes. CNRS http:// www.cnrs.fr/cw/dossiers/doseau/decouv/usages/consoDom.html. Cité par Caron (A.), *op. cit.*, Kindle 5178-5180.
32. The Browning of America, *Newsweek*, 22 février 1981, p. 26. Cité par Robbins (J.), *Se nourrir sans faire souffrir*, Alain Stanke, 1991, p. 420. Concernant les publications scientifiques sur ce sujet, voir Hoekstra (A. Y.) & Hung (P. Q.), «Virtual Water Trade : A Quantification of Virtual Water Flows between Nations in Relation to International Crop Trade», *Value of Water Research Report Series*, 11, 2002, p. 166. Chapagain, (A. K.) & Hoekstra (A.Y.), *Virtual Water Flows Between Nations in Relation to Trade in Livestock and Livestock Products*, UNESCO-IHE Delft, The Netherlands, 2003. Zimmer (D.) & Renault (D.), «Virtual Water in Food Production and Global Trade: Review of Methodological Issues and Preliminary Results», dans *Proceedings of the International Expert Meeting on Virtual Water Trade, Value of Water-Research Rapport Series*, 2003, p. 93-109. Oki (T.), Sato (M.), Kawamura (A.), Miyake (M.), Kanae (S.) & Musiake (K.), «Virtual Water Trade to Japan and in the World», dans Hoekstra (A.Y.) *Virtual Water Trade: Proceedings of the International Expert Meeting on Virtual Water Trade, Value of Water Research Report Series*, 2003.
33. Caron (A.), *op. cit.*, p. 633.
34. Rosegrant (M. W.) & Meijer (S.), «Appropriate Food Policies and Investments Could Reduce Child Malnutrition by 43% in 2020», *The Journal of Nutrition*, 132 (11), 2002, 3437S-3440S.
35. D'après la Banque mondiale et McKinsey Global Institute (2011), *Natural Resources*. http://www.mckinsey.com/insights/mgi/research/natural_resources.
36. International Food Policy Research Institute et Comité des Nations unies pour l'environnement.
37. Jancovici (J.-M.), *L'avenir climatique : Quel temps ferons-nous ?*, Le Seuil, 2005.
38. Ce chiffre est celui de la dernière évaluation produite par la FAO dans *Tackling Climate Change Through Livestock*, FAO, octobre 2013. Ce rapport est le plus complet qui ait été produit à ce jour sur les émissions de gaz à effet de serre liés à l'élevage. Les bovins contribuent aux deux tiers de ces émissions. Le chiffre de 14,5% est calculé sur la base d'une analyse qui inclut le cycle de vie complet du processus, c'est-à-dire qu'il comprend les émissions de CO_2 associées à la déforestation liée à l'élevage, la production et le conditionnement de la nourriture pour les animaux d'élevage, etc. Toutefois la même méthode n'a pas été appliquée pour le transport. Une autre étude a été menée par des chercheurs de l'université de

Cambridge, de l'Université nationale d'Australie et d'autres encore qui affirment que le chiffre se situerait aux alentours de 17 % (McMichael (A. J.) *et al.*, *op. cit.*). Ceux qui réfutent ce chiffre proposent le taux de 4 % issu du IPCC mais il s'agit d'émissions directes et non pas du cycle de vie complet. Il est important de considérer l'intégralité du cycle de vie parce que les émissions indirectes provenant du bétail constituent une proportion significative des émissions.

39. http://www.conservation-nature.fr/article2.php?id=105.
40. Desjardins (R.), Worth (D.), Vergé (X.), Maxime (D.), Dyer (J.) & Cerkowniak (D.), « Carbon Footprint of Beef Cattle », *Sustainability*, 4 (12), 2012, 3279-3301.
41. FAO (2006), *op. cit.*, p. 125.
42. Hedenus (F.), Wirsenius (S.) & Johansson (D. J. A.), « The Importance of Reduced Meat and Dairy Consumption for Meeting Stringent Climate Change Targets », *Climatic Change*, 2014.
43. D'après le Worldwatch Institute.
44. Ministère de l'Environnement américain et General Accounting Office (GAO). Cité par Foer (J. S.), *op. cit.*
45. Ces quantités peuvent aller de 200 à 1 000 kg d'azote par hectare et par an. Steinfeld (H.), De Haan (C.) & Blackburn (H.), « Livestock-Environment Interactions », *Issues and Options. Report of the Commission Directorate General for Development*, Fressingfield, UK, WREN Media, 1997.
46. Narrod (C. A.), Reynnells (R. D.) & Wells (H.), « Potential Options for Poultry Waste Utilization: A Focus on the Delmarva Peninsula », United States Environmental Protection Agency (EPA), 1993.
47. Voir les données et rapports fournis par l'association BLOOM http://www.bloomassociation.org/
48. Pauly (D.), Belhabib (D.), Blomeyer (R.), Cheung (W. W. W. L.), Cisneros-Montemayor (A. M.), Copeland (D.), Zeller (D.), « China's Distant-Water Fisheries in the 21st Century », *Fish and Fisheries*, 2013.
49. Selon la FAO.
50. Foer (J. S.), *op. cit.*, p. 66. Environmental Justice Foundation Charitable Trust, *Squandering the Seas: How Shrimp Trawling Is Threatening Ecological Integrity and Food Security Around the World*, London : Environmental Justice Foundation, 2003.
51. Epie (European Prospective Investigation into Cancer and Nutrition). Rapport préparé sous la direction d'Elio Riboli (2005). Une autre étude parue dans *Archives of Internal Medicine* et portant sur 500 000 personnes montre que 11 % des décès chez les hommes et 16 % chez les femmes pourraient être évités par une réduction de la consommation de viande rouge. Sinha (R.), Cross (A. J.), Graubard (B. I.), Leitzmann, (M. F.) & Schatzkin (A.), « Meat Intake and Mortality: A Prospective Study of Over Half a Million People », *Archives of Internal Medicine*, 169 (6), 2009, p. 562.
52. Lambin (É.), *op. cit.*, p. 78.
53. Pan (A.), Sun (Q.), Bernstein (A. M.), Schulze (M. B.), Manson (J. E.), Stampfer (M. J.), Hu (F. B.), « Red Meat Consumption and Mortality: Results from 2 Prospective Cohort Studies », *Archives of Internal Medicine*, 172 (7), 2012, p. 555. Ces analyses prennent en compte les facteurs de risque de maladies chroniques, l'âge, l'indice de masse corporelle, l'activité physique, les antécédents familiaux de maladies cardiaques, ou des cancers majeurs.

54. Haque (R.), Kearney (P. C.) & Freed (V. H.), «Dynamics of Pesticides in Aquatic Environments», in *Pesticides in Aquatic Environments*, Springer US, 1977, p. 39-52. Ellgehausen (H.), Guth (J. A.) & Esser (H. O.), «Factors Determining the Bioaccumulation Potential of Pesticides in the Individual Compartments of Aquatic Food Chains», *Ecotoxicology and Environmental Safety*, 4 (2), 1980, p. 134-157.
55. Lambin (É.), *op. cit.*, p. 80.
56. D'après Caron (A.), *op. cit.*
57. Évaluation de l'Association végétarienne de France datant d'octobre 2011.
58. FAO, http://www.fao.org/docrep/004/y1669f/y1669f09.htm. Cité par Caron (A.). *op. cit.*, p. 205.
59. The Hindu-CNN-IBN State of Nation Survey, 2006.
60. Selon un rapport de la BBC, «Belgian city plans *veggie* days», 12 mai 2009.
61. Lévi-Strauss (C.), «La leçon de sagesse des vaches folles», *Études rurales*, 2001, (http://etudesrurales.revues.org).
62. http://phys.org/news/2011-01-climate-tax-meat-results-greenhouse.html. Cité par Caron (A.), *op. cit.*, Kindle 5180.
63. Interview dans *The Telegraph*, 7 septembre 2008.
64. Voir également Hedenus (F.), *et al.*, *op. cit.*

Chapitre 4 : Le vrai visage de l'élevage industriel

1. Ce chapitre est une version augmentée et mise à jour du chapitre XXIII, «L'instrumentalisation des animaux, une aberration morale», de Ricard (M.), *Plaidoyer pour l'altruisme*, *op. cit.*
2. Jane Goodall, lors d'une conversation avec l'auteur en juin 2011, à Brisbane, Australie.
3. Sinclair (U.), *La Jungle*, Le Livre de Poche, 2011, p. 65-68
4. Selon la Division des statistiques de la FAO : Faostat.fao.org.
5 Joy (M.), *Why We Love Dogs…*, *op. cit.*, p. 27. Joy parle de 4 fois l'aller et retour entre la Terre et la Lune, ce qui correspond à 80 fois le tour de la Terre.
6. Jussiau (R.), Montméas (L.) & Parot (J.-C.), *L'Élevage en France : 10 000 ans d'histoire*, Éducagri Éditions, 1999. Cité par Nicolino (F.), *Bidoche : L'industrie de la viande menace le monde*, Les Liens qui Libèrent, 2009.
7. *National Hog Farmer*, mars 1978, p. 27. Cité par Singer (P.), *La libération animale*, *op. cit.*, p. 199.
8. *Poultry Tribune*, novembre 1986. Cité par Singer (P.), *op. cit.*, p. 174.
9. L'espérance de vie d'une vache et d'un cochon est de 20 ans. Les veaux sont abattus à 3 ans, les vaches laitières sont «réformées» (c'est-à-dire abattues) vers 6 ans, et les cochons à 6 mois. L'espérance de vie d'un poulet est de 7 ans dans les conditions de vie normale, mais il est abattu à 6 semaines. Cela concerne 1 milliard d'animaux en France.
10. Sinclair (U.), *op. cit.*, p. 62-63.
11. David Cantor, Responsible Policies for Animals http://www.rpaforall.org. Cité dans Patterson (C.), *Un éternel Treblinka*, *op. cit.*, p. 114.
12. Foer (J. S.), *Faut-il manger les animaux ?*, *op. cit.*
13. *Ibid.*, p. 82.
14. Patterson (C.), *op. cit.*, p. 166.

15. Eisnitz (G. A.), *Slaughterhouse: The Shocking Story of Greed. Neglect, and Inhumane Treatment inside the US Meat Industry*, Prometheus, 1997, p. 181. Cité par Patterson (C.), *op. cit.*, p. 166.
16. *Ibid.*, p. 174.
17. D'après Singer (P.), *op. cit.*, p. 163.
18. Foer (J. S.), *Faut-il* manger les animaux ?, *op. cit.*, p. 240.
19. Fontenay (É. de), *Sans offenser le genre humain, op. cit.*, p. 206. Ainsi que Burgat (F.), *L'animal dans les pratiques de consommation*, PUF, 1998.
20. Daub (J.-L.), *Ces bêtes qu'on abat : Journal d'un enquêteur dans les abattoirs français*, L'Harmattan, 2009, p. 28.
21. Coe (S.), *Dead Meat*, Four Walls Eight Windows, 1996. Les citations sont un résumé de la version originale anglaise, p. 111-133, traduite par nos soins, avec des extraits de la version qu'en donne Patterson (C.), *op. cit.*, p. 106-108.
22. Eisnitz (G. A.), *op. cit.*, p. 182.
23. Coe (S.), *op. cit.*, p. 120.
24. Carpenter (G.) *et al.*, « Effect of Internal Air Filtration on the Performance of Broilers and the Aerial Concentrations of Dust and Bacteria », *British Poultry Journal*, 27, 1986, p. 471-480. Cité par Singer (P.), *op. cit.*, p. 172.
25. Bedichek (R.), *Adventures With a Texas Naturalist*, University of Texas Press, 1961. Cité par Harrison (R.), *Animal Machines: The New Factory Farming Industry*, CABI Publishing, 2013. Première édition, 1964, p. 154.
26. Breward (J.) & Gentle (M.), « Neuroma Formation and Abnormal Afferent Nerve Discharges After Partial Beak Amputation (Beak Trimming) in Poultry », *Experienta*, 41 (9), 1985, p. 1132-1134.
27. *National Geographic Magazine*, février 1970, cité par Singer (P.), *op. cit.*, p. 177.
28. Foer (J. S.), , *op. cit.*, p. 176.
29. *Ibid.*, p. 65.
30. « Dehorning, Castrating, Branding, Vaccinating Cattle », publication n° 384 du Mississippi State University Extension Service, en collaboration avec l'USDA. Voir aussi « Beef Cattle: Dehorning, Castrating, Branding and Marking », USDA, *Farmers' Bulletin* n° 2141, septembre 1972, in Singer (P.), *op. cit.*, p. 225.
31. Porcher (J.), « Histoire contemporaine d'un cochon sans histoire », *Revue du M.A.U.S.S.*, (1), 2004, p. 397-407.
32. Foer (J. S.), *op. cit.*, p. 239.
33. *Stall Street Journal*, novembre 1973.
34. *Ibid.*, avril 1973.
35. Foer (J. S.), *op. cit.*, p. 285.
36. *Ibid.*, p. 284-289.
37. Cité par Civard-Racinais (A.), *Dictionnaire horrifié de la souffrance animale*, Fayard, 2010. Kindle, 1230.
38. Virgil Butler, « Inside the Mind of a Killer », 31 août 2003, sur le site *The Cyberactivist*, http://www.cyberactivist.blogspot.com/, traduit de l'anglais par David Olivier et publié dans *Les Cahiers antispécistes*, n° 23, décembre 2003.
39. *Les Cahiers antispécistes*, n° 21, février 2002. Cité dans Cyrulnik (B.) *et al.*, *Les animaux aussi ont des droits, op. cit.* Kindle 3135-39.
40. Documentaire de Mark Rissi pour le compte de *Swiss Animals Protection/EAST*

International (Mark Rissi), qui peut être visionné sur le site de l'association PETA http://www.peta.org/issues/animals-used-for-clothing/chinese-fur-industry.aspx.

41. Chiffres cités par Caron (A.), *No steak*, op. cit., Kindle 1392.
42. Daub (J.-L.), *op. cit.*, p. 27.
43. *Ibid.*, p. 23.
44. Mood (A.) & Brooke (P.), *Estimating the Number of Fish Caught in Global Fishing Each Year* (amood@fishcount.org.uk), juillet 2010. Ces auteurs ont utilisé les statistiques publiées par la FAO concernant le tonnage des prises annuelles pour chaque espèce et ont calculé le nombre de poissons en estimant le poids moyen des poissons des espèces étudiées.
45. Foer (J. S.), *op. cit.*, p. 245.
46. C'est notamment la thèse soutenue par Porcher (J.), 2011, *Vivre avec les animaux*, *op. cit.*
47. Lepeltier (T.), *La révolution végétarienne*, Éditions Sciences Humaines, 2013, p. 74-75.
48. Porcher (J.), *op. cit.*, p. 116.
49. Chauvet (D.) *La volonté des animaux*, Droits des animaux, version révisée et annotée par l'auteur reprise dans *Les Cahiers antispécistes*, n° 30-31, décembre 2008.
50. Voir le site des associations PETA, One Voice, L214, et bien d'autres ainsi que le documentaire, *Terriens*, que nous avons cité.
51. Cazes-Valette (G.), *Le rapport à la viande chez le mangeur français contemporain*, groupe ESC-Toulouse/CCIT, octobre 2003-novembre 2004, p. 345. Consultable sur http://www.esc-toulouse.fr, cité par Estiva Reus et Antoine Comiti, *Les Cahiers antispécistes*, n° 29, février 2008.
52. Elie Wiesel, discours de réception du prix Nobel de la paix, 10 décembre 1986.

Chapitre 5 : Les mauvaises excuses

1. Rousseau (J. J.), *Discours sur l'origine et les fondements de l'inégalité parmi les hommes*, Aubier Montaigne, 1973, p. 59.
2. Sidgwick (H.), « The Establishment of Ethical First Principles » [1879], *Mind*, (13), p. 106-111.
3. Shantideva, *Bodhicaryâvatâra : La Marche vers l'Éveil*, Padmakara, 2008.
4. Tom Regan, « The Burden of Complicity », préface à Coe (S.), *Dead Meat*, *op. cit.* Tom Regan est professeur de philosophie morale au North Carolina State University à Raleigh (États-Unis).
5. Singer (P.), *La libération animale*, *op. cit.*, p. 39.
6. Bentham (J.), *An Introduction to the Principles of Morals and Legislation*, Clarendon Press., XVII, § I, IV, note 1, p. 311.
7. Lautard (H.), *Zoophilie ou sympathie envers les animaux : Psychologie du chien, du chat, du cheval*, Société française d'imprimerie et de librairie, 1909, p. 7-10. Cité par Jeangène Vilmer (J.-B.), *Anthologie d'éthique animale* (dir.), *op. cit.*, p. 234.
8. Burgat (F.) et Marguénaud (J.-P.), « Les animaux ont-ils des droits ? », *Le Monde.fr*, 15 juillet 2010.
9. Daub (J.-L.), *Ces bêtes qu'on abat…*, *op. cit.*, p. 30-31.
10. Singer (P.), *op. cit.*, p. 333.
11. Voir www.karuna-shechen.org
12. Lepeltier (T.), *La révolution végétarienne…*, *op. cit.*, p. 156.

13. Mandeville (B. de), *The Fable of The Bees: or, Private Vices, Public Benefits* [*La fable des abeilles, ou les fripons devenus honnêtes gens*], traduction de la sixième édition, «Aux dépens de la compagnie», 1740, p. 203-223. Cité par Jeangène Vilmer (J.-B.), *L'éthique animale*, *op. cit.*, p. 49-50.
14. Taine (H.), *La Fontaine et ses Fables*, Hachette, 1911, p. 166 et 107.
15. Darwin (C.), *The Descent of Man* [1874], Wiley Online Library, chap. 3, p. 193.
16. Jean-Henri Fabre. Cité par Géraud (A.), *Déclaration des droits de l'animal*, Bibliothèque A. Géraud, 1939, p. 29, dans Jeangène Vilmer (J.-B.), (dir.), *op. cit.*, p. 244.
17. Rollin (B. E.), *The Unheeded Cry: Animal Consciousness, Animal Pain and Science*, Oxford University Press, 1989, p. 154-156.
18. Voltaire, *Œuvres complètes*, Arvensa Éditions. Kindle, 74852-74861.
19. Rollin (B. E.), *op. cit.*, p. 118.
20. Cyrulnik (B.) *et al.*, *Les animaux aussi ont des droits*, *op. cit.* Kindle, 3243-3245.
21. Jeangène Vilmer (J.-B.), «Le critère de la souffrance dans l'éthique animale anglo-saxonne» dans Guichet (J.-L.), *Douleur animale, douleur humaine : Données scientifiques, perspectives anthropologiques, questions éthiques*, Quae, 2010, p. 191-199.
22. Morton (D. B.) & Griffiths (P. H.), «Guidelines on the Recognition of Pain, Distress and Discomfort in Experimental Animals and an Hypothesis for Assessment», *Veterinary Record*, 116 (16), 1985, p. 431-436. Cité dans Rollin (B. E.), *op. cit.*, p. 194.
23. L'Organisation pour la santé animale (Organisation for Animal Health, OIE) a donc mis l'accent sur la responsabilité éthique pour améliorer la façon dont sont traités les poissons. OIE (2008) Aquatic Animal Health Code. Appendix 3.4.1. «Introduction to Guidelines for the Welfare of Farmed Fish». Available : http://www.oie.int/Eng/normes/fcode/en_chapitre_3.4.1.htm.
24. Chandroo (K. P.), Duncan (I. J.) & Moccia (R. D.), «Can Fish Suffer? Perspectives on Sentience, Pain, Fear and Stress», *Applied Animal Behaviour Science*, 86 (3), 2004, p. 225-250. Voir également Sneddon (L. U.), Braithwaite (V. A.) & Gentle (M. J.), «Do Fishes Have Nociceptors? Evidence for the Evolution of a Vertebrate Sensory System», *Proceedings of the Royal Society of London, Series B: Biological Sciences*, 270 (1520), 2003, p. 1115-1121. Sneddon (L. U.), «Ethics and Welfare: Pain Perception in Fish», *Bulletin-European Association of Fish Pathologists*, 26 (1), 2006, p. 6. «AHAW, Scientific Opinion of the Panel on Animal Health and Welfare on a Request from European Commission on General Approach to Fish Welfare and to the Concept of Sentience in Fish», *The EFSA Journal*, 954, 2009, p. 1-26. Nordgreen (J.), Garner (J. P.), Janczak (A. M.), Ranheim (B.), Muir (W. M.) & Horsberg (T. E.), «Thermonociception in Fish: Effects of Two Different Doses of Morphine on Thermal Threshold and Post-Test Behaviour in Goldfish (*Carassius auratus*)», *Applied Animal Behaviour Science*, 119 (1), 2009, p. 101-107.
25. Observations faites sur les poissons *Astatotilapia burtoni* du lac Tanganyika en Tanzanie, voir Grosenick (L.), Clement (T. S.) & Fernald (R. D.), «Fish Can Infer Social Rank by Observation Alone», *Nature*, 445(7126), 2007, p. 429-432. Des poissons arc-en-ciel, entraînés à trouver un trou dans un filet pour s'en échapper, apprennent également en cinq essais et réussissent encore l'exercice du premier coup onze mois plus tard. Voir Brown (C.), «Familiarity with the Test Environment Improves Escape Responses in the Crimson Spotted Rainbowfish (*Melanotaenia duboulayi*)», *Animal Cognition*, 4(2), 2001, p. 109-113.

26. Anderson (R. O.) & LeRoy Heman (M.), « Angling as a Factor Influencing Catchability of Largemouth Bass », *Transactions of the American Fisheries Society*, 98 (2), 1969, p. 317-320.
27. Elwood (R. W.) & Appel (M.), « Pain Experience in Hermit Crabs? », *Animal Behaviour*, 77 (5), 2009, p. 1243-1246.
28. Baker (J. R.), « Experiments on the Humane Killing of Crabs », *Journal of the Marine Biological Association of the United Kingdom*, 34 (01), 1955, p. 15-24.
29. Devienne (P.), *Les animaux souffrent-ils ?*, Le Pommier, 2008.
30. Civard-Racinais (A.), *Dictionnaire horrifié de la souffrance animale*, *op. cit.*
31. D'après Cyrulnik (B.) *et al.*, *op. cit.* Kindle, 3534.
32. Cité par Waal, (F. de), *L'âge de l'empathie : Leçons de nature pour une société plus apaisée*, Les Liens qui Libèrent, 2010, p. 198-199.
33. Goodall (J.), *Through a Window: Thirty Years with the Chimpanzees of Gombe*, Phoenix, 2011, p. 190. (Photo de Flint prostré, p. 213.)
34. Cité par Singer (P.), *op. cit.*, p. 315, note 43.
35. *Ibid.*, p. 315, note 44.
36. On sait, par exemple, que plus de 500 espèces de bactéries colonisent les dents et les muqueuses buccales humaines, offrant un potentiel évident pour la coopération comme pour la compétition. Or il a été montré que c'est la coopération entre ces bactéries qui leur permet de survivre dans un environnement où une seule espèce est incapable de proliférer. Voir Kolenbrander (P. E.), « Mutualism Versus Independence: Strategies of Mixed-Species Oral Biofilms in Vitro Using Saliva as the Sole Nutrient Source », *Infect. Immun.* 69, 2001. Concernant les bactéries, voir également Koschwanez (J. H.), Foster (K. R.) & Murray (A. W.), « Sucrose Utilization in Budding Yeast as a Model for the Origin of Undifferentiated Multicellularity », *PLoS biology*, 9 (8), 2011.
37. Darwin (C.), *The Descent of Man and Selection in Relation to Sex*, in Moore (J.), Desmond (A.), eds. Penguin, 2004, p. 130.
38. Plutarque, *Sur l'usage des viandes*, *op. cit.*, p. 565.
39. Jeangène Vilmer (J.-B.), *op. cit.*, p. 126.
40. *Ibid.*, p. 130.
41. http://www.bloomassociation.org/
42. Caron (A.), *No steak*, *op. cit.*, Kindle, 2936.
43. Résumé d'après Caron (A.), *op. cit.*, Kindle, 2939-2964.
44. Levine (M. E.), Suarez (J. A.), Brandhorst (S.), Balasubramanian (P.), Cheng (C.-W.), Madia (F.), Longo (V. D.), « Low Protein Intake Is Associated with a Major Reduction in IGF-1, Cancer, and Overall Mortality in the 65 and Younger but Not Older Population », *Cell Metabolism*, 19 (3), 2014, p. 407-417. En revanche, le taux élevé de protéines est associé à une légère diminution des cancers et de la mortalité après 65 ans mais avec un quintuplement de la mortalité due au diabète à tous les âges. Un faible apport en protéines animales durant l'âge mûr, suivi d'une consommation modérée durant la vieillesse semble donc améliorer la santé et la longévité.
45. Voir la préface de Carl Lewis dans Bennett (J.) & Lewis (C.), *Very Vegetarian*, Thomas Nelson, 2001.
46. Shabkar, *Les larmes du Badhisattva…*, *op. cit.*, p. 61 et 64.

47. Burns (J. F.), «Stoning of Afghan Adulterers: Some Go to Take Part, Others Just to Watch», *International Herald Tribune*, 3 novembre 1996.
48. Voir la campagne de L214 : www.stopgavage.com
49. Selon les données publiées par la Cifog, c'est-à-dire la filière de l'industrie du foie gras. Rapport économique de l'année 2002, cité par Civard-Racinais (A.), *op. cit.* Kindle, 873.
50. Cité dans Nicolino (F.), *Bidoche…*, *op. cit.*, p. 299.
51. Comme le rappelle Alexandrine Civard-Racinais : «Chaque année, dans le monde, 43 millions de palmipèdes sont gavés dont 36 millions en France, principalement dans le Sud-Ouest et en Alsace, et ce en dépit d'une directive européenne en date du 20 juillet 1998 concernant la protection des animaux dans les élevages. Celle-ci stipule : "Aucun animal n'est alimenté ou abreuvé de telle sorte qu'il en résulte des souffrances ou des dommages inutiles (art. 14)." Dans le droit fil de cette directive, de nombreux pays de l'Union européenne ont interdit la pratique du gavage.» Civard-Racinais (A.), *op. cit.* Kindle, 871.

Chapitre 6 : Le continuum du vivant

1. Darwin (C.), *La descendance de l'homme et la sélection sexuelle*, Reinwald, Libraire-éditeur, 1891, p. 68.
2. Darwin (C.), *L'expression des émotions chez l'homme et les animaux*, Reinwald, Libraire-éditeur, 1877.
3. La Mettrie (J. J. Offray de), *L'homme machine*, Frédéric Henry, 1747, p. 159.
4. Propos prononcés lors du colloque «Le droit de l'animal», organisé par Ecolo-Ethik au Sénat, le 7 février 2014.
5. Nagel (T.), *The View from Nowhere*, Oxford University Press (USA), 1989. Traduction française : *Le Point de vue de nulle part*, Éd. de L'Éclat, 1993.
6. Darwin (C.), *La descendance de l'homme et la sélection sexuelle*, *op. cit.*, p. 68.
7. Buffon, *Œuvres complètes*, t. 1, p. 34, 1828. Cité par Chauvet (D.), *La volonté des animaux*, *op. cit.*, p. 19.
8. Lestel (D.), *Les origines animales de la culture*, *op. cit.*, p. 19.
9. Griffin (R. D.), *The Question of Animal Awareness: Evolutionary Continuity of Mental Expérience*, Rockefeller University Press, 1976, p. 85.
10. *Ibid.*, p. 74.
11. Stich (S. P.), «Do Animals Have Beliefs?», *Australian Journal of Philosophy*, vol. LVII, n° 1, 1979, p. 18.
12. Cité par Élisabeth de Fontenay dans Cyrulnik (B.) *et al.*, *Les animaux aussi ont des droits*, *op. cit.* Kindle, 1567.
13. D'après Cyrulnik (B.) *et al.*, *op. cit.* Kindle, 3273.
14. Diderot (D.), *Le Rêve de D'Alembert* [1769], Youscribe Publica, 2012. Kindle, 1361.
15. Wise (S. M.), *Drawing the Line*, Perseus Books, 2002, p. 104.
16. «An Interview with Alex, the African Grey Parrot», *Scientific American* (sciam. com), 12 septembre 2007.
17. «Science's Best Known Parrot Died on September 6th, aged 31», *The Economist*, 20 septembre 2007.
18. Herrnstein (R. J.) & Loveland (D. H.), «Complex Visual Concept in the Pigeon», *Science*, 146 (3643), 1964, p. 549, et Herrnstein (R. J.), Loveland (D. H.) & Cable (C.), «Natural Concepts in Pigeons», *Journal of Experimental Psychology: Animal Behavior Processes*, 2 (4), 1976, p. 285.

19. Watanabe (S.), Sakamoto (J.) & Wakita (M.), « Pigeons' Discrimination of Paintings by Monet and Picasso », *Journal of the Experimental Analysis of Behavior*, 63 (2), 1995, p. 165. Watanabe (S.), « Visual Discrimination of Real Objects and Pictures in Pigeons », *Learning & Behavior*, 25 (2), 1997, p. 185-192.
20. Matsuzawa (T.), « Use of Numbers by a Chimpanzee », *Nature*, 315 (6014), 1985, p. 57-59.
21. Brown (C.), « Familiarity with the Test Environment Improves Escape Responses in the Crimson Spotted Rainbowfish (*Melanotaenia duboulayi*) », *Animal Cognition*, 4, 2001.
22. Helft (M.), « Pig Video Arcades Critique Life in the Pen », *Wired*, juin 1997.
23. Duchene (L.), « Are Pigs Smarter Than Dogs ? », Penn State University, Probing questions. Mis en ligne temporaire sur le site de Penn State University, en 2006.
24. Held (S.), Mendl (M.), Devereux (C.) & Byrne (R.W.), « Behaviour of Domestic Pigs in a Visual Perspective Taking Task », *Behaviour*, 138 (11-12), 2001, 1337-1354.
25. Helfer (R.), *The Beauty of the Beasts*, Jeremy P. Tarcher, 1990, p. 82-83.
26. Cette scène peut être visionnée sur http://www.dailymotion.com/video/x4xukx_hippopotame-sauve-impala-du-crocodi_animals
27. Résumé d'après Regan (T.), *Les droits des animaux*, *op. cit.*, p. 21.
28. Pour un exposé bouddhiste sur ces questions, voir la préface de Wulstan Fletcher à Shabkar, *Les larmes du Badhisattva…*, *op. cit.*
29. Ryder (R.), « Speciesism Again: The Original Leaflet », *Critical Society*, 2, 2010.
30. Ryder (R.), « Experiments on Animals », *Animals, Men and Morals*, 1971, p. 41-82.
31. Singer (P.), *La libération animale*, *op. cit.*, p. 36.
32. Jeangène Vilmer (J.-B.), *Éthique animale*, PUF, 2008, p. 47.
33. Joy (M.), *Why We Love Dogs…*, *op. cit.*, p. 24-27.
34. Caron (A.), *No steak*, *op. cit.*, Kindle, 879 et 927.
35. Wolff (F.), *Notre humanité : d'Aristote aux neurosciences*, Fayard, 2010, p. 337.
36. *Ibid.*, p. 336.
37. Chauvet (D.), *op. cit.*
38. Coetzee (J. M.), *Elizabeth Costello*, Le Seuil, 2006, p. 104.
39. Doivent être également respectés, selon Martha Nussbaum, la possibilité pour les animaux d'accomplir les buts variés qu'ils poursuivent dans leur milieu naturel, la capacité d'entretenir des relations avec d'autres espèces, et enfin le jeu. Nussbaum (M.), *Frontiers of Justice: Disability, Nationality, Species Membership*, Harvard University Press, 2006, p. 351 et 392-400. Pour une présentation détaillée de ces points, voir Jeangène Vilmer (J.-B.), *op. cit.*, p. 97-98.
40. Frans de Waal en conférence avec Martha Nussbaum, http://www.youtube.com/
41. Si les comportements animaux peuvent être décrits et prédits « comme si » les animaux faisaient l'expérience consciente de la souffrance, avaient accès à l'abstraction, etc., l'hypothèse la plus simple est, jusqu'à preuve du contraire, qu'ils souffrent. Ils ont bien accès à l'abstraction et à d'autres facultés dont nous jouissons, nous autres êtres humains qui partageons avec eux une même filiation évolutive, possédons les mêmes organes sensoriels et présentons dans la plupart des cas des réponses neurologiques et, pour certains, cérébrales comparables. Voir les arguments détaillés présentés sur ces points par Rollin (B. E.), *The Unheeded Cry…*, *op. cit.*, chap. 6.

42. Hebb (D. O.), «Emotion in Man and Animal», *Psychological Review*, vol. LIII, n° 2, 1946, p. 88. Cité dans Matthews (G. B.), «Animals and the Unity of Psychology», *Philosophy*, vol. LIII, n° 206, octobre 1978, p. 440.
43. Darwin (C.), *La descendance de l'homme et la sélection sexuelle*, *op. cit.*, p. 74.
44. Griffin (R. D.), *Animal Minds: Beyond Cognition To Consciousness*, University of Chicago Press, p. 34, 1992. Cité par Chauvet (D.), *Contre la mentaphobie*, *op. cit.*, p. 55.
45. Chauvet (D.), *op. cit.*, p. 50.
46. Frans de Waal a conçu le terme anglais *anthropodenial*, ou «anthropodéni», qui désigne le déni, communément observé dans la communauté scientifique et dans le grand public, de toute similitude entre les états mentaux et les émotions humaines et animales.
47. Waal (F. de), *L'âge de l'empathie*, *op. cit.*, p. 196.
48. Taine (H.), *La Fontaine et ses fables*, *op. cit.*, p. 163.
49. Élisabeth de Fontenay, allocution lors du colloque «Le droit de l'animal», organisé au Sénat par Ecolo-Ethik, le 7 février 2014.
50. Fontenay (É. de), *op. cit.*, p. 33.
51. Rollin (B. E.), *op. cit.*, p. 23.
52. Lestel (D.), *Les origines animales de la culture*, *op. cit.*, p. 8.
53. Kroeber (A. L.), «Sub-Human Culture Beginnings», *The Quarterly Review of Biology*, 3 (3), 1928, p. 325-342. Kroeber (A. L.) & Kluckhohn (C.), «Culture: A Critical Review of Concepts and Definitions», *Papers of the Peabody Museum of Archaeology & Ethnology*, Harvard University, 1952. Cités dans Lestel (D.), *op. cit.*, p. 108-110.
54. Whiten (A.), Goodall (J.), McGrew (W. C.), Nishida (T.), Reynolds (V.), Sugiyama (Y.), Boesch (C.), «Cultures in Chimpanzees», *Nature*, 399 (6737), 1999, p. 682-685. Cité par Lestel (D.), *op. cit.*, p. 118.
55. Lestel (D.), Des cultures animales, *Sciences et Avenir*, Hors-série, n° 152, oct-nov. 2007, p. 26-29. Voir également Lestel (D.), *op. cit.*, et l'ouvrage de référence de McGrew (W. C.), *The Cultured Chimpanzee: Reflections on Cultural Primatology*, Cambridge University Press, 2004.
56. Goodall (J.), «Tool-Using and Aimed Throwing in a Community of Free-Living Chimpanzees», *Nature*, 201, 1964, 1264.
57. Boesch (C.) & Boesch (H.), «Mental Map in Wild Chimpanzees: An Analysis of Hammer Transports for Nut Cracking», *Primates*, *25* (2), 1984, p. 160-170. Matsuzawa (T.), «Field Experiments on Use of Stone Tools by Chimpanzees in the Wild», *Chimpanzee Cultures*, 1994, p. 351-370. Cité par Lestel (D.), *op. cit.*, p. 130-131.
58. Lestel (D.), *op. cit.*, p. 69.
59. Cette chimpanzé a d'abord tenté d'atteindre le miel avec un bâton, mais le butin s'est avéré hors de portée. Elle a ensuite attaqué le bord du nid d'abeilles avec un gros burin qu'elle avait ramassé, puis poursuivi son œuvre avec un burin à pointe plus fine. Elle a finalement percé le nid avec un burin fin et pointu et s'est délectée du miel qui dégoulinait le long des parois. McGrew (W. C.), «The Intelligent Use of Tools: Twenty Propositions», dans Gibson (K. R.) & Ingold (T.), *Tools, Language and Cognition in Human Evolution*, Cambridge University Press, 1994, p. 151-170. Cité par Lestel (D.), *op. cit.*, p. 86.

60. Shumaker (R.W.), Walkup (K. R.) & Beck (B. B.), *Animal Tool Behavior: The Use and Manufacture of Tools by Animals*, JHU Press, 2011.
61. Lestel (D.), *op. cit.*, p. 62.
62. Hunt (G. R.), « Manufacture and Use of Hook-Tools by New Caledonian Crows », *Nature*, 379 (6562), 1996, p. 249-251. Cité par Lestel (D.), *op. cit.*, p. 130.
63. Sumita (K.), Kitahara-Frisch (J.) & Norikoshi (K.), « The Acquisition of Stone-Tool Use in Captive Chimpanzees », *Primates*, 26 (2), 1985, p. 168-181. Des comportements d'apprentissage ont aussi été observés chez les cétacés et chez d'autres espèces : voir Lestel (D.), *op. cit.*, p. 155.
64. Goodall (J.), *The Chimpanzees of Gombe: Patterns of Behavior*, Harvard University Press, 1996.
65. Masataka (N.), Koda (H.), Urasopon (N.) & Watanabe (K.), « Free-Ranging Macaque Mothers Exaggerate Tool-Using Behavior When Observed by Offspring », *PloS One*, 4 (3), 2009.
66. Frisch (K. von), *Vie et mœurs des abeilles*, Albin Michel, 2011.
67. Payne (R. S.) & McVay (S.), « Songs of Humpback Whales », *Science*, 173 (3997), 1971, p. 585-597.
68. Payne (R.), *Communication and Behavior of Whales*, Westview Press, 1983. Clark (C. W.), « Acoustic Behavior of Mysticete Whales », in Thomas (J. A.) & Kastelein (R. A.), *Sensory Abilities of Cetaceans: Laboratory and Field Evidence*, vol. 196, Springer US, 1990, p. 571-583. Cités par Lestel (D.), *op. cit.* p. 134.
69. Rensch (B.), « The Intelligence of Elephants », *Scientific American*, vol. 196, 1957, p. 44-49.
70. Boesch (C.), « Symbolic Communication in Wild Chimpanzees ? », *Human Evolution*, 6 (1), 1991, p. 81-89. Cité par Lestel (D.), *op. cit.*, p. 182.
71. Rensch (B.), « Play and Art in Apes and Monkeys », in Menzel (E. W.), *Precultural Primate Behavior*, Karger Publishers, 1973. Cité par Lestel (D.), *op. cit.*, p. 228.
72. Marshall (A. J.), *Bower-Birds: Their Displays and Breeding Cycles: A Preliminary Statement*, Clarendon Press Oxford, 1954. Voir également : http://www.scienceshumaines.com/l-art-de-seduire-des-oiseaux-aux-humains_fr_25706.html
73. Diamond (J.) & Bond (A. B.), *Kea, Bird of Paradox: The Evolution and Behavior of a New Zealand Parrot*. University of California Press, 1998. Cité par Lestel (D.), *op. cit.*, p. 200.
74. Mech (L. D.) & Boitani (L.), *Wolves: Behavior, Ecology, and Conservation*, University of Chicago Press, 2003, p. 388. Cité par Lestel (D.) *op. cit.*, p. 202.
75. Goodall (J.), *Les chimpanzés et moi*, Stock, 1971, p. 65-66.
76. Flores (G.), « When I See an Elephant… Paint ? », *The Scientist*, 1er juin 2007.
77. Morris (D.), *The Biology of Art: A Study of the Picture-Making Behaviour of the Great Apes and its Relationship to Human Art*, Methuen & Co., 1962. Cité par Lestel (D.), *op. cit.*, p. 229.
78. Lestel (D.), *op. cit.*, p. 162.
79. Lévi-Strauss (C.), *Anthropologie structurale*, Pocket, 2003.
80. Wolff (F.), *Notre humanité : D'Aristote aux neurosciences*, *op. cit.*, p. 357.
81. Matsuzawa (T.) (2006). « Sociocognitive Development in Chimpanzees: A Synthesis of Laboratory Work and Fieldwork », dans Matsuzawa (T.), Tomonaga (M.) & M. Tanaka (M.), *Cognitive Development in Chimpanzees*, Springer Tokyo,

p. 3-33. Voir également Spinney (L.), « When Chimps Outsmart Humans », *New Scientist*, 190, 2006, p. 48-49.
82. Voir notamment Waal (F. de), *Le bonobo, Dieu et nous*, Les Liens qui Libèrent, 2013.
83. Wolff (F.), *op. cit.*, p. 358.
84 Cicéron, *Des termes extrêmes des biens et des maux*, III, trad. Martha (J.), Le Belles Lettres, 1955.
85. Yamamoto (S.), Humle (T.), Tanaka (M.), « Chimpanzees' Flexible Targeted Helping Based on an Understanding of Conspecifics' Goals », *Proceedings of the National Academy of Sciences of the United States of America*, 2012.
86. Bugnyar (T.) & Heinrich (B.), « Ravens, Corvus Corax, Differentiate Between Knowledgeable and Ignorant Competitors », *Proceedings of the Royal Society: Biological Sciences*, 272 (1573), 2005.

Chapitre 7 : La tuerie de masse des animaux

1. Je suis reconnaissant à Jacques Sémelin de m'avoir suggéré d'utiliser, voire de créer, un mot spécifique pour la tuerie en masse des animaux — je propose donc le mot « zoocide » — afin d'éviter toute confusion avec le génocide qui par définition concerne les êtres humains. Le mot grec *zôon* « être vivant » désigne à l'origine toutes les espèces vivantes, à l'exclusion des plantes. Il inclut donc l'homme. Toutefois, dans l'usage courant et accepté, il désigne spécifiquement les animaux. La zoologie, par exemple, est définie par le Grand Robert comme étant la « branche des sciences naturelles qui a pour objet l'étude des animaux », et la « zoolâtrie » comme l'« adoration d'animaux divinisés et, par extension, le goût excessif pour les animaux ». Il nous semble donc que le mot « zoocide » peut être proposé pour désigner spécifiquement la tuerie massive et volontaire des animaux.
2. Patterson (C.), *Un éternel Treblinka*, *op. cit.*, p. 214.
3. Singer (I. B.), *Le pénitent*, Stock, 1984.
4. Singer (I. B.), *Collected Stories: Gimpel the Fool to The Letter Writer*, Library of America, 2004.
5. Les 67 survivants faisaient partie d'un groupe qui s'était révolté et était parvenu à s'enfuir du camp. La plupart furent rattrapés et tués mais quelques-uns réussirent à s'échapper. En janvier 2014, seul Samuel Willenberg, né en 1923, vivait toujours, en Israël.
6. Derrida (J.), *L'animal que donc je suis*, Galilée, 2006, p. 46.
7. Comme le note *La France agricole* du 8 février 2011 : « Les animaux doivent en principe être tués puis enterrés dans des trous de 4 à 5 mètres de profondeur tapissés de deux couches de vinyle. Mais cette réglementation est parfois ignorée en raison de l'abondance des cadavres à enterrer. »
8. Voir Porcher (J.), *Vivre avec les animaux : Une utopie pour le XXIe siècle*, *op. cit.*, p. 90, citant Gaignard (L.) & Charon (A.), « Gestion de crise et traumatisme : les effets collatéraux de la "vache folle". De l'angoisse singulière à l'embarras collectif », *Travailler*, (2), 57-71, 2005, p. 66.
9. Émission télévisée *Eurêka* du 2 décembre 1970, intitulée « Sauver le boeuf… », avec des commentaires de Guy Seligman et Paul Ceuzin. Voir les Archives de l'INA, http://www.ina.fr/video/CPF06020231/sauver-le-boeuf.fr.html
10. Porcher (J.), *op. cit.*, p. 92.

11. Convention sur la prévention et la répression du crime de génocide. Résolution 230 de l'ONU le 9 décembre 1948, Article 2.
12. Sémelin (J.), *Purifier et détruire : Usages politiques des massacres et génocides*, Le Seuil, 2005, p. 391.
13. Sémelin (J.), «Du massacre au processus génocidaire», *Revue internationale des sciences sociales*, 2002, p. 4.
14. Jacques Sémelin, intervention lors du lancement du site www.massviolence.org, 3 avril 2008, à l'Institut de sciences politiques à Paris.
15. Chicago (J.) & Woodman (D.), *Holocaust Project: From Darkness Into Light*, Viking, 1993, p. 58.
16. Coetzee (J. M.), *Elizabeth Costello*, Le Seuil, 2006, p. 50.
17. Voir notamment Breitman (R.), *The Architect of Genocide: Himmler and the Final Solution*, Grafton, 1992, p. 249-250. Weiss (J.), *Ideology of Death: Why the Holocaust Happened in Germany*, Ivan R. Dee, 1996, p. 272. Höss (R.), *Commandant of Auschwitz: Autobiography*, World Publishing Company (1960). Cités dans Patterson (C.), *op. cit.*, p. 180-181.
18. Monroe (K. R.), *The Heart of Altruism: Perceptions of a Common Humanity*, Cambridge University Press, 1996, p. 101-102.
19. Dominick LaCapra dans une interview diffusée à la BBC au cours d'une émission réalisée par Victor Schonfeld : *One Planet*, «Animals & Us», 31 décembre 2009 et 3 janvier 2010.
20. Porcher (J.), *op. cit.*, p. 93.

Chapitre 8 : Petite digression dans la sphère des jugements moraux

1. Kant, (E.), *Sur un prétendu droit de mentir par humanité*, Vrin, 2000, p. 68.
2. Varela (F. J.), *Ethical Know-How: Action, Wisdom, and Cognition*, Stanford University Press, 1999. Traduction française : *Quel savoir pour l'éthique ? : Action, sagesse et cognition*, La Découverte, 2004.
3. Taylor (C.), «Sources of the Self: The Making of the Modern Identity», Harvard University Press, 1989.
4. Platon, *Gorgias*, dans *Œuvres complètes*, Gallimard, «Bibliothèque de la Pléiade», 1940.
5. Greene (J. D.), *Moral Tribes: Emotion, Reason and the Gap Between Us and Them*, Atlantic Books, 2013. Greene (J.) & Haidt (J.) (2002), How (and Where) Does Moral Judgment Work? *Trends in Cognitive Sciences*, 6 (12), 2002, p. 517-523. Greene (J. D.), Nystrom (L. E.), Engell (A. D.), Darley (J. M.) & Cohen (J. D.), «The Neural Bases of Cognitive Conflict and Control in Moral Judgment», *Neuron*, 44 (2), 2004, p. 389-400.
6. Haidt (J.), *The Righteous Mind: Why Good People are Divided by Politics and Religion*, Allen Lane, 2012.
7. D'après Élisabeth de Fontenay, dans Cyrulnik (B.) *et al.*, *Les animaux aussi ont des droits*, *op. cit.*, Kindle, 1674.
8. Francione (G.) & Charlton (A.), *Eat Like You Care: An Examination of the Morality of Eating Animals*, Exempla Press, 2013.

Chapitre 9 : Le dilemme de l'expérimentation animale

1. http://www.understandinganimalresearch.org.uk/the-animals/numbers-of-animals
2. Animal Experimentation_French_tcm46-28244
3. Marguénaud (J.-P.), *L'expérimentation animale : entre droit et liberté*, Quae, 2011. Kindle, p. 198-202.
4. *Ibid.*, p. 156.
5. Lestel (D.), *Les origines animales de la culture, op. cit.* Kindle, 311.
6. Mao déclara : « Si l'on additionne tous les propriétaires fonciers, les paysans riches, les contrerévolutionnaires, les mauvais éléments et les réactionnaires, leur nombre devrait atteindre 30 millions… Dans notre population de 600 millions de personnes, ces 30 millions ne sont qu'une sur vingt. Qu'y a-t-il à craindre ? Nous avons tellement de monde. Nous pouvons nous permettre d'en perdre quelques-unes. Quelle différence cela fait-il ? » Li Zhuisi & Thurston (A. F.), *La vie privée du président Mao*, Omnibus, 1994. Il disait aussi : « Les morts ont des avantages. Ils fertilisent le sol. » Chang (J.) & Halliday (J.), *Mao: The Unknown Story*, Vintage, 2007, p. 457. Directement ou indirectement, Mao causa la mort de 50 millions de personnes.
7. « The Price of Knowledge », émission diffusée le 12 décembre 1974 sur WNET/13. Cité par Singer (P.), *op. cit.*, p. 126 et note 2, p. 155.
8. Midgley (M.), *Animals and Why they Matter…, op. cit.*, p. 13.
9. Rollin (B. E.), *The Unheeded Cry…, op. cit.*, p. 114.
10. Liste citée par le Committee for Research and Ethical Issues of the International Association for the Study of Pain. « Ethical guidelines for the investigation of experimental pain in conscious animals », *Pain*, 16, 1983, p. 109-110. Rollin (B. E.), *op. cit.*, p. 188.
11. Singer (P.), *La libération animale, op. cit.*, p. 112.
12. Vom Saal (F. S.) & Hughes (C.), « An extensive New Literature Concerning Low-Dose Effects of Bisphenol a Shows the Need for a New Risk Assessment », *Environmental Health Perspectives*, 113 (8), 2005, 926.
13. Singer (P.), *op. cit.*, p. 101 et note 57.
14. Cité par Singer (P.), *op. cit.*, p. 102.
15. *Ibid.*, p. 99 et note 56.
16. Lennox (M. A.), Sibley (W. A.) & Zimmerman (H. M.), « Fever and Febrile Convulsions in Kittens: A Clinical, Electroencephalographic, and Histopathologic Study », *The Journal of Pediatrics*, *45* (2), 1954, p. 179-190. Cité par Singer (P.), *op. cit.*, p. 108.
17. Harlow (H. F.), Dodsworth (R. O.) & Harlow (M. K.), « Total Social Isolation in Monkeys », *Proceedings of the National Academy of Sciences of the United States of America*, 54(1), 1965, p. 90.
18. Harlow (H. F.), « The Nature of Love », *The American Psychologist*, 13, 1958, p. 673-685. Harlow (H. F.), *Love in Infant Monkeys*, WH Freeman, 1959. Cité par Singer (P.), *op. cit.*, p. 71.
19. *Ibid.*, in Singer (P.), *op. cit.*, p. 74.
20. Despret (V.) et Burgat (F.), *Penser comme un rat*, Quae, 2009. Kindle, 1553.
21. Singer (P.), *op. cit.*, p. 120 et note 104.
22. *Ibid.*, p. 133-134, note 118 et Patterson (C.), *Un éternel Treblinka, op. cit.*, p. 208.
23. *Terriens, op. cit.*

24. Pinker (S.), *The Better Angels of Our Nature: Why Violence Has Declined*, Viking Adult, 2011, p. 455.
25. Jane Goodall, intervention au Sénat, lors du colloque «Le droit de l'animal», organisé par Ecolo-Ethik, le 7 février 2014.
26. Voir Civard-Racinais (A.), *Dictionnaire horrifié de la souffrance animale, op. cit.*, Kindle, 638.
27. Rachels (J.), *Created From Animals: The Moral Implications of Darwinism*, Oxford University Press, 1990, p. 173-181, trad. F. Couturier. Cité par Jeangène Vilmer (J.-B.), *Anthologie d'éthique animale* (dir.), *op. cit.*, p. 315-316.
28. Singer (P.), *op. cit.*, p. 117.
29. Zimbardo (P.), *The Lucifer Effect: Understanding How Good People Turn Evil*, Random House, 2007.
30. *Ibid.*
31. Dulaurens (H.-J.), *Le compère Mathieu, ou les bigarrures de l'esprit humain* [1766], Les marchands de nouveautés, t. III, 1834, p. 11-18. Cité par Jeangène Vilmer (J.-B.), *op. cit.*, p. 78.
32. Concernant les changements proposés, voir également Turner (A. K.), «Proposed EU Changes in Animal Experimentation Regulations», *Medical Communications*, vol 18 (4), 2009, p. 238.
33. Directive 2010/63/EU du Parlement européen et du Conseil, du 22 septembre 2010 relative à la protection des animaux utilisés à des fins scientifiques.
34. L'utilisation d'animaux pour tester les produits cosmétiques et ménagers se poursuit cependant dans de nombreux pays. De plus, en 2003, la Commission européenne a adopté une proposition concernant la réglementation des produits chimiques au sein de l'Union, appelé REACH (Enregistrement, Évaluation et Autorisation des Substances Chimiques). Cette proposition vise à tester 30000 produits chimiques déjà employés, et nécessiterait 4 à 20 millions d'animaux de laboratoire selon les estimations. De nombreuses organisations pour la protection des animaux sont intervenues pour inciter les autorités nationales et européennes à mettre en œuvre des méthodes n'impliquant pas l'utilisation d'animaux. Le programme d'essai REACH a été critiqué par des experts qui le considèrent mal élaboré, coûteux et peu susceptible d'atteindre les objectifs envisagés.
35. 2010/63/UE. Article 27 et 29. Cité par Marguénaud (J.-P.), *op. cit.*, p. 600.
36. Les articles 36, 38, 40 et 44. Cité par Marguénaud (J.-P.), *op. cit.*, p. 619.
37. Marguénaud (J.-P.), *op. cit.*, p. 659.
38. Selon un autre sondage réalisé en 2007 pour le compte de GIRCOR, une association qui regroupe des établissements de recherche biologique ou médicale publics, mais aussi des entreprises pharmaceutiques et des centres de recherche privés, 56% des Français sont favorables à l'expérimentation animale si celle-ci est menée dans un projet à vocation thérapeutique. Toutefois, certaines des questions posées semblent formulées de manière à obtenir des réponses favorables au maintien de l'expérimentation animale, par exemple : «Si l'expérimentation animale n'était plus possible en France, des laboratoires délocaliseraient leur recherche dans des pays étrangers. Trouveriez-vous cela : tout à fait acceptable (5% ont répondu oui), plutôt acceptable (13%), plutôt regrettable (41%), tout à fait regrettable (38%), ne sait pas (3%) ?» Dans ce questionnaire, on voit clairement que la question de l'expérimentation animale est masquée par celle de la déloca-

lisation, ce qui permet d'affirmer que 41 % et 38 % des personnes interrogées (ce qui fait un total de 79 %) estimeraient l'expérimentation animale comme légitime. Pour qu'un questionnaire soit scientifiquement valide, il est indispensable que les questions soient posées de façon à ne pas influencer ou biaiser les réponses. Sondage réalisé par l'agence Beaufixe et l'Institut LH2 pour le GIRCOR les 27 et 28 décembre 2007 par téléphone auprès d'un échantillon de 1 003 personnes, représentatif de la population française âgée de 18 ans et plus.

39. Pour un rapport détaillé de la Commission européenne concernant ces méthodes alternatives, voir Seidle (T.) & Spielmann (H.), « Alternative Testing Strategies Progress Report 2011 and AXLR8-2 Workshop Report on a Roadmap to Innovative Toxicity Testing », *AXLR8 Consortium*, 2011.
40. V-Frog 2.0 est proposé par Tractus Technology. Voir : http://www.tactustech.com/vfrog/. Voir également « Virtual Dissection », *Science*, 22 février 2008.
41. Lalley (J. P.), Piotrowski (P. S.), Battaglia (B.), Brophy (K.) & Chugh (K.), « A Comparison of V-Frog To Physical Frog Dissection », *International Journal of Environmental and Science Education*, 5 (2), 2010, p. 189-200.
42. Marguénaud (J.-P.), *op. cit.*, p. 890.

Chapitre 10 : Le trafic de la faune sauvage

1. Du fait de la clandestinité de ces trafics, les chiffres exacts sont difficiles à fournir. Douglas (L. R.) & Alie (K.), « High-value Natural Resources: Linking Wildlife Conservation to International Conflict, Insecurity, and Development Concerns », *Biological Conservation*, 171, 2014, p. 270-277. Le Fonds mondial pour la Nature (WWF) estime, lui aussi, le marché du trafic de la faune sauvage à 15 milliards d'euros par an. D'autres sources donnent des chiffres encore plus élevés. Voir également Roe (D.), *Making a Killing or Making a Living: Wildlife Trade, Trade Controls, and Rural Livelihoods*, IIED, 2002.
2. Cela a été le cas, par exemple, pour la Rhytine de Steller. D'après Wikipedia, article « Trafic d'animaux ». Voir également les rapports de l'ONG Renctas. www.renctas.org
3. CITES est l'abréviation anglaise de « Convention on International Trade in Endangered Species of Wild Fauna and Flora ». Parmi les principales autres organisations qui s'occupent des espèces en danger et du trafic de la faune, citons :
   —. TRAFFIC, un organisme de lutte contre le trafic d'animaux, financé par le WWF et l'UICN (Union internationale pour la conservation de la nature, fondée en 1948 en Suisse, rassemblant 83 États, 114 agences gouvernementales, 11 000 scientifiques bénévoles dans plus de 160 pays, et plus de 1 000 ONG) ;
   —. FREELAND, qui coordonne deux alliances : Liberty Alliance qui lutte contre l'esclavage et le trafic humain et ARREST (Asia's Regional Response to Endangered Species Trafficking) qui lutte contre le trafic de la faune ;
   —. Environmental Investigation Agency (EIA) ;
   —. Greenpeace, qui milite entre autres contre la soi-disant « chasse scientifique » des cétacés ;
   —. The Species Survival Network, une coalition internationale de 80 ONG qui œuvrent pour la mise en application du traité de CITES ;
   —. One Voice ; Elephant Action League (EAL) ; Wildlife at Risk ; Saving Vietnam's Wildlife ; et bien d'autres.

4. Auffret (A.) et Queré (S.), *La peau de l'ours : Le livre noir du trafic d'animaux*, Nouveau Monde éditions, 2012. Kindle, 253-260.
5. Reportage de Jean-Jacques Fontaine, «Ouvrez la cage aux oiseaux», *La Liberté*, 4 mai 2009.
6. http ://defenseanimale.com/ours-tortures-pour-leur-bile-en-chine/
https://www.animalsasia.org/intl/our-work/end-bear-bile-farming/
http://www.endangeredspecieshandbook.org/trade_traditional_bears.php.
7. China Wildlife Conservation Association and the Sichuan Forestry.
8. Brown (R.), «Sense of Release», *Sydney Morning Herald*, 19 juillet 2009.
9. Auffret (A.) et Queré (S.), *op. cit.* Kindle, 2696-2703.
10. Bériot (L.), *Ces animaux qu'on assassine : Trafics, mafias, massacres*, Le Cherche Midi, 2013, p. 15-16.
11. *Ibid.*, p. 17.
12. *Ibid.*, p. 88.
13. *Ibid.*, p. 25.
14. Cité par Bériot (L.), *op. cit.*, p. 24.
15. *Ibid.*, p. 27. Citant Andy Fisher.
16. Selon l'ONG Wildlife Aid et Bériot (L.), *op. cit.*, p. 243.
17. Center for Biodiversity and Conservation, American Museum of Natural History.
18. IFAW : International Fund for Animal Welfare.
19. Richard (A.), «Les États se mobilisent contre le trafic d'animaux sauvages», *La Recherche*, n° 486, 1er avril 2014.
20. Douglas (L. R.) & Alie (K.) (2014), *op. cit.* Voir également le compte-rendu de cette publication dans *Natura Science* http://www.natura-sciences.com/biodiversite/especes-menacees/braconnage654.html
21. Selon Valérie Galarneau et Johanne Gravel du Biodôme de Montréal, 2014.
22. Auffret (A.) et Queré (S.), *op. cit.* Kindle, 1387-1390.
23. Selon le documentaire d'Adam Schmedes, *Madagascar: Land of the Chameleons*, 2012.
24. Auffret (A.) et Queré (S.), *op. cit.* Kindle, 97-98.
25. Cité par Bériot (L.), *op. cit.*, p. 55 et 256.
26. http://www.one-voice.fr/loisirs-et-compagnie-sans-violence/sauvegarder-les-animaux-sauvages-dans-leur-milieu-naturel-0/
27. Richard (A.), *op. cit.*

Chapitre 11 : Les animaux comme objets de divertissement

1. Serpell (J.), *In the Company of Animals…*, *op. cit.*, p. 142.
2. Burkert (W.), *Homos Necans*, trad. P. Bing, University of California Press, 1983. Cité par Serpell (J.), *op. cit.*, p. 175.
3. Yi-Fu (T.), *The Making of Pets*, Yale University Press, 1984, p. 74. Cité par Serpell (J.), *op. cit.*, p. 176.
4. Construit au VIe siècle avant J.-C. près de Rome, sous le règne de Tarquin l'Ancien, il fut agrandi plusieurs fois, notamment sous Jules César et pouvait accueillir 250 000 spectateurs. Ravagé par plusieurs incendies, il fut reconstruit en pierres en 64 et abandonné en 549 après une dernière course de chars, puis tomba en ruines.
5. Toynbee (J. M. C.), *Animals in Roman Life and Art*, Thames and Hudson, 1973, p. 21-23. Goodenough (S.), *Citizens of Rome*, Hamlyn, 1979, p. 108-110. Cité par Serpell (J.), *op. cit.*, p. 176.

6. Tuchman (B. W.), *Distant Mirror: The Calamitous Fourteenth Century*, Ballantine Books Inc., 1991, p. 135. Cité dans Pinker (S.), *The Better Angels of Our Nature…*, *op. cit.*, p. 67.
7. Clemenceau (G.), *Le Grand Pan*, Bibliothèque Charpentier, 1896, p. 148-354. Cité par Jeangène Vilmer (J.-B.), *L'Éthique animale*, *op. cit.*, p. 204-205.
8. Wolff (F.), *50 raisons de défendre la corrida*, Fayard/Mille et une nuits, 2010. Kindle, 111. Je remercie vivement Francis Wolff de m'avoir reçu et d'avoir cordialement dialogué avec moi.
9. Pline, *Panegyric* XXXI. Cité dans Wistrand (M.), «Entertainment and Violence in Ancient Rome: the Attitudes of Roman Writers of the First Century A.D», *Acta Universitatis Gothoburgensis*, 1992, p. 69.
10. Wistrand (M.), *op. cit.*, p. 15. Wiedemann (T.), *Emperors and Gladiators*, Routledge, 1992, p. 38.
11. Wolff (F.), *op. cit.*, p. 750.
12. *Ibid.*, p. 351.
13. Guillaume Billaut, réagissant au dialogue entre Francis Wolff et André Viard, «Noces de sang», paru dans le n° 16 de *Philosophie Magazine*, en janvier 2008.
14. Wolff, *Notre Humanité*, p. 313.
15. *Ibid.*, p. 477.
16. *Ibid.*, p. 489.
17. Baratay (É.), *Point de vue animal : Une autre version de l'histoire*, Le Seuil, coll. «L'Univers historique», 2012. Kindle, 3784.
18. Baratay (É.) & Hardouin-Fugier (É.), *La corrida*, PUF, coll. «Que sais-je ?» n° 568, 1995, p. 106.
19. Hardouin-Fugier (É.), *Histoire de la corrida en Europe du XVIIIe au XXIe siècle*, Connaissances et Savoirs, 2005, p. 233. Jusqu'en 2010, en plus de 200 ans, de José Candido Esposito mort en 1771 à Pepe Cáceres en 1987, 57 matadors ont été tués par le taureau qu'ils affrontaient. Il en fut de même de 73 picadors et de 159 banderilleros. Selon la «Nomenclature en hommage aux victimes du toreo», établie par André Lopez Lorente, publiée en septembre 2007 par la société taurine La Muleta. Cité par Wikipédia.
20. Baratay (É.) et Hardouin-Fugier (É.), *op. cit.*, p. 105.
21. *Ibid.*
22. Wolff (F.), *op. cit.*, p. 313.
23. *Ibid.*, 460. Selon Hardouin-Fugier (É.), *op. cit.*, p. 233 : en 2005, rien qu'en Espagne, 5 532 taureaux ont été tués.
24. Michel Onfray, *Bulletin de l'Alliance Anticorrida*, n° 26, avril 2007.
25. Wolff (F.), *op. cit.*, p. 375.
26. Wolff (F.), «Corrida : vers un triomphe des valeurs humanistes ?», *Le Figaro*, 16 août 2010.
27. Courteline (G.), *La philosophie de Georges Courteline*, L'Âge d'Homme, 2000, p. 24-25. Cité par Jeangène Vilmer (J.-B.), *op. cit.*, p. 242.
28. «Le cerveau reptilien de l'aficionado», La chronique mensuelle de Michel Onfray, n° 89, octobre 2012.
29. Wolff (F.), *op. cit.*, p. 123.
30. *Ibid.*
31. *Ibid.*, p. 133.
32. La neuroscientifique Tania Singer, directrice du département de neurosciences

cognitives à l'Institut Max Planck de Leipzig, définit la compassion comme la *motivation* altruiste d'*intervenir* en faveur de celui qui souffre ou est dans le besoin. C'est donc une prise de conscience profonde de la souffrance de l'autre, couplée avec le désir de la soulager et de faire quelque chose pour le bien de l'autre. La compassion implique donc un sentiment chaleureux et sincère de sollicitude pour l'autre mais n'exige pas que l'on ressente sa souffrance comme c'est le cas pour l'empathie. Singer (T.) & Steinbeis (N.), « Differential Roles of Fairness-and Compassion-Based Motivations for Cooperation, Defection, and Punishment », *Annals of the New York Academy of Sciences*, 1167 (1), 2009, p. 41-50 ; Singer (T.), « The Past, Present and Future of Social Neuroscience: A European Perspective », *Neuroimage*, 61 (2), 2012, p. 437-449. Olga Klimecki, qui était alors chercheuse au sein du laboratoire de Tania Singer, résume ainsi le point de vue des chercheurs : dans la dimension affective, je ressens un sentiment à votre égard, dans la dimension cognitive, je vous comprends, et dans la dimension motivationnelle, je veux vous aider. Voir Klimecki (O.), Ricard (M.) & Singer (T.), « Empathy Versus Compassion — Lessons From 1st and 3rd person Methods », dans Singer (T.) & Bolz (M.), *Compassion: Bridging Practice and Science - A Multimedia Book* [E-book], 2013. Pour un exposé détaillé sur les divers aspects de l'altruisme, de la compassion et de l'empathie, voir également Ricard (M.), *plaidoyer pour l'altruisme, op. cit.*

33. Aliocha, « Corrida : les contresens de Michel Onfray », *Marianne*, 9 octobre 2012.
34. Hardouin-Fugier (É.), *op. cit.*, p. 154-155.
35. Marc Roumengou, résumé des conclusions de Juan Carlos Illera, sur *torofstf.com*, et « Quand la science se penche sur la souffrance des toros », *Libération.fr*, 22 février 2007. Cités dans Wikipedia, article « Opposition à la corrida ».
36. Kemp (T. A. V. der), Nouët (J.-C.) *et al.*, *Homme et animal : De la douleur à la cruauté*, L'Harmattan, 2008, p. 40-42.
37. José Enrique Zaldívar, « Rapport technique vétérinaire sur les corridas : Pourquoi il est indéniable que le taureau souffre », sur flac-anticorrida.org., p. 4-5.
38. Cité par Civard-Racinais (A.), *Dictionnaire horrifié de la souffrance animale, op. cit.*, Kindle 1097.
39. Wikipedia.fr, article « L'estocade ».
40. José Enrique Zaldívar, « Rapport technique vétérinaire sur les corridas… », art.cit., p. 1.
41. Cité par Civard-Racinais (A.), *op. cit.*, Kindle 1335.
42. Wolff (F.), « Corrida : vers un triomphe des valeurs humanistes ? », *Le Figaro*, 16 août 2010.
43. Wolff (F.), « La vaine rhétorique des avocats des taureaux », *Libération*, 7 septembre 2010.
44. Hemingway (E.), *Mort dans l'après-midi*, dans *Œuvres romanesques*, vol. 1, Gallimard, « Bibliothèque de La Pléiade », 1966, p. 1138.
45. Leiris, (M.), *Miroir de la tauromachie*, Éditions GLM, 1938.
46. Hardouin-Fugier cite notamment l'éminent juriste Roger Nerson, qui dans un article sur « La condition animale au regard du droit », déclare que « de monstrueux hypocrites figurent parmi les défenseurs des animaux puisque les nazis interdisaient le gavage des oies sous le IIIe Reich et prohibaient l'expérimentation sur l'animal dans ce même camp d'Auschwitz où des hommes servaient

de cobayes ! ». Ce faisant, Nerson postule abusivement l'existence d'une relation intrinsèque entre deux facteurs qui ne sont pas causalement liés. Il reproche également à Luc Ferry d'être tombé dans le même travers dans son ouvrage *Le nouvel ordre écologique : l'arbre, l'animal et l'homme* (Grasset, 1992), dans lequel il écrit : « Il faut s'interroger sur ce que peut avoir d'inquiétant l'alliance de la zoophilie la plus sincère (elle n'en est pas restée aux paroles, mais s'est incarnée dans les faits) avec la haine des hommes la plus acharnée qu'on ait connue dans l'histoire » (p. 184). Hardouin-Fugier (É.), « La vivisection est supprimée en Allemagne : Recyclage et exploitation d'une désinformation récurrente (1933-2009) », *Revue semestrielle de droit animalier*, 1/2009, p. 207-214.

47. Wolff (F.), « La vaine rhétorique des avocats des taureaux », *Libération*, 7 septembre 2010. Ainsi que Wolff, (F.), *op. cit.*, p. 655.
48. Code pénal, alinéa 3 de l'article 521-1.
49. Sondage Ifop, mai 2010.
50. Voir notre article, « L'interdiction de la corrida : un pas vers la civilisation », *Le Figaro*, 4 août 2010.
51. Renaut (A.), « L'esprit de la corrida », *La Règle du jeu*, 7, 1992, p. 94.
52. Wolff (F.), *op. cit.*, p. 546-551.
53. La Convention internationale relative aux droits de l'enfant — la Convention des droits de l'homme la plus ratifiée dans le monde — garantit le droit pour tous les enfants âgés de moins de 18 ans (garçons et filles) à un niveau de vie favorable à leur développement physique, psychologique, moral et social ainsi que l'obligation pour les États signataires d'adopter les mesures assurant cette protection de l'enfant.
54. Wolff (F.), *op. cit.*, p. 408.
55. Antonio Zozaya (1859-1943), in Sociedad Protectora De Animales, *Por los seres indefensos (¡Pobres animales!). Antologia Zoofila*, 1910, traduction comtesse de San Jorge en 1925, *En faveur des êtres sans défense. Pauvres Bêtes ! Anthologie zoophile espagnole*, Imprimerie du Courrier, Bayonne, sans date, p. 25-31. Cité dans Jeangène Vilmer (J.-B.), *op. cit.*, p. 236-237.
56. Dans le documentaire *Terriens*, *op. cit.*
57. Interview du dompteur Vladimir Deriabkine réalisée par Vladimir Kojemiakine, *Courrier International*, n° 641, 13 mars 2003.
58. D'après Civard-Racinais (A.), *op. cit.*, Kindle, 1041.
59. Baratay (É.), « Belles captives : une histoire des zoos du côté des bêtes », chapitre dans Héran (E.), *Beauté animale : Catalogue de l'exposition*, Grand Palais, Galeries nationales, 21 mars-16 juillet 2012. RMN, 2012. Voir également Baratay (É.) & Hardouin-Fugier (É.), *Zoos*, La Découverte, 2013.
60. « Le drame animal », *Le Figaro*, du 28 août au 2 septembre 1974.
61. « Prisons dans un jardin », *Le Figaro*, 11 juin 1974.
62. Je remercie vivement Norin Chai pour ces précisions et pour avoir relu les pages consacrées aux zoos.
63. Notamment, en France, la loi du 25 mars 2004. http://www.legifrance.gouv.fr/affichTexte.do?cidTexte=JORFTEXT000020735788.
64. http://www.defra.gov.uk/ahvla-en/imports-exports/balai-directive/.
65. Deem (S. L.), « Role of the Zoo Veterinarian in the Conservation of Captive and Free-Ranging Wildlife », *International Zoo Yearbook*, 41 (1), 2007, p. 3-11. Le site

internet de l'association des zoos et aquariums du monde (www.waza.org) est une source précieuse pour de nombreux projets qui sont parrainés par les zoos du monde entier.

66. On peut citer la maladie du nez blanc des chauves-souris (*Geomyces destructans*) en Amérique du Nord, le West Nile chez de nombreuses espèces aviaires (corvidés par exemple), et la chytridiomycose (*Baqtrachochytrium dendrobatidis*) chez les amphibiens. (Communication personnelle, Norin Chai.) En ce qui concerne les Galápagos, voir Parker (P. G.), Whiteman (N. K.) & Miller (R. E.), « Conservation Medicine on the Galápagos Islands: Partnerships Among Behavioral, Population, and Veterinary Scientists », *The Auk*, 123 (3), 2006, p. 625-638. Parker (P.G.) & Deem (S.L.), « Wildlife Health Monitoring and Disease Management: Protecting the Biodiversity of Galápagos », dans Wolff (M.) & Gardener (M.), *The Role of Science for Conservation*, Routledge, 2012.
67. Une approche multidisciplinaire (One Health/Conservation Medicine programs) étudie l'interconnexion entre la santé de la faune sauvage, des animaux domestiques, des hommes et de leurs écosystèmes. Deem, (S.L.), « Disease Risk Analysis in Wildlife Health Field Studies », dans Fowler (M. E.) & Miller (R. E.), *Zoo and Wild Animal Medicine: Current Therapy*, Elsevier Health Sciences, 2011, p. 2-7.
68. Baratay (É.) et Hardouin-Fugier (É.), *Zoos : Histoire des jardins zoologiques en occident*, La Découverte, 1998.
69. De nombreuses ONG, comme One Voice, contribuent à la création et au développement de tels sanctuaires.
70. La vidéo du chimpanzé avec Jane Goodall peut être visionnée sur le site de l'Institut de Jane Goodall http://janegoodall.fr/. L'Institut Jane Goodall (JGI), a créé en 2006 le sanctuaire Chimp Eden dans la magnifique réserve naturelle de 1 000 hectares Umhloti. C'est le premier et, pour l'instant, le seul sanctuaire de chimpanzés en Afrique du Sud. L'équipe de la Fondation se consacre à réhabiliter de jeunes chimpanzés orphelins. L'association Help Congo a un programme similaire au Congo.
71. Animals Asia Foundation.
72. Farrachi (A.), « Le zoo de Vincennes ouvre : ça ne change rien, c'est toujours une prison pour les animaux », *lenouvelobservateur.fr*, 12 avril 2014.
73. Voir « Euthanasié, dépecé et jeté aux fauves : le sort d'un girafon bouleverse le web », *Le Nouvel Observateur*, 10 février 2014.
74. http://www.slate.fr/life/83453/girafes-zoos »\t « _blank »
75. « Après Marius le girafon, le zoo de Copenhague tue 4 lions », *Le Nouvel Observateur*, 25 mars 2014.
76. Communiqué du zoo de Copenhague, 25 mars 2014.

77 Diffusé en France sur *Arte*, le 29 juin 2014.

78. Voir les dossiers disponibles sur le site de OneVoice.fr : « Saison en enfer pour les dauphins » et « Dauphins captifs en état de choc ».
79. *The Cove* (*La Baie de la honte*) est un film documentaire américain, Oscar du meilleur film documentaire 2010, sur la pêche controversée de plus de 23 000 dauphins dans une petite baie à Taiji dans la préfecture de Wakayama au Japon. Le documentaire a remporté l'U.S. Audience Award au 25e festival du film de Sundance en janvier 2009 ainsi que l'Oscar du meilleur film documentaire 2010.
80. Cité dans *Le Nouvel Observateur*, hors-série « Le Bonheur », 1988, p. 35. Idem pour les citations suivantes de W. Churchill et P. Closterman.

81. Cité par David Chauvet dans « Chasse et écologie : le grand greenwashing », *Agora Vox*, 7 octobre 2009.
82. « La chasse, nécessité écologique ou simple divertissement », *Libre Belgique*, 13 octobre 2013.
83. Voir http://www.one-voice.fr/loisirs-et-compagnie-sans-violence/les-chasseurs-gestionnaires-de-la-faune-ou-comment-l-ecologie-t-elle-ete-detournee/
84. Luke (B.), *The Feminist Care Tradition in Animal Ethics, op. cit.* Cité dans Jeangène Vilmer (J.-B.), *op. cit.* p. 129. Voir également Luke (B.), *Brutal: Manhood and the Exploitation of Animals*, University of Illinois Press, 2007.
85. ONCFS, 1998-1999 et 2001-2002, *Le Chasseur français*, juin 1999.
86. Chauvet (D.), *La volonté des animaux, op. cit.*
87. Nakos (J.), « Théodore Monod et les protestants français défenseurs des animaux », *Les Cahiers antispécistes*, n° 30-31, décembre 2008. Cité par Caron (A.), *No steak*, Kindle, 2510.
88. Armand Farrachi, responsable du Collectif pour l'abolition de la chasse à courre dans *Libération*, 10 novembre 2008. Cité dans Civard-Racinais (A.), *op. cit.*
89. Civard-Racinais, (A.), *op. cit.*, Kindle, 1402.
90. *Ibid.*, Kindle, 1405.
91. « Vénerie dans une société moderne à l'heure d'aujourd'hui : Art suranné ou Antiquité anachronique ? », article de Foulques Jubert, 26p. http://www.thedog-museum.com/images/TPE/Venerie-final.pdf
92. Gordon-Cumming (R.), *Five Years of a Hunter's Life in the Far Interior of South Africa : With Notices of the Native Tribes, and Anecdotes of the Chase of the Lion, Elephant* [1850], Nabu Press, 2013. Cité par Midgley (M.), *Animals and Why They Matter…, op. cit.*, p. 14-15.
93. Monod (W.), *Après la journée, souvenirs et visions, 1867-1937*, Grasset, 1938, p. 36. Cité par Nakos (J.), « Théodore Monod et les protestants français défenseurs des animaux », *Les Cahiers antispécistes*, n° 30-31, décembre 2008.
94. Patterson (C.), *Un éternel Treblinka, op. cit.*, p. 207.

Chapitre 12 : Droits des animaux, devoirs des hommes

1. Burgat (F.), *Une autre existence : La condition animale*, Albin Michel, 2011. Kindle, 287.
2. Salt (H. S.), *Animals' Rights-Considered in Relation to Social Progress* [1894], ed. by Society for Animal Rights. Inc. Salt (H. S.), « Les droits de l'animal considérés dans leur rapport avec le progrès social », traduit par L. Hotelin, *Le Débat* (27), 1983, p. 143-151. Première édition, H. Welter, 1900.
3. De George (R. T.), « The Environment, Rights, and Future Generations », *Responsibilities to Future Generations*, 1981, p. 157-165. Ancien professeur à l'Oberlin College dans l'Ohio, Norman Care soutient que l'on ne peut pas entretenir de liens d'amour avec des êtres futurs ni même s'en préoccuper, et que « leurs intérêts ne sauraient nous intéresser ». Care (N. S.), « Future Generations, Public Policy, and the Motivation Problem », *Environmental Ethics*, 4 (3), 2008, p. 195-213.
4. Midgley (M.), *Animals and Why They Matter…, op. cit.*, p. 8.
5. Singer (P.), *La libération animale, op. cit.*, p. 10, 31, 34 et 35.
6. *Ibid.*, p. 39.
7. *Ibid.*, p. 38.

8. Selon Regan, le principe formel de justice stipule qu'à chaque individu doit être donné son dû. Ce point n'est pas controversé. La controverse commence lorsque nous demandons ce qui est leur est dû. Les réponses à cette question offrent des interprétations normatives ou des théories de la justice. Trois de ces interprétations ont été considérées : 1) le perfectionnisme, qui soutient que ce qui est dû aux individus est fonction du degré qu'ils ont de certaines vertus (par ex., des capacités intellectuelles) ; 2) l'utilitarisme, qui soutient que ce qui est dû aux individus est l'égale considération de leurs intérêts (ou plaisirs, etc.) ; 3) la théorie de l'égalité des individus, qui soutient que ce qui est dû aux individus, c'est un respect égal pour leur égale valeur intrinsèque. Regan (T.), *La philosophie des droits des animaux*, trad. D. Olivier, Françoise Blanchon Éditeur, 1991, p. 510. Cet ouvrage est une version simplifiée du grand classique du même auteur, Regan (T.), *Les droits des animaux*, trad. E. Utria, Hermann, 2013, paru en 1983, sous le titre *The Case of Animal Rights*.
9. Regan, (T.), *op. cit.* Cité par Jeangène Vilmer (J.-B.), *L'éthique animale, op. cit.*, p. 312.
10. *Ibid.*, p. 23.
11. Pour un exposé détaillé, voir Regan, (T.), *op. cit.*, p. 328 et suivantes.
12. Jeangène Vilmer (J.-B.), *op. cit.*, p. 19-20.
13. Regan, (T.), *op. cit.*, p. 487, 497, 537.
14. Waal (F. de), *The Bonobo and the Atheist: In Search of Humanism among the Primates*, WW Norton & Co, 2013, p. 4 et 17. Traduction française : *Le bonobo, Dieu et nous*, Les Liens qui Libèrent, 2013.
15. Von Rohr (C. R.) *et al.*, « Impartial Third-party Interventions in Captive Chimpanzees: A Reflection of Community Concern », PLoS ONE 7 :e32494, 2012.
16. Brosnan (S.) & Waal (F. de), « Monkeys Reject Unequal Pay », *Nature*, 425, 2003, p. 297-299.
17. Waal (F. de), *op. cit.*, p. 17.
18. Waal (F. de), *op. cit.*, p. 186. (Bonobo Stories From the Milwaukee County Zoo, Told By the Ape Caretaker Barbara Bell to Jo Sandin and Myself.) Sandin (J.), *Bonobos: Encounters in Empathy*, Milwaukee, WI : Zoological, 2007.
19. Waal (F. de), *op. cit.*, p. 311 et 327.
20. Lespine (L.), « Les souffrances et les droits des animaux », conférence faite à Genève, au Bureau international humanitaire zoophile, le 14 septembre 1928, édité par The Animal Defence and Anti-Vivisection Society. Cité par Jeangène Vilmer (J.-B.), *op. cit.*, p. 248-249.
21. Rousseau (J.-J.), Préface au *Discours sur l'origine et les fondements de l'inégalité parmi les hommes*, Marc-Michel Rey Éditeur, 1755.
22. Grotius (H.), *The Rights of War and Peace including the Law of Nature and of Nations*, trad. A.C. Campbell, M. Walter Dunne, 1901, Bk I, ch. 1, § 11. Cité par Tristam, Kindle 4186-4202.
23. Lespine (L.), *op. cit.*
24. Wolff (F.), *Notre Humanité*, p. 328.
25. Wolff (F.), *op. cit.*, p. 328-329. Francis Wolff reconnaît toutefois que « les formes radicales de production industrielle sont moralement choquantes parce que, transformant les animaux en machines à viande, elles rompent le contrat implicite de "domestication" (donnant-donnant, utilité contre utilité) qui a généralement existé entre les hommes et les animaux à leur service ».

26. Wolff (F.), *op. cit.*, p. 329-330.
27. Wolff (F.), *op. cit.*, p. 313.
28. Wolff (F.), *op. cit.* Kindle, 767.
29. Regan (T.), *op. cit.*
30. Kant (E.), *Leçons d'éthique*, 1775-1780, Le Livre de poche, 1997, p. 391-393. Traduction modifiée par Enrique Utria, traducteur de Tom Regan, à partir de Kant, Von den Pflichten gegen Tiere und Geister, dans Menzer (P.), (éd.), *Eine Vorlesung Kants über Ethik*, Berlin, Rolf Heise, 1924. Repris dans Singer, (P.) & Regan (T.), *Animal Rights and Human Obligations*, Longman Higher Education, 1976, chap. 1, n. 2.
31. Janet (P.), *Éléments de morale rédigés conformément aux programmes officiels de 1866*, Ch. Delagrave, 1869, chap. XI, § 2, p. 185-192. Cité par Jeangène Vilmer (J.-B.), *Anthologie d'éthique animale*, (dir.), *op. cit.*, p. 177.
32. Voir notamment l'exposé du philosophe américain Joel Feinberg, «The Rights of Animals and Unborn Generations» [1971], trad. H.-S. Afeissa dans *Philosophie*, 97, 2008, p. 66-71. Cité par Jeangène Vilmer (J.-B.), (dir.), *op. cit.*, p. 284-285.
33. Regan (T.), *op. cit.*, p. 371.
34. En faisant par exemple référence à l'impératif catégorique de Kant.
35. Midgley (M.), *op. cit.*, p. 6.
36. Moore (J. H.), *The Universal Kinship*, George Bell & Sons, 1906, p. 276-279, trad. E. Utria. Cité par Jeangène Vilmer (J.-B.), (dir.), *op. cit.*, p. 228-229.
37. D'après Cyrulnik (B.) *et al.*, *Les animaux aussi ont des droits*, *op. cit.* Kindle, 3184.
38. Cité par Fontenay (É. de), *Sans offenser le genre humain…*, *op. cit.*, p. 115.
39. Articles 526 et 524.
40. Ce sont respectivement les articles R.653-1, R.655-1, R.654-1 et R.521-1 du Code pénal. Ces modifications du Code pénal et du Code rural furent prises grâce aux interventions du sénateur Laurent.
41. Pour plus de détails, voir *Les Cahiers antispécistes*, n° 30-31, décembre 2008.
42. Antoine Goetschel, communication lors du colloque «Le droit de l'animal», organisé par Ecolo-Ethik au Sénat, le 7 février 2014.
43. Jean-Pierre Marguénaud, dans Bulletin juridique international pour la protection des animaux (BJAPA) et Recueil Dalloz, 1998, 20e cahier, chronique «La personnalité juridique des animaux», p. 205. Cité par Fontenay (É. de), dans Cyrulnik (B.) *et al.*, *op. cit.* Kindle, 2043.
44. Fontenay (É. de), dans Cyrulnik (B.) *et al.*, *op. cit.*, Kindle, 2066-2067.
45. Propos recueilli par Audrey Garic pour *Le Monde*, «Pourquoi les animaux sont toujours considérés comme des biens», *Le Monde.fr*, 17 avril 2014 et «Les animaux reconnus comme "êtres sensibles", un pas totalement symbolique», *Le Monde.fr*, 16 avril 2014.

Conclusion : Un appel à la raison et à la bonté humaine

1. Aux États-Unis, 300 millions d'armes à feu sont en circulation et font environ 30 000 morts par an dont une dizaine de milliers de meurtres.
2. En 2012, 370 baleines ont été tuées en Islande. Dans le cas du Japon, qui tue chaque année 1 000 baleines, la Cour internationale de justice, qui a récemment condamné la «pêche scientifique» japonaise, a fait remarquer que seuls deux

articles scientifiques sans grande valeur ont été publiés en quinze ans, ce qui montre clairement qu'il s'agit en réalité d'une pêche commerciale. En Islande, la tuerie des baleines n'est plus le fait que d'une seule entreprise, Hvalur Whaling, dont le propriétaire, Kristjan Loftsson est déterminé à poursuivre la pêche baleinière pour le principe, car elle n'est même plus rentable commercialement. Selon un rapport de la Commission baleinière internationale (CBI), Hvalur Whaling a pris des centaines de rorquals communs et boréaux de trop petite taille et a exporté leur viande au Japon. Certains enfants de Loftsson sont maintenant opposés à cette pratique et on peut donc espérer qu'elle disparaîtra d'ici quelques années. Outre le Japon et l'Islande, seules la Norvège et les îles Féroé continuent à tuer des baleines.

3. Kundera (M.), *L'insoutenable légèreté de l'être*, *op. cit.*, p. 361-366.
4. La règle d'or : « Ne fais pas aux autres ce que tu ne voudrais pas qu'on te fasse » se retrouve dans toutes les grandes religions et cultures. Si, dans les religions du Livre, elle ne concerne que les êtres humains, ce n'est nullement le cas dans d'autres religions et cultures. Dès le IVe-IIIe siècle avant l'ère chrétienne, le Mahâbhârata hindou (5:15:17) nous dit : « Ceci est la somme du devoir : ne fais pas aux autres ce que tu ne voudrais pas qu'ils te fassent » ; le bouddhisme (Udana-Varga 5:18) pose la question : « Comment pourrais-je infliger à d'autres ce qui m'est pénible ? » ; le jaïnisme (Sutrakritanga 1.11.33) affirme : « Tout homme doit traiter toutes les créatures comme il souhaiterait lui-même être traité » ; et le confucianisme déclare : « Ce que tu ne souhaites pas pour toi, ne l'étends pas aux autres. » Le judaïsme (Torah, Lévitique 19 : 18) enseigne : « Tu ne te vengeras pas, ou tu ne porteras aucun grief contre les enfants de ton peuple, tu aimeras ton prochain comme toi-même » ; tandis que dans l'Évangile, Jésus (Matthieu 22. 36-40) exhorte : « Tu aimeras ton prochain comme toi-même. » Après lui, au VIe-VIIe siècle, Mahomet (Hadith 13 de l'Imam al-Nawawi) assure : « Aucun d'entre vous ne croit vraiment tant qu'il n'aime pas pour son frère ce qu'il aime pour lui-même. » On retrouve aussi cette règle chez les taoïstes, les zoroastriens, les Égyptiens, les sikhs, les Indiens d'Amérique, et dans bien d'autres cultures. (Source Wikipédia, article « Règle d'or ».)
5. Schopenhauer (A.), *Le Fondement de la morale*, Le Livre de Poche, 2012, p. 97-202.
6. Russell (B.), « If Animals Could Talk », dans *Mortals and others: Bertrand Russsel's American Essays 1931-1935*, vol. 1, Allen & Unwin, 1975, p. 120-121.
7. Sur ce point, voir l'exposé de Lestel (D.), *L'animal est l'avenir de l'homme*, Fayard, 2010, p. 139.
8. Serpell (J.), *In the Company of Animals…*, *op. cit.*, p. 186.
9. Hochschild (A.), *Bury the Chains: Prophets and Rebels in the Fight to Free an Empire's Slaves*. Houghton Mifflin Harcourt, 2006. Notre texte est composé à partir d'extraits de ce livre, compilés et traduits par Antoine Comiti (http://abolitionblog.blogspot.co.uk). Nous le remercions de nous avoir autorisé à le reprendre.
10. Dont le dernier est Grenouilleau (O.), *Qu'est-ce que l'esclavage ? : Une histoire globale*, Gallimard, 2014.
11. Émile Zola, « L'Amour des bêtes », *Le Figaro*, 24 mars 1896. Cité par Jeangène Vilmer (J.-B.), *Anthologie d'éthique animale*, (dir.), *op. cit.*, p. 206.

12. Avec environ 1,2 million de chasseurs, la France demeure en tête de l'Europe. Toutefois, leur nombre diminue chaque année. L'image traditionnelle du chasseur type, c'est-à-dire l'agriculteur qui va tirer un lapin le dimanche, est désormais dépassée : le chasseur est de plus en plus un citadin d'environ 55-60 ans, les agriculteurs ne représentant plus que 10 % des chasseurs. La chasse n'attirant plus ou très peu les jeunes, cette moyenne d'âge augmente régulièrement. Les motivations déclarées des chasseurs sont le contact avec la nature (99 %), la convivialité (93 %) et l'entretien des territoires (89 %). Comme le souligne l'association Rassemblement pour l'abolition de la chasse, on peut donc se demander pourquoi ils ont besoin de fusils… D'après : http://www.abolition-chasse.org/chasse_chasseurs.htm
13. D'après une enquête du General Social Survey, www.norc.org/GSS+website/ Cité par Pinker (S.), *The Better Angels of Our Nature…*, *op. cit.*
14. Wells (H. G.), *Une utopie moderne*, Mercure de France, 1907.
15. « L'homme et la souffrance des animaux », extrait du Sermon du 3e dimanche de l'Avent, 1908 et « La protection des animaux et les philosophes » [1936], *Cahiers de l'association française des Amis d'Albert Schweitzer*, 30, printemps 1974, p. 3-13. Cité par Jeangène Vilmer (J.-B.), (dir.), *op. cit.*, p. 233-234.

Bibliographie

Ce qui suit est une sélection d'ouvrages qui permettent d'approfondir les sujets abordés dans ce livre. L'ensemble des références bibliographiques, en particulier des articles scientifiques, se trouve dans les notes à la fin du livre. Un fichier contenant la totalité de ces références (*Plaidoyer pour les animaux-bibliographie complète.pdf*) est disponible sur le site http://www.matthieuricard.org/articles/categories/scientifique.

Antoine (S.), « Le droit de l'animal : Évolution et perspectives », *Recueil Dalloz-Sirey*, 1996, 15e cahier.

Armengaud (F.), *Réflexions sur la condition faite aux animaux*, Kimé, 2011.

Ascione (F. R.) & Arkow (P.), *Child Abuse, Domestic Violence, and Animal Abuse: Linking the Circles of Compassion for Prevention and Intervention*, Purdue University Press, 1999.

Auffret (S.) et Quéré (S.), *La peau de l'ours : Le livre noir du trafic d'animaux*, Nouveau Monde éditions, 2012.

Bailly (J.-C.), *Le versant animal*, Bayard, 2007.

Baratay (É.), « Belles captives : Une histoire des zoos du côté des bêtes », dans Héran (E.), *Beauté animale : Catalogue de l'exposition*, Grand Palais, Galeries nationales, 21 mars-16 juillet 2012, RMN, 2012.

—*Point de vue animal : Une autre version de l'histoire*, Le Seuil, coll. « L'Univers historique », 2012.

Baratay (É.) et Hardouin-Fugier (É.), *La corrida*, PUF, 1995.

—*Zoos. Histoire des jardins zoologiques en occident*, La Découverte, 1998.

—*Zoos*, La Découverte, 2013.

Barr (S.), Laming (P. R.), Dick (J. T.) & Elwood (R. W.), « Nociception or Pain in a Decapod Crustacean ? », *Animal Behaviour*, 75 (3), 2008, p. 745-751.

Beck (A. M.) & Katcher (A. H.), *Between Pets and People: The Importance of Animal Companionship*, Putnam, 1986.

Bekoff (M.), *Les émotions des animaux*, Rivages, 2013.

Bekoff (M.) & Pierce (J.), *Wild Justice: The Moral Lives of Animals*, University of Chicago Press, 2009.

Bériot (L.), *Ces animaux qu'on assassine : Trafics, mafias, massacres*, Le Cherche Midi, 2013.

Boesch (C.), « Symbolic Communication in Wild Chimpanzees ? », *Human Evolution*, 6 (1), 1991, p. 81-89.

Boesch (C.) & Boesch (H.), « Mental Map in Wild Chimpanzees : An Analysis of Hammer Transports for Nut Cracking », *Primates*, 25 (2), 1984, p. 160-170.

Bondolfi (A.), *L'homme et l'animal : Dimensions éthiques de leur relation*, Saint-Paul Éditions, 1995.

Boysen (S. T.) & Capaldi (E. J.), *The Development of Numerical Competence: Animal and Human Models*, Psychology Press, 2014.

Breuil (P. J. du), *Plaidoyer pour nos amies les bêtes*, Panharmonie, 1968.

Burgat (F.), *L'animal dans les pratiques de consommation*, PUF, coll. « Que sais-je ? », 1998.

— *Liberté et inquiétude de la vie animale*, Kimé, 2006.

— *Penser le comportement animal : Contribution à une critique du réductionnisme*, Quae, 2010.

— *Une autre existence : La condition animale*, Albin Michel, 2011.

Busquet (G.), *À l'écoute de l'Inde : Des mangroves du Bengale aux oasis du Karakoram*, Transboréal, 2013.

Butler (V.), « Inside the Mind of a Killer », 31 août 2003, *The Cyberactivist*. Traduit de l'anglais par David Olivier et publié dans *Les Cahiers antispécistes*, n° 23, décembre 2003.

Cahiers antispécistes (Les), de septembre 1991 à 2014. http://www.cahiers-antispecistes.org/.

Caron (A.), *No steak*, Fayard, 2013.

Cavalieri (P.), *The Animal Question: Why Nonhuman Animals Deserve Human Rights*, Oxford University Press, 2003.

Chandroo (K. P.), Duncan (I. J.) & Moccia (R. D.), « Can Fish Suffer ?: Perspectives on Sentience, Pain, Fear and Stress », *Applied Animal Behaviour Science*, 86 (3), 2004, p. 225-250.

Chapouthier (G.), *Les droits de l'animal*, PUF, 1992.

— *Les droits de l'animal aujourd'hui*, Arléa-Corlet, 1997.

Chauvet (D.), *Contre la mentaphobie*, Éditions l'Âge d'Homme, 2014.

— *La volonté des animaux*, Droits des Animaux, 2008. Version révisée et annotée par l'auteur, reprise dans *Les Cahiers antispécistes*, n° 30-31, décembre 2008.

Chicago (J.) & Woodman (D.), *Holocaust Project: From Darkness Into Light*, Viking, 1993.

Civard-Racinais (A.), *Dictionnaire horrifié de la souffrance animale*, Fayard, 2010.

Clutton-Brock (J.), *Domesticated Animals from Early Times*, Heineman, British Museum of National History, 1981.

Coe (S.), *Dead Meat*, Four Walls Eight Windows, 1996.

Coetzee (J. M.), *Elizabeth Costello*, Le Seuil, 2006.

Cyrulnik (B.), Fontenay (É. de), Singer (P.), Matignon (K. L.) et Rosane (D.), *Les animaux aussi ont des droits*, Le Seuil, 2013.

D'Este (L.), *La condition animale : Plaidoyer pour un statut de l'animal*, Le Sang de la Terre, 2006.

Darwin (C.), *L'expression des émotions chez l'homme et les animaux*, C. Reinwald libraire éditeur, 1877. Rééd. Rivages, 2001.

— *La descendance de l'homme et la sélection sexuelle*, C. Reinwald libraire éditeur, 1881.

— « The Descent of Man and Selection in Relation to Sex », dans Moore (J.), Desmond (A.), eds., Penguin, 2004.

— *L'origine des espèces : Au moyen de la sélection naturelle ou la préservation des races favorisées dans la lutte pour la vie*, Flammarion, 2008.

Daub (J.-L.), *Ces bêtes qu'on abat : Journal d'un enquêteur dans les abattoirs français*, L'Harmattan, 2009.

Derrida (J.), *L'animal que donc je suis*, Galilée, 2006.

Descartes (R.), *Discours de la méthode pour bien conduire sa raison et chercher la vérité dans les sciences*, Compagnie des Libraires, 1724.

Desjardins (R.), Worth (D.), Vergé (X.), Maxime (D.), Dyer (J.) & Cerkowniak (D.), « Carbon Footprint of Beef Cattle », *Sustainability*, 4 (12), 2012, 3279-3301.

Despret (V.) et Burgat (F.), *Penser comme un rat*, Quae, 2009.

Devienne (P.), *Les animaux souffrent-ils ?*, Le Pommier, 2008.

Diamond (J.), *Effondrement : Comment les sociétés décident de leur disparition ou de leur survie*, Gallimard, coll. « Folio essais », 2009.

Donovan (J.) & Adams (C. J.), *Beyond Animal Rights: A Feminist Caring Ethic for the Treatment of Animals*, Continuum, 1996.

Douglas (L. R.) & Alie (K.), « High-Value Natural Resources: Linking Wildlife Conservation to International Conflict, Insecurity, and Development Concerns », *Biological Conservation*, 171, 2014, p. 270-277.

Dresner (S.) & Siegel (S.), *Jewish Dietary Laws*, United Synagogue Book Service, 1980.

Dunayer (J.), *Speciesism*, Ryce Publishers, 2004.

Eisnitz (G. A.), *Slaughterhouse: The Shocking Story of Greed. Neglect and Inhumane Treatment inside the US Meat Industry*, Prometheus, 2006.

Elwood (R. W.), « Pain and Suffering in Invertebrates ? », *ILAR Journal*, 52 (2), 2011, p. 175-184.

Ensminger (M. E.), *Animal Science*, Prentice Hall, 1990.

FAO, *L'ombre portée de l'élevage : Impacts environnementaux et options pour atténuation*, Rome 2006.

Farrachi (A.), *Les poules préfèrent les cages : Bien-être industriel et dictature technologique*, Yves Michel Éditions, 2012.

Feinberg (J.), « The Rights of Animals and Unborn Generations » [1971], trad. H.-S. Afeissa dans *Philosophie*, 97, 2008.

Ferry (L.), *Le nouvel ordre écologique : L'arbre, l'animal et l'homme*, Grasset, 1992.

Fiorito (G.), « Is There *Pain* in Invertebrates ? », *Behavioural Processes*, 12 (4), 1986, p. 383-388.

Foer (J. S.), *Faut-il manger les animaux ?*, Le Seuil, coll. « Points », 2012.

Fontenay (É. de), *Le silence des bêtes, la philosophie à l'épreuve de l'animalité*, Fayard, 1998.
— *Quand un animal te regarde*, Gallimard Jeunesse, coll. « Giboulées », 2006.
— *Sans offenser le genre humain : Réflexions sur la cause animale*, Albin Michel, 2008.
Francione (G.) & Charlton (A.), *Eat Like You Care: An Examination of the Morality of Eating Animals*, Exempla Press, 2013.
Frisch (K. von), *Vie et mœurs des abeilles*, Albin Michel, 2011.
Fry (D. P.), *Beyond War: The Human Potential for Peace*, Oxford University Press, USA, 2007.
Gay (P.) et Dautheville (A.-F.), *Des zoos pour quoi faire ? : Pour une nouvelle philosophie de la conservation*, Delachaux et Niestlé, 2005.
Géraud (A.), *Déclaration des droits de l'animal*, Bibliothèque André Géraud, 1939.
Goffi (J.-Y.), *Le philosophe et ses animaux : Du statut éthique de l'animal*, Jacqueline Chambon, 1998.
Goodall (J.), « Tool-Using and Aimed Throwing in a Community of Free-Living Chimpanzees », *Nature*, 201, 1964, p. 1264.
— *Les chimpanzés et moi*, Stock, 1971.
— *The Chimpanzees of Gombe: Patterns of Behavior*, Harvard University Press, 1986.
— *Through A Window: Thirty Years with the Chimpanzees of Gombe*, Phoenix, 2011.
— *Ma vie avec les chimpanzés*, L'École des Loisirs, 2012.
Greene (J. D.), *Moral Tribes: Emotion, Reason and the Gap Between Us and Them*, Atlantic Books, 2013.
Grenouilleau (O.), *Qu'est-ce que l'esclavage ? : Une histoire globale*, Gallimard, 2014.
Griffin (R. D.), *Animal Minds: Beyond Cognition To Consciousness*, University of Chicago Press, 1992.
— *The Question of Animal Awareness: Evolutionary Continuity of Mental Expérience*, Rockefeller University Press, 1976.
Guichet (J.-L.), *Douleur animale, douleur humaine : Données scientifiques, perspectives anthropologiques, questions éthiques*, Quae, 2010.

Haidt (J.), *The Righteous Mind: Why Good People are Divided by Politics and Religion*, Allen Lane, 2012.
Hardouin-Fugier (É.) et Agulhon (M.), *Histoire de la corrida en Europe du XVIIIe au XXIe siècle*, Connaissances et Savoirs, 2005.
Harlow (H. F.), *Love in Infant Monkeys*, WH Freeman, 1959.
Harrison (R.), *Animal Machines: The New Factory Farming Industry*, CABI, 2013. Première édition, 1964.
Hedenus (F.), Wirsenius (S.) & Johansson (D. J. A.), « The Importance of Reduced Meat and Dairy Consumption for Meeting Stringent Climate Change Targets », *Climatic Change*, 2014, p. 1-13.
Heim (A.), *Intelligence and Personality*, Pelican, 1971.
Herrnstein (R. J.), Loveland (D. H.) & Cable (C.), « Natural Concepts in Pigeons », *Journal of Experimental Psychology: Animal Behavior Processes*, 2 (4), 1976, p. 285.
Herzog (H.), *Some we Love, Some we Hate, Some we Eat: Why It's So Hard to Think Straight About Animals*, Harper Perennial, 2011.
Ikhwan al-Safa & Goodman (L.E.), *The Case of the Animals Versus Man Before the King of the Jinn: A Tenth-Century Ecological Fable of the Pure Brethren of Basra*, Twayne Publishers, 1978.
Ingold (T.), *Hunters, Pastoralists, and Ranchers: Reindeer Economies and Their Transformations*, Cambridge University Press, 1980.
Jancovici (J.-M.), *L'avenir climatique : Quel temps ferons-nous ?* Le Seuil, 2005.
Jeangène Vilmer (J.-B.), *Éthique animale*, PUF, 2008.
— *L'éthique animale*, PUF, 2011.
— *Anthologie d'éthique animale : Apologies des bêtes*, PUF, 2011.
Jonas (H.), *The Phenomenon of Life: Toward a Philosophical*, Northwestern University Press, 2000.
Jouventin (P.), Chauvet (D.) et Utria (E.), *La Raison des plus forts : La conscience déniée aux animaux*, Imho, 2010.
Joy (M.), *Why We Love Dogs, Eat Pigs and Wear Cows*, Conari Press, 2010.
Kemp (T. A. V. der), Nouët (J.-C.) *et al.*, *Homme et animal : De la douleur à la cruauté*, L'Harmattan, 2008.
Kroeber (A. L.) & Kluckhohn (C.), « Culture : A Critical Review of

Concepts and Definitions », dans *Papers of the Peabody Museum of Archaeology & Ethnology*, Harvard University, 1952.

Kundera (M.), *L'insoutenable légèreté de l'être*, Gallimard, 1989.

La Mettrie (J. J. Offray de), *L'homme machine*, Frédéric Henry, 1747.

Lambin (É.), *Une écologie du bonheur*, Le Pommier, 2009.

Lepeltier (T.), *La révolution végétarienne*, Éditions Sciences humaines, 2013.

Lestel (D.), *Les origines animales de la culture*, Flammarion, coll. « Champs essais », 2001.

— *L'animal est l'avenir de l'homme*, Fayard, 2010.

Lévi-Strauss (C.), *La pensée sauvage*, Plon, 1962.

— « La leçon de sagesse des vaches folles », *Études rurales* (http://etudesrurales.revues.org), 2001.

— *Anthropologie structurale*, Pocket, 2003.

Levine (M. E.), Suarez (J. A.), Brandhorst (S.), Balasubramanian (P.), Cheng (C.-W.), Madia (F.), Longo (V. D.), « Low Protein Intake Is Associated with a Major Reduction in IGF-1, Cancer, and Overall Mortality in the 65 and Younger but Not Older Population », *Cell Metabolism*, 19 (3), 2014, p. 407-417.

Linzey (A.), *Animal Gospel: Christian Faith as if Animals Mattered*, Hodder and Stoughton, 1998.

— *The Link between Animal Abuse and Human Violence*, Sussex Academic Press, 2009.

Luke (B.), *Brutal: Manhood and the Exploitation of Animals*, University of Illinois Press, 2007.

— « Justice, Caring and Animal Liberation », *The Feminist Care Tradition in Animal Ethics*, 2007, p. 125-152.

Marana (G. P.), *L'espion dans les cours des princes chrétiens* ou *L'espion turc*, Coda, 2009.

Marguénaud (J.-P.), *L'animal en droit privé*, PUF, 1992.

— « La personnalité juridique des animaux », *Recueil Dalloz*, 20, 1998, p. 205-211.

— *Animaux et droits européens au-delà de la distinction entre les hommes et les choses*, Éditions A. Pedone, 2009.

— *L'expérimentation animale : Entre droit et liberté*, Quae, 2011.

Marshall (A. J.), *Bower-birds: Their Displays and Breeding Cycles, a Preliminary Statement*, Clarendon Press Oxford, 1954.

Matignon (K. L.), *À l'écoute du monde sauvage : Pour réinventer notre avenir*, Albin Michel, 2012.

Matsuzawa (T.), « Use of Numbers by a Chimpanzee », *Nature*, 315 (6014), 1985, p. 57-59.

— « Field Experiments on Use of Stone Tools by Chimpanzees in the Wild », *Chimpanzee Cultures*, 1994, p. 351-370.

Matsuzawa (T.), « Sociocognitive Development in Chimpanzees: A Synthesis of Laboratory Work and Fieldwork », dans Matsuzawa (T.), Tomonaga (M.) & Tanaka (M.), (Eds.), *Cognitive Development in Chimpanzees*, 2006, p. 3-33. Springer Tokyo. Voir également Spinney (L.), « When Chimps Outsmart Humans », *New Scientist* 190, 2006, p. 48-49.

McGrew (W. C.), *The Cultured Chimpanzee: Reflections on Cultural Primatology*, Cambridge University Press, 2004.

Midgley (M.), *Animals and Why They Matter*, University of Georgia Press, 1984.

— *Beast and Man the Roots of Human Nature*, Routledge, 2002.

Monod (T.) et Estibal (S.), *Terre et ciel : Entretiens avec Sylvain Estibal*, Actes Sud, 1997.

Monod (W.), *Après la journée, souvenirs et visions, 1867-1937*, Grasset, 1938.

Monroe (K. R.), *The Heart of Altruism: Perceptions of a Common Humanity*, Cambridge University Press, 1996.

Mood (A.) & Brooke (P.), *Estimating the Number of Fish Caught in Global Fishing Each Year* (amood@fishcount.org.uk), juillet 2010.

Moore-Lappé (F.), *Diet for a Small Planet*, Ballantine, 1971, p. 4-11. Traduction française : *Sans viande et sans regrets*, Éditions L'Étincelle, 1976.

Morris (D.), *The Biology of Art: A Study of the Picture-Making Behaviour of the Great Apes and Its Relationship to Human Art*, Methuen & Co, 1962.

Nakos (J.), « Théodore Monod et les protestants français défenseurs des animaux », *Les Cahiers antispécistes*, n° 30-31, décembre 2008.

Nicolino (F.), *Bidoche : L'industrie de la viande menace le monde*, Les Liens qui Libèrent, 2009.

Nussbaum (M.), *Frontiers of Justice: Disability, Nationality, Species Membership*, Harvard University Press, 2006.

Pan (A.), Sun (Q.), Bernstein (A. M.), Schulze (M. B.), Manson (J. E.), Stampfer (M. J.), Hu (F. B), « Red Meat Consumption and Mortality: Results from 2 Prospective Cohort Studies », *Archives of Internal Medicine*, 172 (7), 2012, p. 555.

Patterson (C.), *Un éternel Treblinka*, Calmann-Lévy, 2008.

Payne (R.), *Communication and Behavior of Whales*, Westview Press, 1983.

Pinker (S.), *The Better Angels of Our Nature: Why Violence Has Declined*, Viking Adult, 2011.

Plutarque, *Sur l'usage des viandes*, dans *Traités de morale*, traduit du grec par D. Ricard, Lefèvre Éditeur, 1844.

Plutarque, Fontenay (É. de), *Trois traités pour les animaux*, traduit par Amyot. Précédé de « La raison du plus fort », P.O.L, 1992.

Porcher (J.), « Histoire contemporaine d'un cochon sans histoire », *Revue du M.A.U.S.S.*, n° 1, 2004, p. 397-407.

— « Élevage/industriel : penser l'impensable ? », *Travailler*, (2), 2005, p. 9-20.

— *Vivre avec les animaux : Une utopie pour le XXIe siècle*, La Découverte, 2011.

Primatt (H.), *The Duty of Mercy and the Sin of Cruelty to Brute Animals*, Centaur, 1992. Première édition, 1776.

Rachels (J.), *Created from Animals: The Moral Implications of Darwinism*, Oxford University Press, 1990.

Regan (T.), *La philosophie des droits des animaux*, trad. D. Olivier, Françoise Blanchon Éditeur, 1991.

— *The Case for Animal Rights*, University of California Press, 2004. Traduction française d'E. Utria : *Les droits des animaux*, Hermann, 2013.

Rensch (B.), « The Intelligence of Elephants », *Scientific American*, vol. 196, 1957, p. 44-49.

— « Play and Art in Apes and Monkeys », dans Menzel (E. W.), *Precultural Primate Behavior*, Karger Publishers, 1973.

Ricard (M.), *Plaidoyer pour l'altruisme*, NiL éditions, 2013.

Richerson (P. J.) & Boyd (R.), *Not by Genes Alone: How Culture Transformed Human Evolution*, University of Chicago Press, 2004.

Rifkin (J.), *La troisième révolution industrielle*, Les Liens qui Libèrent, 2012.

Robin (M.-M.), *Les moissons du futur : Comment l'agroécologie peut nourrir le monde*, La Découverte, 2012.

Rockström (J.), Steffen (W.), Noone (K.), Persson (Å.), Chapin (F. S.), Lambin (E. F.), Schellnhuber (H. J.) *et al.*, « A Safe Operating Space for Humanity », *Nature*, 461 (7263), 2009, p. 472-475.

Roe (D.), Mulliken (T.), Milledge (S.), Mremi (J.), Mosha (S.), *Making a Killing or Making a Living: Wildlife Trade, Trade Controls, and Rural Livelihoods*, IIED, 2002.

Rollin (B. E.), *The Unheeded Cry: Animal Consciousness, Animal Pain and Science*, Oxford University Press, 1989.

Rousseau (J.-J.), *Discours sur l'origine et les fondements de l'inégalité parmi les hommes*, Aubier, 1973.

Russel (B.), « If Animals Could Talk », in *Mortals and Others*, Routledge, 2009.

Ryder (R.), « Experiments on Animals », *Animals, Men and Morals*, 1971, p. 41-82.

— *Victims of Science: The Use of Animals in Research*, Davis-Poynter Ltd, 1975.

— *Animal Revolution: Changing Attitudes Towards Speciesism*, Berg, 2000.

— « Speciesism Again: The Original Leaflet », *Critical Society*, 2, 2010, p. 1-2.

Salt (H. S.), « Animals'Rights-Considered in Relation to Social Progress », [1892], Society for Animal Rights Inc, 1980. Traduction française : « Les droits de l'animal considérés dans leur rapport avec le progrès social », *Le Débat*, 27, 1983, p. 143-151.

Schopenhauer (A.), *Le Fondement de la morale*, trad. A. Burdeau, Aubier Montaigne, 1978.

Seidle (T.) & Spielmann (H.), « Alternative Testing Strategies Progress

Report 2011 and AXLR8-2 Workshop Report on a Roadmap to Innovative Toxicity Testing», *AXLR8 Consortium*, 2011.

Sémelin (J.), «Du massacre au processus génocidaire», *Revue internationale des sciences sociales*, décembre 2002, p. 4.

—*Purifier et détruire : Usages politiques des massacres et génocides*, Le Seuil, 2005.

Serpell (J.), *In the Company of Animals: A Study of Human-Animal Relationships*, B. Blackwell, 1986.

Shabkar, *Les larmes du bodhisattva : Enseignements bouddhistes sur la consommation de chair animale*, Éditions Padmakara, 2005.

Shantideva, *Bodhicaryâvatâra : La Marche vers l'Éveil*, Éditions Padmakara, 2008.

Shelley (P. B.), *The Complete Works of Percy Bysshe Shelley*, edited by Roger Ingpen and Walter E. Peck, Gordian Press, 1965.

Shumaker (R. W.), Walkup (K. R.) & Beck (B. B.), *Animal Tool Behavior: The Use and Manufacture of Tools By Animals*, JHU Press, 2011.

Sidgwick (H.), «The Establishment of Ethical First Principles», *Mind*, (13), 1879, p. 106-111.

Sinclair (U.), *The Jungle*, Signet Classic, 1964. Traduction française : *La Jungle*, Le Livre de Poche, 2011.

Singer (I. B.), *The Penitent*, Penguin Classics, 2012. Traduction française : *Le pénitent*, Stock, 1984.

Singer (P.), *Animal Liberation: The Definitive Classic of the Animal Movement*, Harper Perennial Modern Classics, 2009. Traduction française : *La libération animale*, Grasset, 1993. Réédité avec une préface de J.-B. Jeangène Vilmer, Payot & Rivages, 2012.

Singer (P.) & Regan (T.), *Animal Rights and Human Obligations*, Longman Higher Education, 1976.

Spinney (L.), «When Chimps Outsmart Humans», *New Scientist* 190, 2006, p. 48-49.

Stich (S. P.), «Do Animals Have Beliefs ?», *Australian Journal of Philosophy*, 1979, vol. LVII, n° 1, p. 18.

Stuart (T.), *The Bloodless Revolution: Radical Vegetarians and the Discovery of India*, Harper Press, 2012.

Taine (H.), *La Fontaine et ses Fables*, Hachette, 1911.

Terriens, version française du documentaire *Earthlings*, réalisé par Shaun Monson. Disponible sur www.earthlings.com.

Thomas (K.), *Man and the Natural World: A History of the Modern Sensibility*, Pantheon Books, 1983.

Toynbee (J. M. C.), *Animals in Roman Life and Art*, Thames and Hudson, 1973.

Traïni (C.), *La cause animale*, PUF, 2011.

Tryon (T.), *The Knowledge of a Man's Self*, T. Bennet, 1703.

Tuan (Yi-Fu), *The Making of Pets*, Yale University Press, 1984.

Tuchman (B. W.), *Distant Mirror: The Calamitous Fourteenth Century*, Ballantine Books, 1991.

Tudge (C.), *So Shall We Reap: What's Gone Wrong with the World's Food and How To Fix It*, Penguin UK, 2004.

Turner (A. K.), « Proposed EU Changes in Animal Experimentation Regulations », *Medical Communications*, vol. 18 (4), 2009, p. 238.

Twain (M.), *Adventures of Huckleberry Finn*, University of California Press, 2003.

Varela (F.-J.), *Quel savoir pour l'éthique ? : Action, sagesse et cognition*, La Découverte, 2004.

Voltaire, *Pensées végétariennes*, (Renan Larue, éd.), Fayard/Mille et une nuits, 2014.

Waal (F. de), *Le bon singe : Les bases naturelles de la morale*, Bayard, 1997.

— *Bonobos*, Birkhäuser Basel, 1998.

— *L'âge de l'empathie : Leçons de nature pour une société plus apaisée*, Les Liens qui Libèrent, 2010.

— *The Bonobo and the Atheist: In Search of Humanism Among the Primates*, W. W. Norton & Company 2013. Traduction française : *Le bonobo, Dieu et nous*, Les Liens qui Libèrent, 2013.

Watanabe (S.), Sakamoto (J.), & Wakita (M.), « Pigeons' Discrimination of Paintings by Monet and Picasso », *Journal of the Experimental Analysis of Behavior*, 63 (2), 1995, p. 165.

Weary (D. M.), Niel (L.), Flower (F. C.) & Fraser (D.), « Identifying and preventing pain in animals », *Applied Animal Behaviour Science*, 100 (1), 2006, p. 64-76.

Whiten (A.), Goodall (J.), McGrew (W. C.), Nishida (T.), Reynolds

(V.), Sugiyama (Y.), Boesch (C.), «Cultures in Chimpanzees», *Nature*, 399 (6737), 1999, p. 682-685.
Wijkman (A.) & Rockström (J.), *Bankrupting Nature: Denying Our Planetary Boundaries*, Routledge, 2013.
Wise (S. M.), *Drawing the Line*, Perseus Books, 2002.
Wistrand (M.), *Entertainment and Violence in Ancient Rome: The Attitudes of Roman Writers of the First Century A.D.*, Acta Universitatis Gothoburgensis, 1992.
Wolff (F.), *Philosophie de la corrida*, Fayard, 2007.
— *50 raisons de défendre la corrida*, Fayard/Mille et une nuits, 2010.
— *Notre humanité : D'Aristote aux neurosciences*, Fayard, 2010.
Wolff (M.) & Gardener (M.), *The Role of Science for Conservation*, Routledge, 2012.
Yourcenar (M.), *Les yeux ouverts : Entretiens avec Matthieu Galey*, Le Livre de Poche, 1982.
Zola (É.), «L'amour des bêtes», *Le Figaro*, 24 mars 1896.

Remerciements

Ma gratitude sans limites va en premier lieu à mes maîtres spirituels qui ont donné une direction, un sens et une joie de chaque instant à mon existence, à ceux qui m'ont inspiré le désir de devenir végétarien — Kyabjé Kangyur Rinpotché et ses fils Pema Wangyal Rinpotché et Jigmé Khyentsé Rinpotché –, ainsi que les autres maîtres spirituels qui m'ont ouvert le cœur à l'amour altruiste et à la compassion, Kyabjé Dilgo Khyentsé Rinpotché et Sa Sainteté le 14e Dalaï-lama.

Je suis très reconnaissant à la Fondation Shining Hope qui se consacre à des causes humanitaires, animales et environnementales, pour le soutien qu'elle accorde à un projet de clinique mobile qui soigne quarante mille patients par an dans le Bihar en Inde sous l'égide de notre association humanitaire Karuna-Shechen. Ce soutien m'a permis de consacrer à la rédaction de ce livre le temps que j'aurais autrement passé à trouver les ressources financières nécessaires à l'accomplissement de ce projet.

Je remercie de tout cœur Carisse Busquet et Christian Bruyat pour leurs patientes et expertes relectures du manuscrit, et de la même façon Raphaële Demandre, Martine Fournier, Caroline Lesire et Ilios Kotsou, qui ont relu avec soin un certain nombre de chapitres et m'ont offert de précieuses suggestions. Les erreurs et imperfections qui subsistent n'incombent qu'à mes propres limites.

Je suis très reconnaissant à Jacques Sémelin, grand spécialiste de la violence de masse, professeur à l'Institut d'études politiques de Paris, pour avoir relu à deux reprises le chapitre «La tuerie en masse des animaux : génocide *versus* zoocide», et d'avoir pris du temps pour une longue et passionnante conversation ; à Norin Chai, chef du service vétérinaire de la Ménagerie du Jardin des Plantes, pour avoir relu les pages consacrées aux zoos et pour les informations qu'il m'a généreusement fournies ; à Gérard Busquet pour ses précieuses suggestions et informations concernant l'Inde, l'hindouisme et l'islam, ainsi qu'à Francis Wolff, professeur à l'École normale supérieure de Paris, pour m'avoir reçu et pour avoir conversé avec moi dans un esprit d'ouverture et de cordialité en dépit de nos vues très différentes sur la question de nos relations aux animaux et de la corrida en particulier.

Merci à Jane Goodall pour son inspiration et notre complicité et à Jean-Baptiste Jeangène Vilmer pour nos échanges épistolaires et notre engagement commun.

Enfin, je ne saurais exprimer suffisamment de gratitude à mes éditeurs Nicole Lattès, amie et éditrice de toujours, et Guillaume Allary qui ont relu attentivement diverses versions du manuscrit et m'ont guidé avec bienveillance tout au long de ce travail, ainsi qu'à toute l'équipe d'Allary Éditions qui a œuvré à la création et à la promotion de ce livre. Puisse ce *Plaidoyer pour les animaux* contribuer à réduire les souffrances de tous les êtres !

Karuna-Shechen :
Compassion en action

Les droits d'auteur issus de ce livre sont entièrement consacrés aux projets humanitaires menés au Tibet, au Népal et en Inde par Karuna-Shechen, une association à but non lucratif qui a accompli plus de 130 projets humanitaires en Inde, au Népal et au Tibet dans la conviction que nul ne devrait se voir privé de services éducatifs et médicaux essentiels par manque de moyens.

Fondée en 2000, Karuna-Shechen développe des programmes en réponse aux besoins et aspirations des communautés locales, les servant dans le respect de leurs héritages culturels uniques, et accorde une attention particulière à l'éducation et à l'amélioration de la condition des femmes.

Aujourd'hui, Karuna-Shechen traite plus de 100 000 patients par an dans 22 cliniques et éduque 20 000 enfants dans 21 écoles. Karuna-Shechen a également construit des maisons pour les personnes âgées, des ponts, équipé plusieurs villages en électricité solaire et en systèmes de collecte d'eau de pluie. Karuna-Shechen a aussi aidé à la renaissance d'une douzaine d'artisanats traditionnels au Tibet, reconstruit des centres de retraite pour les contemplatifs, reproduit plus de 400 volumes de textes anciens et archivé plus 15 000 photographies sur l'art himalayen.

Ceux qui souhaiteraient soutenir notre effort peuvent se mettre en rapport avec l'association Karuna-Shechen, 20 *bis* rue Louis-Philippe, 92200 Neuilly-sur-Seine.

www.karuna-shechen.org
europe@karuna-shechen.org

Table

Mise en page : Dominique Guillaumin, Paris

Fabrication : Catherine Labrousse

Le papier de cet ouvrage est composé de fibres naturelles, renouvelables, recyclables et fabriquées à partir de bois provenant de forêts plantées et cultivées de manière durable.

Cet ouvrage a été achevé d'imprimer sur Roto-Page
par l'Imprimerie Floch à Mayenne
en août 2014
N° d'impression : 87162
Dépôt légal : septembre 2014
ISBN : 9782370730282

Imprimé en France

